falstaff

12 Gourmet-Weekends

BAND 3

HAMBURG • LONDON • WIEN • BOLOGNA
STRASSBURG • JERUSALEM • LAUSANNE • ALBA
MÜNCHEN • ISTANBUL • MOSKAU • OSLO

EDITORIAL

LIEBE FREUNDE EINES GENUSSREICHEN GOURMET-WEEKENDS!

Die größte Sehenswürdigkeit, die es gibt, ist die Welt – sieh sie dir an. Dieser Satz, niedergeschrieben vom großen Schriftsteller Kurt Tucholsky, begleitete uns all die Zeit, in der wir den bereits dritten Band unseres FALSTAFF-Bestsellers »12 Gourmet-Weekends« produzierten. Unser Ziel war es auch diesmal, Ihnen die traumhaftesten europäischen Metropolen in einer Art und Weise zu servieren, dass Sie sich an einem Wochenende nur noch aufs Wesentliche konzentrieren können: Koffer packen, anreisen und – genießen!

Wolfgang und Angelika Rosam,
Herausgeber Falstaff

Die besten Reise- und Gourmet-Journalisten im deutschsprachigen Raum haben für unsere Leserinnen und Leser in sorgfältiger Recherche all jene Tipps zusammengetragen, die das Flair der jeweiligen Stadt ausmachen. Und sie machen auch Vorschläge, wie Sie Ihre kostbare Zeit perfekt nützen, wo Sie am besten übernachten und von Freitag bis Sonntag essen gehen sollten. So bleibt Ihnen und Ihren Lieben genügend Zeit, um die wichtigsten Sehenswürdigkeiten zu besichtigen, die wir ebenfalls in diese Ausgabe des Buches gepackt haben.

Als Wahl-Wiener ist es natürlich eine besondere Freude, die österreichische Bundeshauptstadt – in der sich in den letzten Jahren kulinarisch so viel getan hat – zu porträtieren und Ihnen neue Restaurants und Geheimtipps empfehlen zu dürfen, die Sie in keinem Reiseführer finden. Ebenso ständig in Bewegung ist London, wo gefühlt alle fünf Minuten ein neuer Hotspot aufsperrt, den zu besuchen es sich wahrlich lohnt. Auch Hamburg ist – nicht zuletzt dank des Booms rund um die Elbphilharmonie – im Aufwind, Jerusalem und Istanbul haben vor allem auf die jüngere Generation eine schier magnetische Anziehungskraft.

Und dann möchten wir Ihnen auch Destinationen ans Herz legen, die Sie bisher vielleicht nicht ganz oben auf Ihrer Reise-To-do-Liste haben: Alba sollten Sie unbedingt im Herbst einen Besuch abstatten, wenn im Piemont Trüffelzeit ist. Oder Straßburg, diese farbenprächtige Stadt im Elsass, die vor allem für Weinliebhaber einen fabelhaften Ausgangspunkt für eine Genussreise darstellt. Von seiner besten Seite zeigt sich auch Lausanne, das einen tollen Mix aus Kultur, Architektur und urbanem Leben bietet. Und dann Bologna: Eine wahre Perle, die man unbedingt öfter besuchen sollte, ähnlich wie Oslo, Moskau und München.

Lassen Sie sich also inspirieren von all diesen neuen »12 Gourmet-Weekends«. Das Leben ist zu kurz, um sich so oft zu stressen. Nehmen Sie sich die Zeit, Ihre Reise von der ersten bis zur letzten Sekunde zu genießen. Sie haben es sich verdient.

Herzlichst,

WOLFGANG M. ROSAM
wolfgang.rosam@falstaff.com
@RosamWolfgang

ANGELIKA ROSAM
angelika.rosam@falstaff.com
@jewelista.girl

INHALT

Lausanne. Lebensqualität wird in der Stadt am Genfersee großgeschrieben. Die französische Star-Köchin Anne-Sophie Pic hat hier eine Dependance.

London. Hoch über den Dächern trifft man sich in der gefeierten »Gong Bar« abends zum Drink.

Bologna. Von den Hotels der Stadt kann man nur begeistert sein.

38
Wien.
Das edle »Steirereck« gehört seit Jahren zu Wiens Top-Adressen.

134
München.
Das »Tantris« ist eine Wiege der deutschen Gourmet-Kultur.

150
Istanbul.
Spannend wie ein James-Bond-Film, unendlich reich an Kultur. Am Bosporus lässt es sich gut leben.

Hamburg

NICHT NUR FÜR VIELE BEWOHNER DIE SCHÖNSTE STADT DER WELT

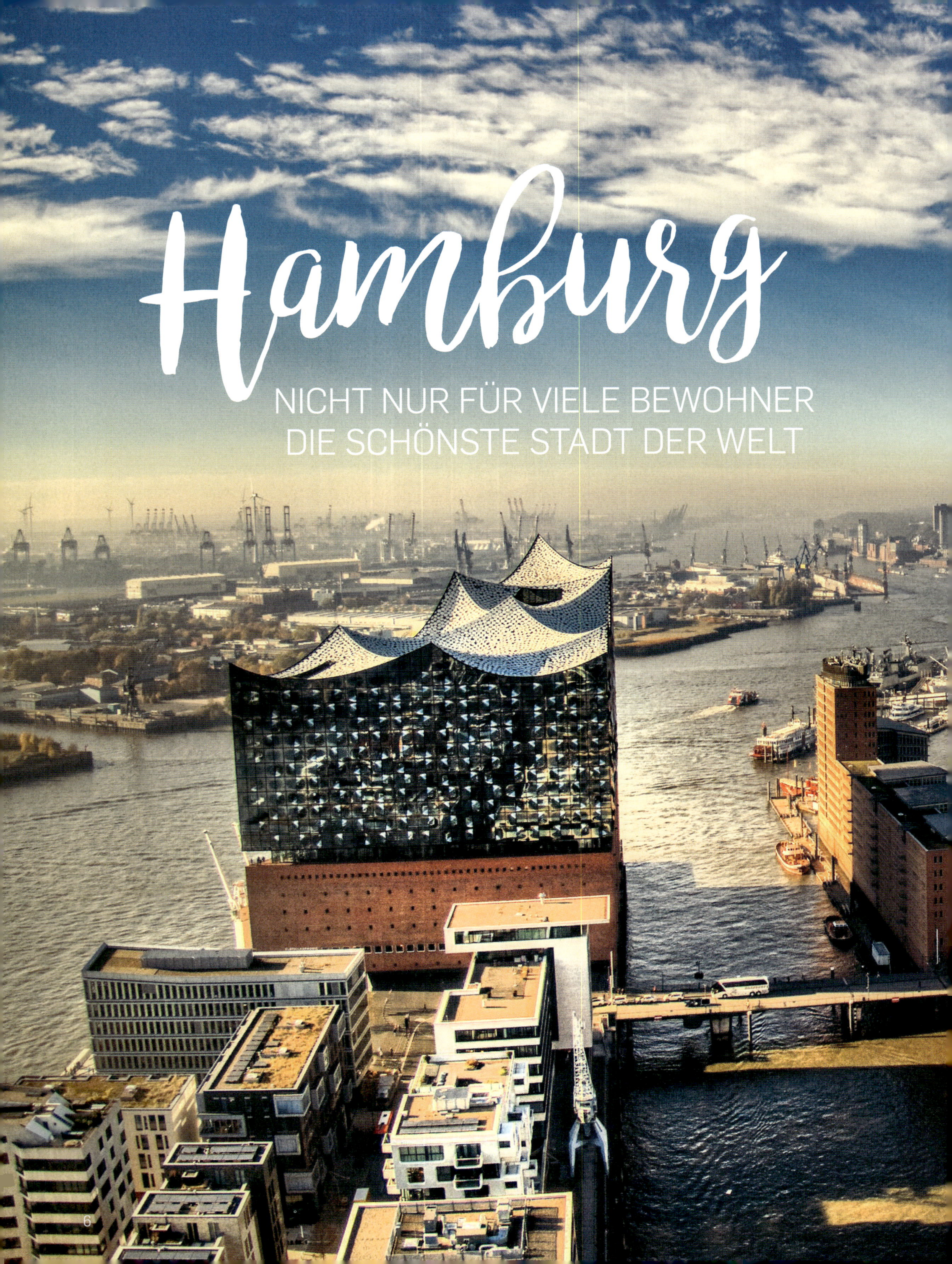

Segeln in der Stadt, Hafenromantik und jede Menge Kultur: Wer hier ein langes Wochenende verbringt, bekommt unweigerlich Fernweh.

Junge, komm bald wieder! Freddy Quinn besang ein Gefühl, das auch alle beschleicht, die Hamburg nach einem langen Wochenende wieder verlassen müssen.

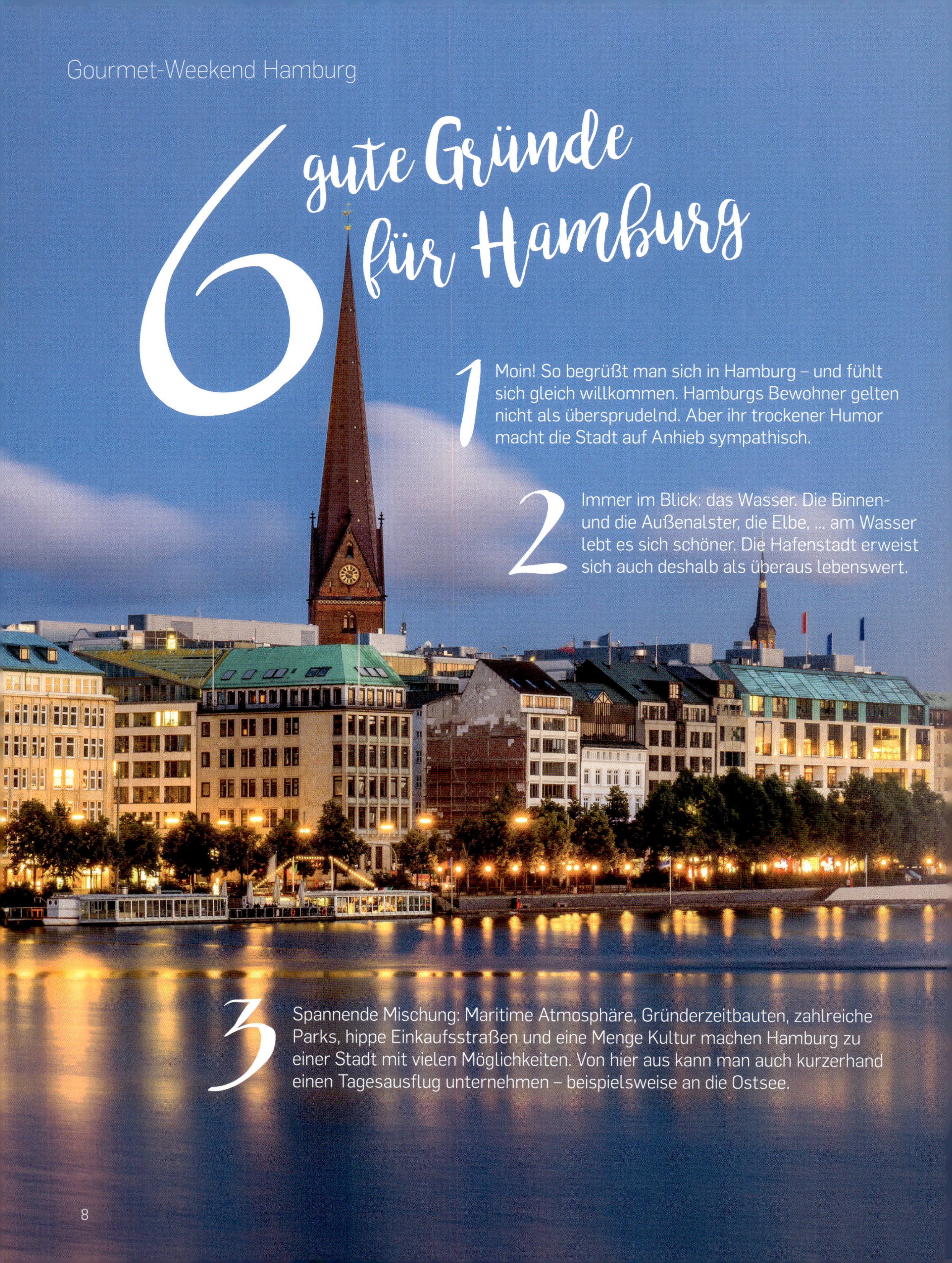

6 gute Gründe für Hamburg

1 Moin! So begrüßt man sich in Hamburg – und fühlt sich gleich willkommen. Hamburgs Bewohner gelten nicht als übersprudelnd. Aber ihr trockener Humor macht die Stadt auf Anhieb sympathisch.

2 Immer im Blick: das Wasser. Die Binnen- und die Außenalster, die Elbe, ... am Wasser lebt es sich schöner. Die Hafenstadt erweist sich auch deshalb als überaus lebenswert.

3 Spannende Mischung: Maritime Atmosphäre, Gründerzeitbauten, zahlreiche Parks, hippe Einkaufsstraßen und eine Menge Kultur machen Hamburg zu einer Stadt mit vielen Möglichkeiten. Von hier aus kann man auch kurzerhand einen Tagesausflug unternehmen – beispielsweise an die Ostsee.

4 Das Franzbrötchen ist das hamburgische Pendant zur schwedischen Kanelbulle. Das süße Zimtgebäck ist nicht nur eine köstliche Nascherei, es gehört zu Hamburgs Identität! Trifft sich gut, dass Hamburg traditionell ein Handelszentrum für Kaffee ist – mit Kaffee schmeckt das Franzbrötchen nämlich noch besser!

5 Für alle, die sich an schönem Design erfreuen, ist Hamburg der richtige Ort. Die Hanseaten wissen, was Stil bedeutet, egal ob bei Kleidung oder Interior Design. Kein Wunder bei all den coolen, innovativen Concept Stores!

6 Beim Anblick von Hamburgs (Gründerzeit-)Villen kommt man aus dem Staunen gar nicht mehr heraus, etwa bei einem Spaziergang durch Harvestehude, durchs schmucke Eppendorf oder den noblen Elbvorort Blankenese. Auch die vielen roten Backsteingebäude und zeitgenössische Architektur ziehen die Blicke auf sich.

Große Welle.
Keine Konzertkarten bekommen? Die Plaza der Elbphilharmonie lässt sich trotzdem besichtigen.

Freitag

Wir besuchen eine Hamburger Institution, sehen uns die einzigartige Elbphilharmonie an und genehmigen uns einen Drink mit Blick auf die Alster.

Das Klischee vom distanzierten, steifen Hanseaten hat sich auch in Hamburg überholt. Dennoch: Einen Einblick in die von Thomas Mann so detailgenau beschriebene Welt gelingt am ehesten zu Mittag in einer Hamburger Institution: Der »Grill« des Hotels »Vier Jahreszeiten« ist nach wie vor ein Treffpunkt, nicht nur für Hotelgäste, sondern auch für betuchte Hamburger. Klassiker des Hauses ist das Steak Tatar, das direkt am Tisch abgemacht wird.

Von hier aus machen wir uns auf den Weg in die Elbphilharmonie – Freitag ist dafür besser als das Wochenende, wenn Hamburgs gar nicht mehr so neues Wahrzeichen »Elphi« hoffnungslos überlaufen ist. Die Plaza, der Bereich unterhalb der Konzertsäle, ist kostenlos und öffentlich zugänglich. Wer sich etwaige Wartezeit ersparen möchte, bucht vorher online Plaza-Tickets für zwei Euro pro Person, mit denen man an der Warteschlange vorbeigeht.

Blickfang.
In Thomas Imbuschs Restaurant »100/200« ist der Herd der Star.

Nach dem Rundgang schlendern wir weiter durch die Speicherstadt. In der »Nord Coast Coffee Roastery« bekommen wir einen perfekten Flat White, zudem stehen immer verschiedene Sorten und Röstungen zur Auswahl. Von hier ist es nur ein Katzensprung bis zur architektonisch wertvollen Hafencity. Hier schauen wir kurz in der »Hobenköök« (plattdeutsch für Hafenküche) vorbei, einer interessanten Mischung aus Restaurant und Markthalle, die nur Produkte aus Norddeutschland anbietet.

Im Anschluss machen wir uns auf zum Hotel »The Fontenay«: Wir gönnen uns einen Aperitif auf der Terrasse mit nahezu perfektem Rundumblick auf Außenalster und Stadt. Wer zum Dinner weiter auf der traditionelleren Schiene bleiben will, geht ins »bianc«, wo ausgezeichnete, mediterran geprägte Küche auf der Karte steht. Innovativer ist ein Besuch in der Küche von Thomas Imbusch: Im »100/200« kocht er ein fixes Menü mitten im Restaurant – vorher ein Ticket buchen, damit es mit dem Besuch klappt!

Mittelmeer im Norden.
Im »bianc« zeigt Matteo Ferrantino mediterrane Küche in Bestform.

FREITAG

13:00 Check-in im Hotel »Vier Jahreszeiten« und im »Grill« gleich hanseatische Klassiker zum Lunch probieren

15:00 Besichtigung der Plaza der Elbphilharmonie. Anschliessend Tour durch Speicherstadt und Hafencity

16:30 Zwischenstopp in der »Hobenköök« für norddeutsche Spezialitäten

18:00 Aperitif im Luxushotel »The Fontenay« mit Blick auf Alster und die Stadt

20:00 Dinner im »bianc« oder bei Thomas Imbusch im »100/200«

Aromenfülle.
Thunfisch mit Artischocken, eines der leichten Gerichte aus dem »bianc«.

Fernweh.
Auf der Terrasse vom »Louis C. Jacob« ein Glas Wein genießen.

Genusspapst.
Thomas Martin kocht im »Louis C. Jacob« französische Klassiker.

Filetstück.
Ein saftiges Stück Fisch, auf der Haut gebraten, gehört zum Pflichtprogramm jedes Hamburg-Besuchers.

Das Frühstück gönnen wir uns in einem der schönsten Säle Hamburgs: im Literaturhaus. In der großbürgerlichen Villa am Schwanenwik halten üblicherweise Autoren ihre Lesungen ab, am Wochenende gibt es hier eine exzellente Frühstücksauswahl, benannt nach den Großen der Literaturgeschichte – von Mark Twain bis F. Scott Fitzgerald.

Nun ist es Zeit für einen Ausflug in Hamburgs noble Elbvororte. An der Haltestelle Landungsbrücken besteigen wir die Fähre, die uns über die Elbe bis nach Övelgönne bringt. Von hier aus läuft man ungefähr eine Stunde entlang der Elbe, Ziel: Nienstedten. Direkt am Fluss liegt das elegante Hotel »Louis C. Jacob«. Wenn das Wetter gut ist, gibt es kaum einen schöneren Fleck für ein Glas Wein (oder gleich ein Mittagessen) als die Lindenterrasse: beste Aussicht auf die ein- und auslaufenden Ozeanriesen garantiert. Hier trifft sich Hamburgs Hautevolee und bleibt auch gern zum Abendessen: Im Hauptrestaurant hält Thomas Martin zwei Sterne. Wir aber machen uns auf den Rückweg ins Stadtzentrum, entweder für eine Shoppingtour entlang der Mönckebergstraße oder für Museumsbesuche. Insbesondere die Deichtorhallen sind mit ihren Ausstellungen ein beliebtes Ziel. Zum Abend hin nähern wir uns St. Pauli: Im ehemals verrufenen Hafenviertel hat sich abseits der Reeperbahn spannende Gastronomie angesiedelt. Wir gehen ins »Standard« und stoßen dort mit einem Aperitif an. Der Abend gehört einer Hamburger Institution, dem »Fischereihafen Restaurant« am Ende des Fischmarkts. Tipp: der geräucherte Aal auf geröstetem Schwarzbrot und Rührei. Den Sundowner nehmen wir im »clouds«, in der Bar in den Tanzenden Türmen – mit genialem Ausblick auf den Hafen.

Bourgeoisie.
Im Literaturhaus fühlt man sich gleich als Angehöriger des Großbürgertums. Ideal für den Start in den Tag.

Samstag

Ozeanriesen bestaunen, Streifzug durch St. Pauli und ein Sundowner mit Blick auf den Hafen: der zweite Tag.

Aperitivo am Abend.
Das »Standard« in St. Pauli bringt italienische Aperitivo-Kultur nach Deutschland.

Teppich-Tresore.
Die Kontorhäuser der ikonischen Speicherstadt prägen das Hamburg-Bild.

Heute ist Abreisetag. Wir verschwenden aber noch keinen Gedanken daran, sondern frühstücken königlich in der »Villa im Heine-Park« an der Elbchaussee, einer der bekanntesten Straßen Deutschlands. Wer hier wohnt, hat es geschafft, vor allem mit einer ungeraden Hausnummer, denn das bedeutet: Man wohnt auf der Elbseite. Auch hier gilt: Unbedingt mit Vorlauf reservieren, die Plätze sind meist Wochen im Voraus ausgebucht.

Den restlichen Vormittag könnte man mit einem Besuch im Miniatur-Wunderland in der Speicherstadt verbringen, der größten Modellbauanlage der Welt, die sich überwältigenden Interesses erfreut. Wer sich dafür nicht recht begeistern kann, sollte eine Hafenrundfahrt unternehmen, die je nach Tour ebenfalls durch die Speicherstadt führt – ein bereichernder Perspektivenwechsel. Auch spannend: ein Spaziergang durch den alten Elbtunnel, der von den Landungsbrücken auf die Insel Wilhelmsburg führt – für Hobbyfotografen ein perfekter Spot. Wieder zurück, eignet sich ein schneller Lunch in »Kinfelts Kitchen & Wine« in der Hafencity zur Stärkung, bevor man die Stadt wieder verlässt. Wer noch ein bisschen Zeit hat, sollte sich auf den Weg ins Viertel Ottensen machen. Im »Eaton Place« wird die Teatime gepflegt, Hamburg gilt vielen als britischste Stadt außerhalb Großbritanniens. Mit Scones und Clotted Cream lässt sich der Nachmittag auf angenehmste Art und Weise verbringen. Und auch wenn man in Hamburg Tschüss sagt, wie Heidi Kabel einst sang – wir sagen: Auf Wiedersehen!

Sonntag

Ein königlicher Start in den Tag an der Elbchaussee, eine Hafenrundfahrt und High Tea: unser Programm für den Abreisetag.

Blick auf Ozeanriesen.
Ein Frühstück am Elbufer bleibt auch nach der Abreise in Erinnerung.

Kleine Welten.
Das Miniatur-Wunderland zählt zu den besucherstärksten Attraktionen der Stadt.

Alles ist erleuchtet.
Das hübsch designte »Kinfelts Kitchen & Wine« kombiniert eine ausgesuchte Weinkarte mit Bistroküche.

SONNTAG

10:00 Königliches Frühstück in der »Villa am Heine-Park« an der Elbchaussee

12:00 Hafenrundfahrt oder ausgedehnter Spaziergang durch den alten Elbtunnel auf die Insel Wilhelmsburg

13:00 Lunch im »Kinfelts Kitchen & Wine« in der Hafencity

16:00 Stilvoller Abschluss mit britischem Flair: High Tea mit Scones und Clotted Cream im »Eaton Place« in Ottensen

Sattmacher.
Für einen schnellen Lunch am letzten Tag passt ein Besuch in »Kinfelts Kitchen & Wine«.

5 Top-Hotels

Unaufdringlicher Luxus am Elbufer, geschwungene Formen an der Alster und weitere Premium-Adressen.

FRASER SUITES*****

Das neue luxuriöse Hotel befindet sich im denkmalgeschützten Gebäude der ehemaligen Oberfinanzdirektion. Das Interieur ist inspiriert von Pariser Grandhotel-Chic mit Great-Gatsby-Atmosphäre. DZ ab 153 Euro.

Rödingsmarkt 2
20459 Hamburg
T: +49 40 3808636888
hamburg.frasershospitality.com/de

THE FONTENAY HAMBURG*****

Die geschwungene Architektur des Luxushotels ist ein Hingucker. Die ausgezeichnete Bar und die Restaurants machen es zur ersten Wahl für Gourmets. DZ ab 342 Euro.

Fontenay 10
20354 Hamburg
T: +49 40 60566050
thefontenay.com

LE MERIDIEN*****

Den traumhaften Blick auf die Alster kann man von den Zimmern in modernem Design oder vom »Heritage« Restaurant aus genießen. DZ ab 159 Euro.

An-der-Alster 52-56
20099 Hamburg
T: +49 40 21000
marriott.com/hotels/travel/hammd-le-meridien-hamburg

LOUIS C. JACOB*****

Neben angenehmer Atmosphäre und unaufdringlichem Luxus steht das Haus für das Zwei-Sterne-Restaurant von Thomas Martin. DZ ab 301 Euro.

Elbchaussee 401–403
22609 Hamburg
T: +49 40 822550
hotel-jacob.de

HOTEL VIER JAHRESZEITEN*****

Das Grandhotel an der Binnenalster bietet seit 1897 zeitlose Eleganz und Luxus. Die Zimmer sind jedes für sich eigene kleine Kunstwerke. DZ ab 251 Euro.

Neuer Jungfernstieg 9–14
20354 Hamburg
T: +49 40 34940
hvj.de

SIDE DESIGN HOTEL*****
Das Hotel macht seinem Namen alle Ehre – urbanes, geradliniges Interior Design mit Liebe zum Detail im Zentrum der Hansestadt verspricht elegantes Wohlfühlen. DZ ab 153 Euro.
Drehbahn 49, 20354 Hamburg
T: +49 40 309990, side-hamburg.de

GRAND ELYSEE*****
Stattliches Grandhotel-Ambiente in klassischem Stil mit hauseigener Galerie (Kunst im Elysée) und in Außenalsternähe. DZ ab 210 Euro.
Rothenbaumchaussee 10
20148 Hamburg
T: +49 40 41412222, grand-elysee.com

HOTEL ATLANTIC KEMPINSKI*****
Im prächtigen, von Geschichte erfüllten Gebäude mit wunderschönem Innenhof, wo sich Tradition und Moderne treffen, wohnt man überaus royal. Königlich ist auch der Blick auf die Außenalster. DZ ab 188 Euro.
An der Alster 72-79, 20099 Hamburg
T: +49 40 28880, kempinski.com

HOTEL PARK HYATT*****
In seinem Backsteingewand wirkt das mehr als hundert Jahre alte Bauwerk authentisch hanseatisch. Großzügige luxuriöse Zimmer und Nähe zur Mönckebergstraße sowie zur Binnenalster. DZ ab 239 Euro.
Bugenhagenstraße 8, 20095 Hamburg
T: +49 40 33321234, hyatt.com/de-DE/home

SOFITEL HAMBURG ALTER WALL*****
Dieses Hotel strahlt vor allem eines aus: Eleganz. Schönes Design und hanseatische Authentizität direkt am Alsterkanal.
DZ ab 156 Euro.
Alter Wall 40, 20457 Hamburg
T: +49 40 369500
sofitel-hamburg-alter-wall-hotel.hotel-ds.com/de

TORTUE****
Die Laisser-faire-Haltung Hamburgs schwingt im Designhotel »Tortue« in allen Räumen mit. Hier checken Sie ein und fühlen sich in unmittelbarer Nähe der Einkaufsmeile Neuer Wall sofort rundum wohl. DZ ab 175 Euro.
Stadthausbrücke 10
20355 Hamburg
T: +49 40 33441400, tortue.de

AMERON HOTEL SPEICHERSTADT****
Sehr geschmackvolles modernes Hotel in der Speicherstadt. Die Einrichtung wurde vom Mid-Century-Stil inspiriert. DZ ab 130 Euro.
Am Sandtorkai 4, 20457 Hamburg
T: +49 40 6385890
ameronhotels.com/de/hamburg-hotel-speicherstadt

25HOURS ALTES HAFENAMT****
Wenn sie könnten, würden diese Zimmer Hafengeschichten erzählen. Optisch tun sie es auf jeden Fall. Perfektes hanseatisches Glück in den individuell designten Gästezimmern!
DZ ab 147 Euro.
Singapurstraße 1, 20457 Hamburg
T: +49 40 257777255, 25hours-hotels.com

EMPIRE RIVERSIDE****
Das »Empire Riverside« verspricht eine atemberaubende Aussicht auf Hafen, Elbe und die City. Ein Hotel im Turm mit Minimal-Chic mitten in St. Pauli. DZ ab 129 Euro.
Bernhard-Nocht-Straße 97
20359 Hamburg
T: +49 40 311190, empire-riverside.de

MÖVENPICK HOTEL****
Wohnen im ehemaligen Wasserturm im hippen Sternschanzepark ist ein einzigartiges Erlebnis. Historisches Bauwerk mit modernem Innendesign.
DZ ab ca. 117 Euro.
Sternschanze 6, 20347 Hamburg
T: +49 40 3344110, movenpick.com/de

Kunst am Teller. Kevin Fehling, Hamburgs einziger Drei-Sterne-Koch, begeistert im »The Table«.

Tipps und Adressen

RESTAURANTS

100/200
Thomas Imbusch setzt in seinem besternten Restaurant auf einen ganzheitlichen Ansatz: Er verarbeitet nur ganze Tiere und kocht fast ausschließlich mit saisonalen Zutaten.
Brandshofer Deich 68, 20539 Hamburg
T: +49 40 30925191, 100200.kitchen

FISCHEREIHAFEN RESTAURANT
Das vom verstorbenen Patron Rüdiger Kowalke geprägte Haus gehört zu den Klassikern in Hamburgs Gastronomieszene.
Große Elbstraße 143, 22767 Hamburg
T: +49 40 381816, fischereihafenrestaurant.de

BIANC
Die modern interpretierte mediterrane Küche wartet mit fantasievollen und kreativen Gerichten auf.
Am Sandtorkai 50, 20457 Hamburg
T: +49 40 18119797, bianc.de

KINFELTS KITCHEN & WINE
Ganz in der Nähe der Elbphilharmonie hat Sternekoch Kirill Kinfelt eine Dependance eröffnet, in der es ausgesuchte Weine und gute Bistrogerichte gibt.
Am Kaiserkai 56, 20457 Hamburg
T: +49 40 30068369, kinfelts.de

HAERLIN
Die Kompositionen des Küchenchefs Christoph Rüffer im Restaurant »Haerlin« sind aufregend und geschmackvoll. Das doppelt besternte Restaurant bietet eine internationale Küche der Spitzenklasse. Im Fairmont Hotel »Vier Jahreszeiten«.
Neuer Jungfernstieg 9-14, 20354 Hamburg
T: +49 40 34943310, restaurant-haerlin.de

SÜLLBERG SEVEN SEAS
Eine von Hamburgs Topadressen für Gourmetrestaurants. Chef de Cuisine Karlheinz Hauser versteht es, in gediegenem Ambiente mit intensiven Geschmäckern und kreativen Kompositionen zu verführen.
Süllbergsterrasse 12, 22587 Hamburg
T: +49 40 8662520, karlheinzhauser.de

DACAIO
Elegant speist es sich bei »DaCaio« im Hotel »The George«. Italienische Spezialitäten von Antipasti bis Dolci werden aufgetischt. Ein Glas feinen Vino dazu? Sì, per favore!
Barcastaße 3, 22087 Hamburg
T: +49 40 2800301808
thegeorge-hotel.de/hamburg/restaurant-hamburg/restaurant-hamburg-alster-dacaio.phpl

BOOTSHAUS
Restaurant und Bar in der Hafencity mit Blick über die Elbe. Neben dem Grill liegt der Fokus vor allem auf spannenden Drinks und ausgewählten Weinen.
Am Kaiserkai 19, 20457 Hamburg
T: +49 40 33473744, bootshaus-hafencity.de

THE TABLE KEVIN FEHLING
Hamburgs einziger Drei-Sterne-Koch, Kevin Fehling, verwöhnt in seinem exklusiven Lokal »The Table« mit innovativer Haute Cuisine.
Shanghaiallee 15, 20457 Hamburg
T: +49 40 22867422, thetable-hamburg.de

WATERKANT
Ausgezeichnetes Fischrestaurant mit offener Showküche. Modernes Ambiente und cooler Ausblick auf den Hafen. Im Hotel »Empire Riverside«.
Bernhard-Nocht-Straße 97, 20359 Hamburg
T: +49 40 3111970480, restaurant-waterkant.de

BRECHTMANNS BISTRO
In diesem exzellenten Bistro speist man in angenehm schlichtem Ambiente asiatische (oder deutsche) Gerichte, die von Sven Brechtmann zubereitet werden.
Erikastraße 43, 20251 Hamburg
T: +49 40 41305888, brechtmann-bistro.de

Nordisch nobel.
Karlheinz Hauser kocht am Süllberg in Blankenese für ein anspruchsvolles Publikum.

CASSE-CROÛTE
Cuisine française mit hanseatischem Einfluss? Das lässt man sich nicht zweimal sagen und reserviert gleich einen Tisch in diesem charmanten Bistro mit hervorragender Weinauswahl.
Büschstraße 2, 20354 Hamburg
T: +49 40 343373, cassecroute.de

STÜFFEL
Am Isebekkanal in Eppendorf werden im »Stüffel« modernisierte Klassiker und gutbürgerliche Küche aufgetischt. Sorgsam kuratierte Weinkarte.
Isekai 1, 20249 Hamburg
T: +49 40 60902050
restaurantstueffel.de

IZAKAYA HAMBURG
Japanisches Essen der ganz besonderen Art. Traditionelle Gerichte in neuer Interpretation und das schicke Ambiente hinterlassen einen bleibenden Eindruck.
Katharinenstraße 29, 20457 Hamburg
T: +49 40 29996669
izakaya-restaurant.com/hamburg

LANDHAUS SCHERRER*
Patron Heinz O. Wehmann ist ein Urgestein in Hamburgs Gastroszene, sein Restaurant seit Jahren ein Anlaufpunkt für Gourmets, darunter einige Prominente. Seine kross zubereitete Vierländer Ente hat viele Liebhaber weit über die Stadt hinaus.
Elbchaussee 130, 22763 Hamburg
T: +49 40 883070030, landhausscherrer.de

KLEINE WEINSTUBE KRUG
Angesagter Treffpunkt insbesondere für jüngere Gourmets. Mitten in St. Pauli genießt man nicht nur edle Weine, auch mit Liebe zubereitete Köstlichkeiten kommen auf den Teller. Unprätentiöse Atmosphäre.
Paul-Roosen-Straße 35, 22767 Hamburg
T: +49 151 14075934, krughamburg.de

Hanseatisch.
Eine Hamburger Institution ist der »Jahreszeiten Grill« an der Binnenalster.

KLEINE BRUNNENSTRASSE 1
In diesem schmucken Restaurant in Ottensen kocht Andreas Steinwandt saisonale, mediterran inspirierte Gerichte, die von Innovation und Kreativität zeugen. Auch die Weinkarte ist vortrefflich.
Kleine Brunnenstraße 1, 22765 Hamburg
T: +49 40 39907772, kleine-brunnenstrasse.de

JAHRESZEITEN GRILL
Im Restaurant des Hotels »Vier Jahreszeiten« genießt man in edlem Art-déco-Ambiente klassische hanseatische Gerichte, und das seit 1926. Der Dresscode lautet: smart casual.
Neuer Jungfernstieg 9-14, 20354 Hamburg
T: +49 40 34940, hvj.de/de/jahreszeiten-grill.html

PIMENT
Küchenchef Wahabi Nouri gelingt es schon seit vielen Jahren, Orient und Okzident kulinarisch zu verbinden. In seinem besternten Restaurant wahrt er stets die Balance aus spannender Würze und subtilen Aromen.
Lehmweg 29, 20251 Hamburg
T: +49 40 42937788, restaurant-piment.de

PETIT AMOUR
Französische Küche auf hohem Niveau, dafür steht Boris Kasprik. In seinem kleinen Restaurant in Ottensen arbeitet er mit klassischen Zutaten der Haute Cuisine, darunter Steinbutt und Foie gras.
Spritzenplatz 11, 22765 Hamburg
T: +49 40 30746556, petitamour-hh.com

BISTRO CARMAGNOLE
Französische Bistroküche ohne viel Chichi findet man hier mitten in der Sternschanze. Die Inhaber bürgen für erstklassige Produktqualität, dazu kommen eine interessante Weinkarte und gute Drinks.
Juliusstraße 18, 22769 Hamburg
T: +49 40186115, carmagnole.kr

CAFÉ PARIS
Oh, là, là, ein Stück Paris in Hamburg! Hier kann man speisen wie in einer Pariser Brasserie. Auch das französische Frühstücksangebot ist sehr zu empfehlen.
Rathausstraße 4, 20095 Hamburg
T: +49 40 32527777, cafeparis.net

Wie bei Oma.
Im »Café Lindtner« warten auf Gourmets beste Torten und Kuchen.

CAFÉS

CAFÉ LINDTNER
Nach langen Spaziergängen durch die Stadt gönnt man sich eine erholsame Pause mit Kaffee und Kuchen im Garten des Hotel »Lindtner«. Auf der Speisekarte finden sich aber auch andere Köstlichkeiten: kleinere, größere, alle regional und saisonal.
Eppendorfer Landstraße 88, 20249 Hamburg
T: +49 40 4806000, lindtner.com

HEJ PAPA
Kitchen and Coffee bietet das hippe »Hej Papa«, dessen Frühstückskarte viele Ansprüche abdeckt. Feine Kuchen gibt es außerdem.
Poolstraße 32, 20355 Hamburg
T: +49 40 66872747, hej-papa.de

ELBGOLD SCHANZE
Der Vorreiter unter Hamburgs Third Wave Coffee Bars. Die verschiedenen Filialen sind stets vollbesetzt, was nicht nur an hervorragend gerösteten Bohnen liegt, sondern auch an den Bagels und den beliebten Cookies. Das hier beschriebene Café in der Schanze ist für seine Plätze draußen sehr beliebt.
Lagerstraße 34/C, 20357 Hamburg
T: +49 40 23517520, elbgold.com

NORD COAST COFFEE ROASTERY
In dieser Rösterei kann man die Liebe zum Kaffee förmlich spüren. Die erlesenen Bohnensorten und verschiedene Röstungsstufen bieten alles, was ein Kaffeeliebhaberherz begehrt.
Deichstraße 9, 20459 Hamburg
T: +49 40 36093499, nordcoast-coffee.de

BALZ UND BALZ – KAFFEE UND FEINE KOST
Im »Balz und Balz« am idyllischen Isebekkanal würde man am liebsten wohnen. Der Kaffee ist erstklassig, auch für den Kuchen kommt man gerne her.
Lehmweg 6, 20251 Hamburg
T: +49 40 6043883, balzundbalz.de

LITERATURHAUSCAFÉ
Dieses Café befindet sich im prächtigen Saal der denkmalgeschützten Villa am Schwanenwik.
Schwanenwik 38, 22087 Hamburg
T: +49 40 2201300, literaturhauscafe.de

LE LION – BAR DE PARIS
Nicht nur eine der besten Bars der Welt, sondern auch die Wiege des Gin Basil Smashs.
Rathausstraße 3, 20095 Hamburg
T: +49 40 334753780, lelion.net

VILLA IM HEINE-PARK
Die gediegene Villa ist der perfekte Ort für ein opulentes Sonntagsfrühstück mit Elbblick.
Elbchaussee 43, 22765 Hamburg
T: +49 40 421070180, villa-im-heine-park.de

HERR MAX
Ein Qualitätsanker inmitten der quirligen Sternschanze: Was Matthias Max hier an Patissierskunst vorlegt, gehört zum Besten, was Hamburg in dieser Hinsicht zu bieten hat. Köstliche Torten!
Am Grasbrookpark 1, 20457 Hamburg
T: +49 40 88361510, mamamarta.de

Gin o'clock.
Die »Boilerman Bar« und ihre Highballs sind nicht nur in der Nachbarschaft sehr beliebt.

BARS

SONÉ ART
Hybrid aus Bar, Restaurant und Kunstgalerie mit spektakulärem Lichtdesign.
Kaiser-Wilhelm-Straße 73, 20355 Hamburg
T: +49 40 57199710, soneartrestaurant.de

STANDARD
Aperitivo-Kultur in Hamburg: Zu den gut gemachten Drinks gibt es Stuzzichini, die allerdings längst nicht nur italienisch interpretiert sind.
Große Freiheit 90, 22767 Hamburg
T: +49 40 36946633, standard.hamburg

DRILLING
Café, Bar und Destillerie in einem: neue Location auf dem Gelände einer ehemaligen Marzipanfabrik. Von hier kommt Hamburgs erster Whisky.
Friesenweg 4, 22763 Hamburg
T: +49 179 9769435, drilling.hamburg

SKYLINE BAR 20UP
In der stilvollen Bar in 90 Metern Höhe mit Panoramablick auf die Stadt lassen sich Sundowner besonders gut genießen. Dazu gibt es Sushi-Spezialitäten.
Im »Empire Riverside Hotel«.
Bernhard-Nocht-Straße 97, 20359 Hamburg
T: +49 40 311190
empire-riverside.de/de/restaurant-und-bars/skyline-bar-20up

BOILERMAN BAR
In dieser gemütlichen Bar bleibt man am liebsten den ganzen Abend sitzen und lässt sich zu guter Musik beste Highballs servieren.
Eppendorfer Weg 21, 20457 Hamburg
T: +49 40 42102135, boilermanbar.net

FEINKOST & MEHR

HOBENKÖÖK
Bei diesem neuen kulinarischen Hotspot im Hamburger Oberhafen findet sich ein Zusammenspiel aus Restaurant, Markthalle und Catering.
Stockmeyerstraße 43, 20457 Hamburg
T: +49 40 22865538, hobenkoeoek.de

EATON PLACE
Very British: Stilecht eingerichteter Tearoom für Afternoon Tea mit Clotted Cream und Scones.
Bahrenfelder Straße 80–82, 22765 Hamburg
T: +49 40 55641892, eaton-place.de

EISPRINZESSINNEN
Hier dreht sich alles um – ja, der Name verrät es sofort – Eis! Und zwar hausgemachtes Speiseeis mit natürlichen Zutaten und allem, was zu einem Eisbecher dazugehört. Geschmacklich ist für jede Prinzessin bzw. jeden Prinzen etwas dabei (von A wie Apfel-Sellerie bis Z wie Zimt).
Am Rathenaupark 15, 22763 Hamburg
T: +49 40 68889421, eisprinzessinnen.de

OSCHÄTZCHEN
Peter Oschätzchen und sein Team führen ein Sortiment, von dem Genießer nur schwärmen können. Egal ob feinste Schokolade, edle Essige oder Raritäten aus der Teewelt – wer Oschätzchens Stammgeschäft oder die Filiale im Alsterhaus besucht, hat die Qual der Wahl.
Hohe Bleichen 26, 20354 Hamburg
T: +49 40 35004780, oschaetzchen.com

VIOLAS'
Bekannt geworden ist das Geschäft durch selbst zusammengestellte Gewürzmischungen in hoher Qualität, doch auch die übrigen Delikatessen wie Risottoreis oder Feingebäck haben viele Fans.
Eppendorfer Baum 43, 20249 Hamburg
T: +49 40 46072676, violas.de

Nah am Wasser.
Die Landungsbrücken (dahinter der Michel) sind zentraler Anlaufpunkt für Hafenrundfahrten.

KITTEL'S
Fudge von kleinen Manufakturen oder köstliche Biscuits aus altehrwürdiger Hand – das kleine Geschäft in Eppendorf hat britische Delikatessen im Angebot, die man anderswo nur selten findet.
Lehmweg 47, 20251 Hamburg
T: +49 40 84706706, kittels.com

BEYOND BEER
Exzellente Auswahl an Craft Bieren aus aller Welt. Zudem finden hier regelmäßige Tastings statt, die meist schnell ausgebucht sind. Mittwochs Open Tap, wo man aktuelle Biere probieren kann.
T: +49 40 81955651, beyondbeer.de

SEHENSWERT

HAUPTKIRCHE ST. MICHAELIS
Die barocke evangelische Hauptkirche wird von den Einheimischen einfach Michel genannt und bietet mit ihrem erklimmbaren 132 Meter hohen Turm eine atemberaubende Aussicht über Hamburg.
Englische Planke 1, 20459 Hamburg
T: +49 40 376780, st-michaelis.de

HAMBURGER KUNSTHALLE
Für die Hamburger Kunsthalle plant man am besten gleich mehr Zeit ein. Das beeindruckende Museum versammelt in seinen Räumen Kunstwerke vom Mittelalter bis zur Gegenwart.
Glockengießerwall 5, 20095 Hamburg
T: +49 40 428131200, hamburger-kunsthalle.de

SPEICHERSTADT
Was wäre ein Hamburg-Besuch ohne Besichtigung der Speicherstadt? Ein Spaziergang durch den von Kanälen durchzogenen Lagerhauskomplex aus Backstein im Hamburger Hafen hat etwas sehr Beeindruckendes und Geschichtsträchtiges an sich. Genaueres zur Speicherstadt kann man im Speicherstadtmuseum erfahren.

ELBPHILHARMONIE
Zwischen Speicherstadt und Hafencity steht sie, die vielbeachtete und imposante Elbphilharmonie (von vielen liebevoll »Elphie« genannt), neues Wahrzeichen von Hamburg. Das Konzerthaus ist mit seiner beeindruckenden Architektur seit der Fertigstellung im Jahr 2016 ein Besuchermagnet.
Platz der Deutschen Einheit 1, 20457 Hamburg
T: +49 40 3576660, elbphilharmonie.de

ELBSTRAND
Einerseits Sandstrand, andererseits geschäftiges Treiben der Industrie erleben Besucher an der Elbe. Während man an einem Drink schlürft, können vorbeischippernde Containerschiffe beobachtet und im Sommer zur Erfrischung der ein oder andere Sprung in die Elbe gewagt werden.
Den Elbstrand kann man aber auch vom Wasser aus besichtigen: bei einer Fahrt mit der Hafenfähre.

Industriecharme.
Früher Rangierhalle, heute Hotspot für Foodies: In der »Hobenköök« kommt alles aus Norddeutschland.

London

PULSIERENDE METROPOLE AN DER THEMSE

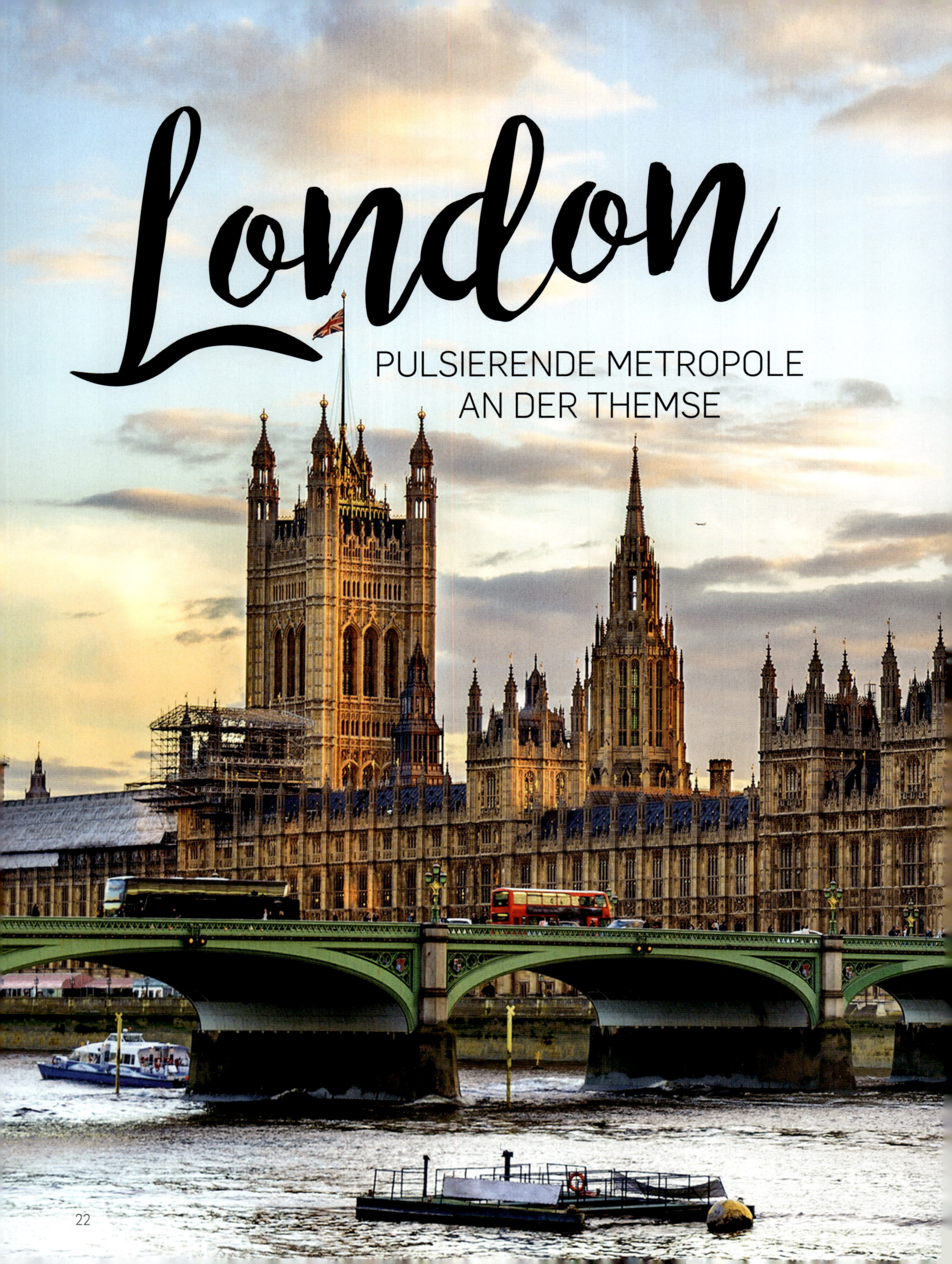

London ist eine der aufregendsten Großstädte der Welt. Die Stadt ist jung und dennoch traditionsbewusst, »very British« und gleichzeitig kulturell vielfältig – das alles zeigt sich auch in den Küchen.

Königliche Kulisse. Der Westminster Palast mit dem Turm Big Ben, der eigentlich Elizabeth Tower heißt.

6 gute Gründe für London

1 It's Showtime: Ob man sich für das Harry-Potter-Musical, das Royal Opera House oder ein funkelnd-verrücktes Erlebnistheater mit Speis und Trank und mannshohen Kaninchen entscheidet – Topunterhaltung ist garantiert. Entertainment ist in England Ehrensache.

2 Grüner wird's nicht: Obwohl die 8-Millionen-Mega-City aus allen Nähten platzt, bietet sie ihren Bewohnern doch verschwenderisch viel Grün in ihren wunderschönen Landschaftsparks – Picknickdecke nicht vergessen!

3 Shop 'til you drop: Vintagekleider, coole Designerwear, High-End-Couture in Knightsbridge oder Flohmarktschnäppchen in Camden Town. Aus London kommt man meist mit einem Koffer, der weit voller ist als bei der Ankunft.

4 Weltklasse-Museen und Galerien: Das Victoria & Albert Museum, die Tate Modern oder das National History und das British Museum sind Schatztruhen für die Ewigkeit.

5 London Food Craze: Die Londoner sind essensverrückt, in Europas Hauptstadt der Food-Trends schillern die verrücktesten, innovativsten, besten und stylishsten Restaurants um die Wette.

6 Die Londoner selbst – exzentrisch, bunt, multikulturell, ebenso sehr verliebt in Traditionen wie in Trends – sind es, die die Stadt zu einem irisierenden Erlebnis machen.

Seafood deluxe.
Im »Scott's« kommt die ganze Vielfalt der Meere auf den Teller. Köstlich und fangfrisch!

Auf den Punkt.
Wer exakt gegarten Pulpo mag, sollte im »NOPI« mittag essen.

FREITAG

13:00 Wir starten im bunten Stadtteil Soho und arbeiten uns vom legendären Kaufhaus »Liberty« die Regent Street herunter: Willkommen im Shopping-Paradies!

16:00 Teatime! Wir zelebrieren diese britischste aller Traditionen sehr modern in der »Farmacy«

19:00 Vorhang auf für eine der unterhaltsamen Shows in Europas Musical-Mekka

21:30 Spätes Dinner im »Scott's«, wo uns edelstes Seafood und gute Drinks erwarten

Luftiger Luxus.
Im Privatclub »Annabel's« kam selbst die Queen schon auf einen Gin vorbei. Hier steigen gute Partys.

Wir beginnen unser London-Wochenende in der Oxford Street, schlendern durch den Departmentstore »Selfridges«, einen Luxus-Kosmos für sich, biegen in die Regent Street ein und betreten das legendäre Kaufhaus »Liberty«, einen Fachwerkbau im Neo-Tudorstil, das erste Kaufhaus dieser Art in London. Ob Parfüm-Raritäten, feinste Lederwaren, Haute Couture: Das »Liberty«, mit dem damals schon die Künstler der Arts-and-Crafts-Movement wie William Morris oder später Designerinnen wie Vivienne Westwood zusammengearbeitet haben, ist ein Einkaufsjuwel der absoluten Sonderklasse, mit Beauty-Behandlungen in der Skin Laundry oder einem Glas Taittinger in »Arthur's Restaurant«. Wir shoppen uns die Regent Street hinunter und halten für ein spätes Frühstück bei »NOPI« in der Warwick Street. »NOPI« ist eines von Yotam Ottolenghis Restaurants, die Frühstückskarte ist klein, zeigt aber in nuce die ganze Küchenphilosophie des israelischen Küchen-Stars, dessen Kochbücher Weltbestseller wurden: die Frische, den Levante-Einschlag, das muntere Crossover – und den höchst souveränen Umgang mit Gewürzen, etwa beim Kokos-Toast mit gegrillter Ananas und Pandanblättern oder den pochierten Eiern mit gesmoketem Labneh und Rosen-Harissa. Wir sind jetzt mitten in Soho, lassen uns treiben, vorbei an all den quirky-verschrobenen Lädchen, den Antiquitätengeschäften, den Shops für Zaubereibedarf. Wer mag, lässt sich die Karten lesen. Dann geht es zum Cream Tea in den Tea Room beim Hoflieferanten Fortnum & Mason, ein Afternoon Tea, der wahrscheinlich nirgendwo exquisiter dargeboten wird als hier, selbst das Ritz verblasst gegen diese Eleganz. Eine spannende zeitgemäße Alternative ist der vegane High Tea in der »Farmacy« in Notting Hill, wo die glutenfreien Sandwiches aus dunklem, mit Kohle gefärbtem Brot sind und dazu Hanf-Tee serviert wird. Bald ist es Zeit fürs Theater, denn natürlich haben wir in Europas Musical-Mekka Tickets reserviert für eine der Dutzenden Shows in Soho oder Covent Garden. Und danach? Geht es auf Drinks oder ein spätes Essen ins »Scott's«, wo Head Chef David McCarthy umwerfende Menüs mit Seafood und Fisch kreiert. Wer dann noch Power hat (und Mitglied ist), verbringt die Nacht im »Annabel's«, einem der berühmtesten Night Clubs Londons. Erholsamen Schlaf holen wir uns im »The Connaught«, einem der luxuriösesten und schönsten Hotels der Stadt.

Freitag

Eine Shopping-Tour durchs aufregende Viertel Soho macht den Anfang unseres Besuchs, mittags stärken wir uns bei Kochbuch-Star Yotam Ottolenghi.

Bunte Boutiquen.
Perfekt zum Reinkommen: eine Tour durch die Shopping-Straße Carnaby Street in Soho.

Vorbereitung für den Abend.
Im Luxuskaufhaus »Liberty« findet sich die passende Garderobe für jeden Anlass.

Säulenpracht.
Im schönsten Museumscafé der Welt trinken wir einen Kaffee: im Victoria & Albert Museum.

Leichte Kost.
Das »Zuma« steht für japanisches, nicht zu schweres Essen – ideal als Lunch.

Samstag

Ein königliches Frühstück mit Blick auf den Sunken Garden, ein Mittagessen beim Zwei-Sterne-Koch und abendliche Drinks in der »Blue Bar« – der zweite Tag.

What a wonderful morning: In verschwenderischer Schönheit bietet sich uns der Hyde Park noch im sanften Morgendunst dar. Zwischen Joggern und Enten spazieren wir auf den mäandernden Wegen. In Kensington Gardens halten wir bei der Elfin-Oak, einem 800 Jahre alten Eichenstamm, in den winzige Elfenfiguren geschnitzt sind. Am Kiosk nebenan holen wir einen Becher Tee und setzen uns in die Sonne: vor uns entrollt, das grüne Panorama, hinter uns thronend, der Kensington Palace. Dorthin gehen wir nun für ein königliches Frühstück im »Kensington Palace Pavilion«, wo wir stilecht Eggs Royal genießen, mit Blick auf den Sunken Garden. Wir verlassen den Park, schlendern auf der Exhibition Road zum Victoria & Albert Museum, um uns dort eine der grandiosen Ausstellungen anzusehen. Danach nehmen wir noch einen Kaffee im schönsten Museumscafé der Welt: dem V&A Tea Room, mit Säulenpracht und Mosaiken. Weiter geht es zur Fulham Road, an all den erlesenen Geschäften vorbei zum Michelin House. In dem Jugendstil-Gebäude befindet sich das Restaurant »Bibendum«, in dem der Spitzenkoch Claude Bosi ein Lunch-Menü für 65 Pfund anbietet – nicht teuer für ein Zwei-Sterne-Restaurant. Für leichte japanische Küche empfiehlt sich ansonsten das »Zuma«, wo man in Izakaya-Atmosphäre erstklassiges Sushi bekommt. Nun geht es, die Kings Road hinunter, vorbei an den Interior-Shops bis hin zur Lots Road, wo ehrwürdige Antiquitätengeschäfte und die Auktionshäuser sitzen. Zum Ausruhen in der blauen Stunde setzen wir uns auf eine Bank an die Themse, beobachten die Schiffe – um Kraft zu schöpfen für ein Highlight: Dinner. Im gleichnamigen Lokal von Heston Blumenthal, dem phantasmagorisch-verspielten Kochgiganten, der nach historischen Rezepten zauberhafte Trompe-l'œil-Gerichte komponiert wie die orange Meat-Mandarine, die aus Leberparfait besteht. Noch nicht müde? Dann noch in die »Blue Bar« im »The Berkeley«, die so stilvoll und wunderschön ist, dass man nie wieder gehen will. Vor allem nicht nach ein paar Cocktails.

Selfie-Spot.
Ob mit oder ohne die Christo-Skulptur »Mastaba« – der Hyde Park ist immer einen Spaziergang wert.

Hommage.
Das Michelin-Männchen ist allgegenwärtig im Restaurant von Spitzenkoch Claude Bosi.

Teller-Kunst.
Für schmale 65 Pfund kommt man bei Claude Bosi im »Biberdum« mittags in den Genuss von Zwe -Sterne-Küche.

Entspannter Ausklang.
Wer am Abend noch Zeit hat, geht zum Dinner ins »Pied à Terre«, ein unprätentiöses Michelin-Restaurant.

Französische Haute Cuisine.
Das »Pied à Terre« steht für aromatische, ideenreiche französische Küche.

SONNTAG

11:00 Führung im Museum des exzentrischen Sammlers Sir John Soane

13:00 Wir ordern Sunday Roast und frisch gezapftes Ale in der 500 Jahre alten Taverne »The Ship«

15:30 Jetzt ist Zeit für britische Geschichte und einen spektakulären Bau von Norman Foster: Wir gehen ins British Museum, der Eintritt ist kostenlos

18:00 Kurz vor der Abreise gönnen wir uns noch ein schnelles Menü im Restaurant »Pied à Terre«

So exaltiert wie wir den gestrigen Abend beschlossen haben, machen wir heute am späten Vormittag weiter. Wir begeben uns Richtung Bloomsbury, dem ehemaligen Bezirk der Literaten und Künstler. Auf keinen Fall lassen wir uns eine der Führungen im Sir John Soane's Museum entgehen, ein Hochamt bizarr-verstiegener Exzentrik: Der Architekt und Sammler John Soane hat im 19. Jahrhundert diese Wunderkammer von einem Stadtpalast mit Kunst, antiken Statuen und dem alabasternen Sarkophag des ägyptischen Pharaos Sethos I., der mit Hieroglyphen bedeckt ist, bestückt. Außerdem ist der Monk's Parlour, der morbide eingerichtete Mönchssalon, zu bestaunen. Vollkommen geflasht geht es nach draußen, Zeit, wieder ein wenig Bodenhaftung zu bekommen. In der 500 Jahre alten Taverne »The Ship«, einem so urgemütlichen wie geschichtsträchtigen Ye-Olde-English-Pub, in dem das Ale nur so aus dem Hahn sprudelt, lassen wir uns zu einem wunderbaren Sunday

Drink-Safari.
Die »Leopard-Bar«bietet sich für einen gepflegten Cocktail vor der Abreise an.

Sonntag

Heute ist Kultur-Tag: Wir laufen durchs Literatenviertel und besichtigen das British Museum – zwischendurch gönnen wir uns ein Ale in einem urigen Pub.

Auf Kurs.
Was wäre ein London-Trip ohne Einkehr im Pub? Bestens geeignet dafür ist »The Ship«, das auch herrliche Außenplätze anbietet.

Denkmal.
Den Great Court im British Museum hat Norman Foster entworfen.

Roast nieder. Auf unserem folgenden Nachmittagsspaziergang durch Bloomsbury halten wir am British Museum, in dem wir, je nach Zeitbudget, entweder nur Norman Fosters fantastischen Great Court bewundern – oder auch den Mumien noch einen Besuch abstatten. Der Eintritt ist wie in allen Londoner Museen kostenlos, bis auf die Sonderausstellungen. Müde? Gleich ums Eck befindet sich im »Montague on the Gardens«, einem plüschigen Hotel, die »Leopard Bar« mit Leo-Look-Tapeten und Ledersesseln, in der man sich auf das allerstilvollste noch einen Old Fashioned genehmigen kann, bevor es wieder nach Hause geht. Und alle Glücklichen, die einen besonders späten Heimflug haben, nehmen später noch im »Pied à Terre« zum Dinner Platz, in einem der besten Restaurants Londons.

5 Top-Hotels

Vom Luxushotel in einer ehemaligen Feuerwehrwache bis zum palastartigen Refugium – die besten Hotels in London.

THE CONNAUGHT*****

Die Geschichte dieses Luxushotels geht zurück bis ins Jahr 1897, was heute noch an der wunderhübschen Fassade zu erkennen ist. Innen erwartet die Gäste höchster Komfort und Luxus, die Hotelbar hat mehrfach Preise gewonnen. DZ ab 630 Euro.

Carlos Place, Mayfair
London W1K 2AL
T: +44 20 74997070
the-connaught.co.uk

CLARIDGE'S*****

Das erste Haus am Platz insbesondere für Prominente, und zwar seit vielen Jahrzehnten. Hitchcock hat hier übernachtet, Mick Jagger ebenfalls, für Winston Churchill war das Luxushaus zeitweise gar Wohnungsersatz. DZ ab 660 Euro.

Brook Streeet, Mayfair
London W1K 4HR
T: +44 20 76298860
claridges.co.uk

THE BERKELEY*****

Gediegen-moderner Knightsbridge-Luxus mit einem Pool im siebten Stockwerk, einem Sterne-Restaurant von Marcus Wareing (siehe auch Restauranttipps), einem Designer High Tea (»Prêt-à-Portea«) – und einem verwunschenen Garten auf dem Dach, von dem man in den Hyde Park blickt. DZ ab 630 Euro.

Wilton Place, Knightsbridge
London SW1X 7RL
T: +44 20 72356000
the-berkeley.co.uk

EMPFEHLENSWERTE HOTELS IN LONDON

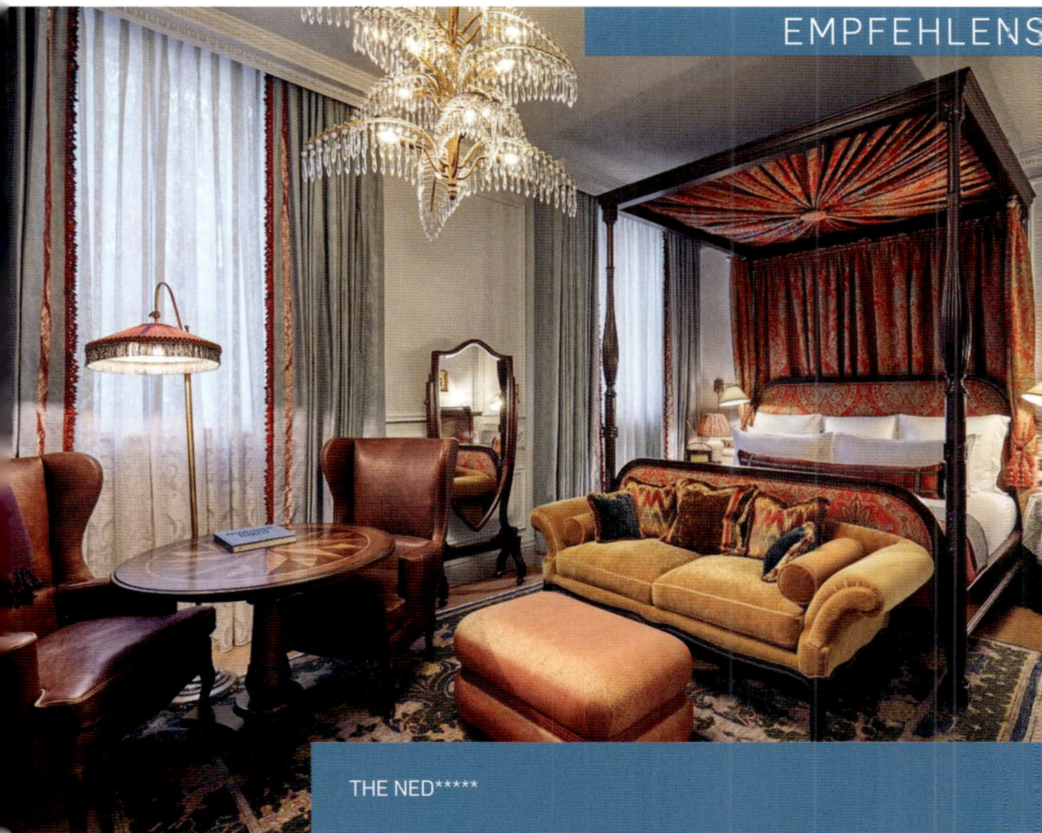

THE NED*****

Londons jüngster Neuzugang, spektakulär opulent: Marmor und Samt schaffen Great Gatsby-Flair in diesem exklusiven Haus, das sowohl Hotel wie Members-Club ist. Für 200 Millionen Pfund wurde das Gebäude der ehemaligen Midland Bank renoviert und die fast 30.000 Quadratmeter erstrahlen in neuem Glanz. Neun Restaurants, 15 Bars, ein Rooftop Pool. DZ ab 430 Euro.

27 Poultry
London EC2R 8AJ
T: +44 20 38282000
thened.com

CHILTERN FIREHOUSE*****

Marmorbäder, bodentiefe Fenster und wertvolle antike Möbel – was bis ins Jahr 2005 eine Feuerwehrwache war, ist längst ein mehrfach preisgekröntes Luxushotel. Mit nur 26 Suiten ist es verhältnismäßig klein – und umso exklusiver. Viele Celebrities übernachten hier. DZ ab 628 Euro.

1 Chiltern Street, Marylebone
London W1U 7PA
T: +44 20 70737690
chilternfirehouse.com

CHARLOTTE STREET HOTEL

In den Suiten geben die großen Stars ihre Interviewmarathons, hier steigen Rockstars und Künstler ab. Im Foyer winkt die Riesenkatzen-Skulptur von Botero alle herein. DZ ab 350 Euro.
15-17 Charlotte Street, London W1T 1RJ
T: +44 20 78062000
firmdalehotels.com/hotels/london/charlotte-street-hotel

THE ZETTER TOWNHOUSE

Stilvoll, flamboyant, eklektisch: Himmelbetten, Kandelaber, schwere Möbel. Im »The Zetter Townhouse« fühlt man sich, als wäre man zu Gast bei einem wunderlich-liebenswürdigen Onkel. DZ ab 280 Euro.
28-30 Seymour Street, London W1H 7JB
T: +44 20 73244533, thezettertownhouse.com

HAM YARD HOTEL

Luxuriöses wie verspieltes Boutiquehotel beim Piccadilly Circus, das von Interior-Queen Kit Kemp quietschbunt eingerichtet wurde. DZ ab 660 Euro.
1 Ham Yard, Soho London W1D 7DT
T: +44 20 36422000
firmdalehotels.com/hotels/london/ham-yard-hotel

CORINTHIA*****

Großartig gelegen ist der Prachtbau des »Corinthia« Hotels, in dem früher das Verteidigungsministerium untergebracht war. Auch der Gaumen freut sich: Tom Kerridge hat hier sein neuestes Restaurant (siehe Restauranttipps) eröffnet. DZ ab 630 Euro.
Whitehall Place London SW1A 2BD
T: +44 20 79308181, corinthia.com/en/hotels/london

THE EAST LONDON HOTEL

Stylish und lässig: Im angesagten East London gelegen, muss man hier nur aus der Türe fallen, schon gibt es die breiteste Auswahl an Clubs und coolen Läden. DZ ab 90 Euro.
309-317 Cambridge Heath Road, London E2 9LH
T: +44 20 31461960, theeastlondonhotel.com

THE PILGRM

Tolles, modernes Hotel in einem alten Gebäude – in Paddington wurde dieses bestens gelegene, stilsicher gestaltete Haus erst vor Kurzem eröffnet. Super Frühstück, schöne Zimmer! DZ ab 90 Euro.
25 London Street, London W2 1HH
T: +44 20 76676000, thepilgrm.com

THE MONTAGUE ON THE GARDENS****

Old World Charme: plüschig-gediegenes Traditionshotel in Bloomsbury. Herrlich verschroben und wie eine Filmkulisse – die »Leopard Bar« mit Ledersesseln und Tapeten in Leo-Optik. DZ ab 300 Euro.
15 Montague Street, London WC1B 5BJ
T: +44 20 76371001, montaguehotel.com

THE MEGARO HOTEL****

Funky und hip – und dabei in einer Preisklasse, die noch ein paar Shopping-Touren im nahen Camden zulässt: Das »Megaro Hotel« bietet mit türkisblauen Wänden, viel Holz und coolen Teppichen Boutique-hotel-Feeling. DZ ab 232 Euro.
Belgrove Street, King's Cross, London WC1H 8AB
T: +44 20 78432222, themegaro.co.uk

LEMAN LOCKE

Ein Traum in Pastell – babyblaue Wände, rosa Sofas, dabei aber alles andere als kitschig, sondern schick, up-to-date und urban (im Zimmer gibt's eine Yogamatte und einen Smoothiemixer). DZ ab 250 Euro.
15 Leman Street, London E1 8EN
T: +44 20 33277140, lockelving.com/leman-locke

CITIZEN M

Top: Die Londoner Boutiquehotels der Citizen-M-Kette in modernem und coolem Look, jeder der drei Standorte ist zentral. DZ ab 160 Euro.
20 Lavington Street (Bankside H.) London SE1 0NZ
T: +44 20 35191630, citizenm.com

Stilsicher. Das Restaurant »Isabel« garantiert den Wow-Effekt: unglaublich stylish eingerichtet, mit südamerikanischer Küche.

Tipps und Adressen

RESTAURANTS

MARCUS by Marcus Wareing
Hochelegante Küche von Marcus Wareing, die auch unter Promis beliebt ist. Im mondänen Hotel »The Berkeley« untergebracht.
Wilton Place, London SW1X 7RL
T: +44 20 72351200, marcusrestaurant.com

SCOTT'S
Eine überdimensionierte, mit Eis gefüllte Etagere, auf der Edelfische, Hummer und anderes Seafood liegen – im »Scott's« gibt es Meeresfrüchte vom Feinsten, wer mag, beginnt mit Austern und Champagner und wechselt später zu Kaviar.
20 Mount Street, Mayfair, London W1K 2HE
T: +44 20 74957309, scotts-restaurant.com

ISABEL
Im Herzen von Mayfair gelegenes, sehr stilsicher eingerichtetes Restaurant mit angeschlossener Bar, das einen Wow-Effekt garantiert. Inhaber ist der frühere Investmentbanker Juan Santa Cruz. Unbedingt probieren: Ají Chicken
26 Albemarle Street, Mayfair, London W1S 4HY
T: +44 20 30969292, isabelw1.london

ZUMA
Zeitgemäße japanische Küche im Herzen von Knightsbridge, erfunden von einem Deutschen. Beeinflusst von der Izakaya-Kultur, aber nicht deftig, mit großem Angebot an Sushi und leichter Küche.
5 Raphael Street, London SW7 1DL
T: +44 20 75841010, zumarestaurant.com

HIDE
Neu, irrsinnig schön und luxuriös: Das »Hide« ist einer der neuen Hotspots der Londoner Restaurantszene. Im atemberaubend gut designten Interieur sieht einfach jeder super aus. Und jedem schmeckt es, dafür sorgt Kochstar Ollie Dabbous.
85 Piccadilly, London W1J 7NB
T: +44 20 31468666, hide.co.uk

DINNER by Heston Blumenthal
Heston Blumenthal hat mit Historikern ein fantastisches Menü entwickelt und lässt die exzentrische Food-Geschichte des Vereinigten Königreichs neu auferstehen. Fröhlich, verrückt und – zwei Sterne – elegant.
66 Knightsbridge, London SW1X 7LA
T: +44 20 72013833, dinnerbyheston.com

ST. JOHN
Nose-to-Tail beim Erfinder des Carnivoren-Trends: Architekt, Nationaldenkmal und self-tought Chef Fergus Henderson ist der Papst der Innereien und des Blutpuddings.
26 St. John Street, London EC1M 4AY
T: +44 20 72510848, stjohnrestaurant.com

IKOYI
Die Jollof-Cuisine, die kaum bekannte Küche Westafrikas, kann man nun in London probieren. Erdnusssuppe, geräucherter Jollof-Reis, Kochbanane und Rhabarber: »Das Ikoyi« (ein Stern) ist eines der interessantesten Restaurants der Stadt.
1 St. James's Market,London SW1Y 4AH
T: +44 20 35834660, ikoyilondon.com

MYRTLE
Wunderbar englisch-irisches Fine Dining mit regionalen Zutaten von der irischen Köchin Anna Haugh: Hecht in Haferkruste mit Muschel-Velouté, Schweinskopf-Kroketten, Buttermilch-Panna-Cotta … Herrlich!
1A Langton Street, London SW10 0JL
T: +44 20 73522411, myrtlerestaurant.com

Design meets Food.
Für das »Coal Office« hat sich Küchenchef Assaf Granit mit dem Designer Tom Dixon zusammengetan. Auf der Speisekarte steht Levante-Küche.

COAL OFFICE
Wenn sich ein Koch mit einem Designer zusammentut, darf man auf das Ergebnis gespannt sein. Der unprätentiöse Name spielt mit dem hohen Anspruch: Designer Tom Dixon ist ein wahres Schmuckstück gelungen, das die kreative Levante-Küche von Koch Assaf Granit ideal in Szene setzt.
2 Bagley Walk, Kings Cross, London N1C 4PQ
T: +44 20 38486085, coaloffice.com

CLAUDE BOSI at Bibendum
Große Küche vom französischen Spitzenkoch Claude Bosi. Mehr Michelin geht kaum. Bosi, der selbst zwei Sterne trägt, wirkt im Michelin House, dem ehemaligen Hauptquartier des französischen Reifenherstellers. Das Maskottchen Bibendum, kurz Bib, das Michelin-Männchen, hat als Glasmalerei ein wachsames Auge auf die herrlichen Speisen.
81 Fulham Road, Chelsea, London SW3 6RD
T: +44 20 75815817, bibendum.co.uk

CORE by Clare Smyth
Modern British Cuisine von Clare Smyth. Die Chefköchin des Drei-Sterne-Restaurants »Gordon Ramsay« hat sich selbstständig gemacht. Und gleich zwei Sterne geholt. Sublim, feminin, exquisit.
92 Kensington Park Road, London W11 2PN
T: +44 20 39375086, corebyclaresmyth.com

KERRIDGE'S BAR & GRILL
Tom Kerridge ist der Erfinder des Gastro-Pubs, des Pubs, das in aller Gemütlichkeit feine Küche serviert. Mit seinem Pub »The Hand & Flowers« im ländlichen Marlow hält er zwei Michelin-Sterne, sein Grill im feinen »Corinthia Hotel« ist seine erste Londoner Unternehmung.
10 Northumberland Avenue, London WC2N 5AE
T: +44 20 73213244
kerridgesbarandgrill.co.uk

KITCHEN TABLE
Das Lokal im Lokal: Erst betritt man das »Bubbledogs«, eine Champagner & Hotdog-Bar (siehe Bars), dann geht man durch eine Tür, die wie eine geheime Pforte in eine andere Welt führt, in die gleißende Edelstahlküche des »Kitchen Table«, ein Tresen, an dem ein innovatives Zwei-Sterne-Mahl mit Blick aufs Kochen und die Köche serviert wird.
70 Charlotte Street, London W1T 4QG
kitchentablelondon.co.uk

MÃOS
Nuno Mendes, der portugiesische Sternekoch, der noch unter Ferran Adrià gearbeitet hat, eröffnete einen extrem exklusiven Supper Club in der Blue Mountain School. 16 Glückliche dürfen drei Stunden lang elysisch schwelgen.
41 Redchurch Street, London, E2 7DJ
T: +44 20 77399733, bluemountain.school/maos

Wiederauferstehung.
Zwei-Sterne-Koch Heston Blumenthal erweckt im »Dinner by Heston Blumenthal« alte Rezepte wieder zum Leben.

SEXY FISH
Grandiose asiatische Cross-over-Küche in spektakulärem Ambiente: schrill, opulent, extrem fröhlich. Mit Riesen-Kois, die über der Bar schweben.
Berkeley Square, London W1J 6BR
T: +44 20 37642000, sexyfish.com

BEAST
Das perfekte Steak? Bitteschön, sehr gerne, diese Kunst beherrscht man in UK aus dem Effeff: tolles Fleisch, gut abgehangen, wunderbar gereift, vom besten Tier. Und dann noch ordentlich gebraten. Was will man mehr?
3 Chapel Place, London, W1G 0BG
T: +44 20 74951816, beastrestaurant.co.uk

TRAMSHED
Noch mal Steaks, und zwar geniale. Gebraten in einer ehemaligen Generatoren-Anlage für die Londoner Straßenbahn von 1905. Dazu Kunst von Damien Hirst im Formaldehyd-Glasquader mitten im Raum.
32 Rivington Street, London EC2A 3XL
T: +44 20 77490478
hixrestaurants.co.uk/restaurant/tramshed

NOPI
Tolles, lässiges Restaurant des israelischen Koch-Lieblings Yotam Ottolenghi, wo man die Köstlichkeiten, die man zu Hause aus seinem Bestseller-Kochbuch vielleicht schon nachgekocht hat, in Perfektion genießen kann.
21-22 Warwick Street, London W1B 5NE
T: +44 20 74949584, ottolenghi.co.uk/nopi

KENSINGTON PALACE PAVILION
Unaufgeregt werden Frühstück, Lunch oder Afternoon Tea im schönen Pavillon mit Blick auf den Sunken Garden serviert.
Kensington Gardens, W8 4PX
T: +44 20 31666113, kensingtonpalacepavilion.co.uk

PUBS

THE LYRIC
Herrlich viktorianischer Pub, im fröhlich-laut wummernden Herzen von Soho.
37 Great Windmill Street, London W1D 7LT
T: +44 20 74340604, lyricsoho.co.uk

THE SHIP
500 Jahre alt, so cosy, als sei zwischen den holzgetäfelten Wänden einst die Gemütlichkeit erfunden worden. Und der Sunday Roast, ein Sonntagsbraten, zu Recht eine englische Institution.
12 Gate Street, London WC2A 3HP
T: +44 20 74051992, theship.co.uk

MR FOGG'S TAVERN
Phileas Fogg ist, wie wir wissen, in 80 Tagen um die Welt gereist. Und dieses Haus hat angeblich seiner Tante Gertrude gehört, sagen die Macher. Das stimmt zwar nicht – und dennoch ist »Mr Fogg's Tavern« ein urgemütlicher Pub. Und: zumindest das Bier ist nicht erfunden!
58 St. Martin's Lane, London WC2N 4EA
T: +44 20 75813992
mr-foggs.com

PRINCESS LOUISE
In diesen alten Bloomsbury-Pub strömen abends die jungen Leute zum Feierabendbier, die sich in der um die Ecke liegenden Kochschule »Le Cordon Bleu« zu Köchen ausbilden lassen. Lustig, laut und meist knallvoll!
208 High Holborn, London WC1V 7EP
T: +44 20 74058816, princesslouisepub.co.uk

YE OLDE CHESHIRE CHEESE
Geschichtsträchtig und wunderschön, einer von Londons ältesten Pubs. Hier hat sich schon Charles Dickens zu seinen Romanen inspirieren lassen.
145 Fleet Street, London EC4A 2BU
T: +44 20 73536170

Urgemütlich.
In »Mr Fogg's Tavern« stand der Weltreisende Phileas Fogg aus dem Jules Verne-Roman Pate.

BARS

ANNABEL'S
Einer der exklusivsten, wenn nicht der exklusivste Londoner Night Club. Der Zugang ist Mitgliedern vorbehalten, die minutiös ausgewählt werden. Die Partys hier waren und sind legendär, selbst die Queen war schon hier – und feierte den Geburtstag einer Freundin.
46 Berkeley Square, London W1J 5QB
T: +44 20 39154046, annabels.co.uk

THE SHRUB & SHUTTER
Nein, über Fantasielosigkeit kann man sich hier nicht beschweren: Fuck a Duck (mit Entenfett, Pflaumen und Sake) heißt hier ein Drink zum Beispiel. Großer Spaß!
336 Coldharbour Lane, London SW9 8QH
T: +44 20 7326 0643
theshrubandshutter.com

NIGHTJAR
Vintage Jazz und alter Ragtime begleiten die Drink-Menu aus entstaubten Cocktail-Klassikern.
129 City Road, Hoxton, London EC1V 1JB
T: +44 20 72534101, barnightjar.com

EXPERIMENTAL COCKTAIL CLUB CHINATOWN
Der »ECC« wirkt wie eine Geheimbar, mitten in Chinatown. Passt man nicht auf, geht man am sehr diskreten Eingang vorbei. Und das wäre schade!
13/A Gerrard Street, London W1D 5PS
T: +44 20 74343559
chinatownecc.com

BUBBLEDOGS
Coole Partymusik, dazu Bubbly, wie die Briten den Champagner zärtlich nennen, und Dogs, also Hotdogs, gibt es hier. Die Dogs sind Abkömmlinge einer Gourmet-Rasse, denn James Knappet verantwortet sie – der Spitzenkoch führt in einem Hinterzimmer ein Zwei-Sterne-Restaurant.
70 Charlotte Street, London W1T 4QG
T: +44 20 76377770, bubbledogs.co.uk

ǦONG BAR
Londons höchste Bar: Im »Shangri-La, At The Shard« in der Spitze des Wolkenkratzers (Level 52) gelegen. Mit einem überwältigenden Blick auf die Tower Bridge und auf die ganze Stadt, die sich wie eine Installation aus dem Dunst schraubt. Grandios!
31 St. Thomas St, London SE1 9QU
T: +44 20 72348208, gong-shangri-la.com

SATAN'S WHISKERS
Ausgestopfte Tiere an der Wand, Hip-Hop aus dem Lautsprecher, feinster Stoff im Glas: was für ein cooler Laden. Bei des Teufels Barthaar!
343 Cambridge Heath Road, London E2 9RA
T: +44 20 77398362
facebook.com/satanswhiskers/

THE PIANO WORKS
Wunschkonzert: zwei Pianisten spielen vom Publikum gewünschte Songs, als wären sie eine lebende Jukebox. In einem alten viktorianischen Lagerhaus im coolen East London.
113-117 Farringdon Road, London EC1R 3BX
T: +44 20 72781966, pianoworks.bar

THE ESCAPOLOGIST
Coole Bar, in der die Porn Star Martinis und Flaming Zombies im Totenkopf-Becher gereicht werden.
35 Earlham Street, London WC2H 9LD
T: +44 20 72405142, escapologistbar.co.uk

KONA KAI
In der kunterbunten Tiki-Bar gibt's bunte Hula-Hula-Drinks, entspannten Sound und Sunshine-Mood.
515 Fulham Road, London SW6 1HD
T: +44 20 73859991, konakai.co.uk

High Times.
Die »ǦONG Bar« ist Londons höchstgelegene Bar. Bei edlen Drinks genießt man den Blick auf die ganze Stadt.

Wie gemacht für Instagram.
Afternoon Tea mal anders: Im »Balthazar« sind die Törtchen inspiriert von New York.

Goldstandard.
Pasteten, Gurkensandwiches und Scones: Wohl nirgendwo ist der High Tea so britisch wie im »Palm Court« des »Ritz«.

AFTERNOON TEA

THE RITZ
Im »Palm Court«, dem wunderschönen Tea Room des »Ritz«, genießt man den wohl traditionellsten Afternoon Tea der Stadt: mit Gurkensandwiches, Pasteten und Scones. Very British!
150 Piccadilly, London W1J 9BR
T: +44 20 74938181
theritzlondon.com/dine-with-us/afternoon-tea

FORTNUM & MASON
Im 4. Stock des Traditionskaufhauses und Hoflieferanten »Fortnum & Mason« wird im erlesenen »Diamond Jubilee Tea Salon« ein hocheleganter Afternoon Tea serviert. Die wohl exquisitesten Petit-Fours und Tea Cakes der Stadt!
181 Piccadilly, London W1A 1ER
T: +44 20 77348040
fortnumandmason.com/restaurants/diamond-jubilee-tea-salon

BALTHAZAR LONDON
Höchst instagrammable und stark beeinflusst von einer Großstadt auf der anderen Seite des Atlantiks: der NY-Tea. Anstelle der klassischen Sandwiches gibt es hierbei Pastrami Buns, anstelle von Scones den Signature-Cheesecake. Yummie!
4-6 Russell Street, London WC2B 5HZ
T: +44 20 33011155, balthazarlondon.com

FARMACY
High Tea der neuen Generation in Notting Hill: mit Hanf-Tee, glutenfreien Sandwiches und veganer Spinatquiche. Perfekt für alle gesundheitsbewussten London-Besucher.
74-76 Westbourne Grove, London W2 5SH
T: +44 20 72210705, farmacylondon.com

SEHENSWERT

SIR JOHN SOANE'S MUSEUM
Privathaus und Wunderkammer eines Sammlers, Künstlers und Exzentrikers. Nicht den Sarkophag verpassen. Und unbedingt die Führung buchen, die erzählten Anekdoten sind herrlich.
13 Lincoln's Inn Fields, Holborn, London WC2A 3BP
T: +44 20 74052107, soane.org

KEW GARDENS
Nicht ganz zentral gelegen, aber jede Minute Fahrzeit wert: die Kew Gardens mit ihrem viktorianischen Palmenhaus und den Blütenexplosionen.
Richmond, London TW9 3AB
T: +44 20 83325655, kew.org

COLUMBIA FLOWER MARKET
Die kleine Columbia Road wird sonntags zum Blumenmarkt und zum coolen Street-Food-Mekka. Die Pubs schenken schäumendes Bier auf der Straße aus, die kleinen Antiquitätenläden bieten skurriler Krims-Krams feil. Und irgendwo macht jemand Straßenmusik. Ach, London!
Columbia Road, London E2 7RG
columbiaroad.info

DINO SNORE
Im Natural History Museum finden regelmäßig Pyjamapartys (für Erwachsene oder für Kinder) statt – mit leckerem Abendessen im »T-Rex-Grill«, Drinks, Pub-Quiz, Dinosaurier-Malkurs und vor allem der Möglichkeit, sich die ganze Nacht fast allein (anstatt mit 14.000 weiteren Besuchern wie sonst tagsüber) im Museum herumzutreiben, ähnlich wie im Film »Night at the Museum«. Und kurz vor dem Morgengrauen bettet man sich im mitgebrachten Schlafsack auf seine Iso-Matte unter das 30 Meter lange Walfischskelett im Atrium ... Absolut unvergesslich!
The Natural History Museum
Cromwell Road, London SW7 5BD
nhm.ac.uk/events/dino-snores-for-grown-ups.html

Gigantisch.
Im Natural History Museum finden »Dino Snore«-Partys statt, bei denen man nachts inmitten von Skeletten schlafen kann.

Wien

EIN WALZER ZWISCHEN KULTUR UND KULINARIK

Oh, du mein Wien!
Die Donaumetropole bietet alles, was man sich wünschen kann: Kultur, Kulinarik, Erholung und feine Shopping-Adressen.

Wien ist eine der charmantesten Städte der Welt. Stephansdom, Schloss Schönbrunn und Ringstraße gehören zu den Fixstartern jeder Sightseeing-Tour. In gastronomischer Hinsicht reicht die Bandbreite vom Drei-Sterne-Restaurant bis zu den typischen Beisln und Heurigen.

6 gute Gründe für Wien

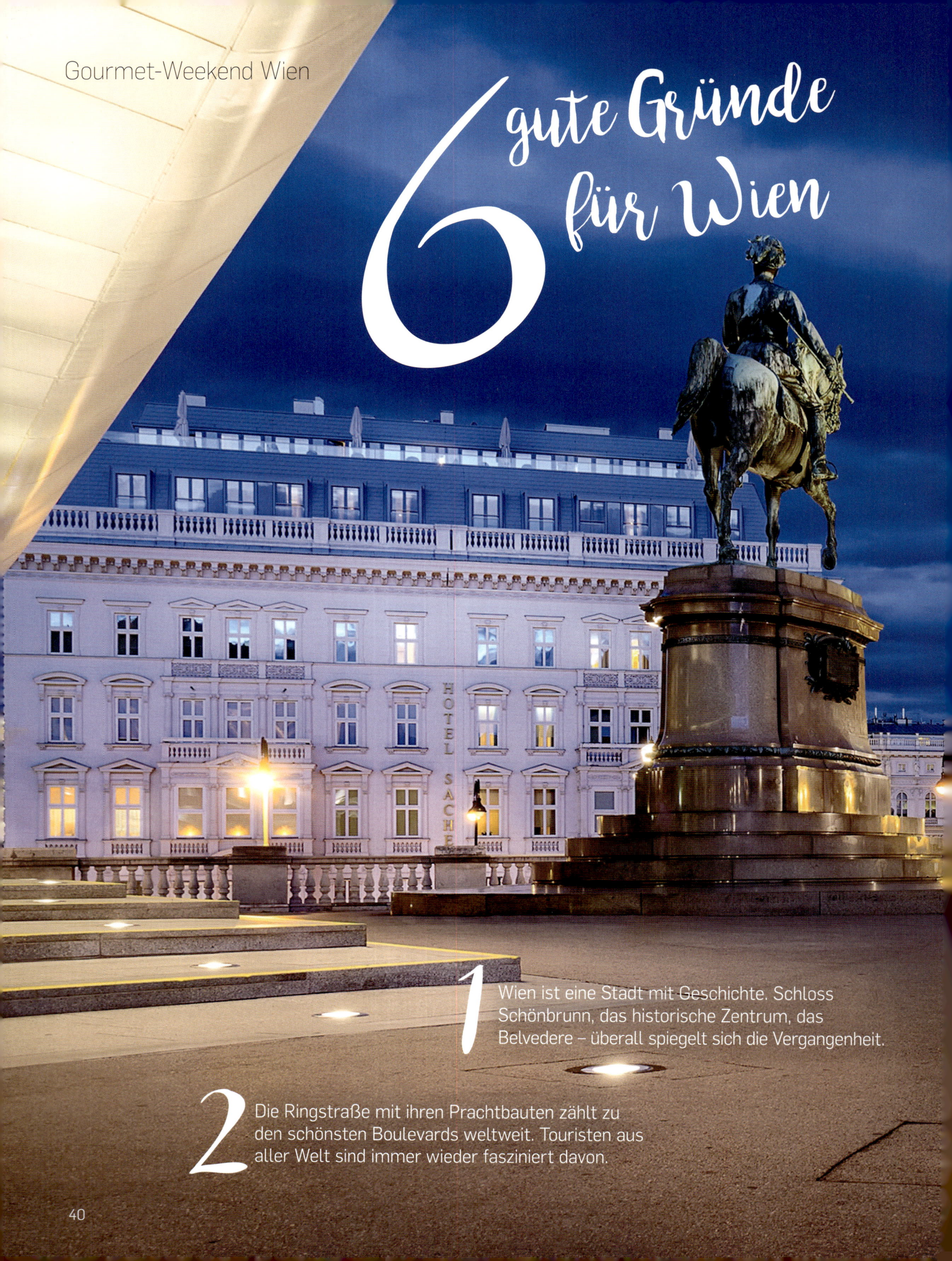

1 Wien ist eine Stadt mit Geschichte. Schloss Schönbrunn, das historische Zentrum, das Belvedere – überall spiegelt sich die Vergangenheit.

2 Die Ringstraße mit ihren Prachtbauten zählt zu den schönsten Boulevards weltweit. Touristen aus aller Welt sind immer wieder fasziniert davon.

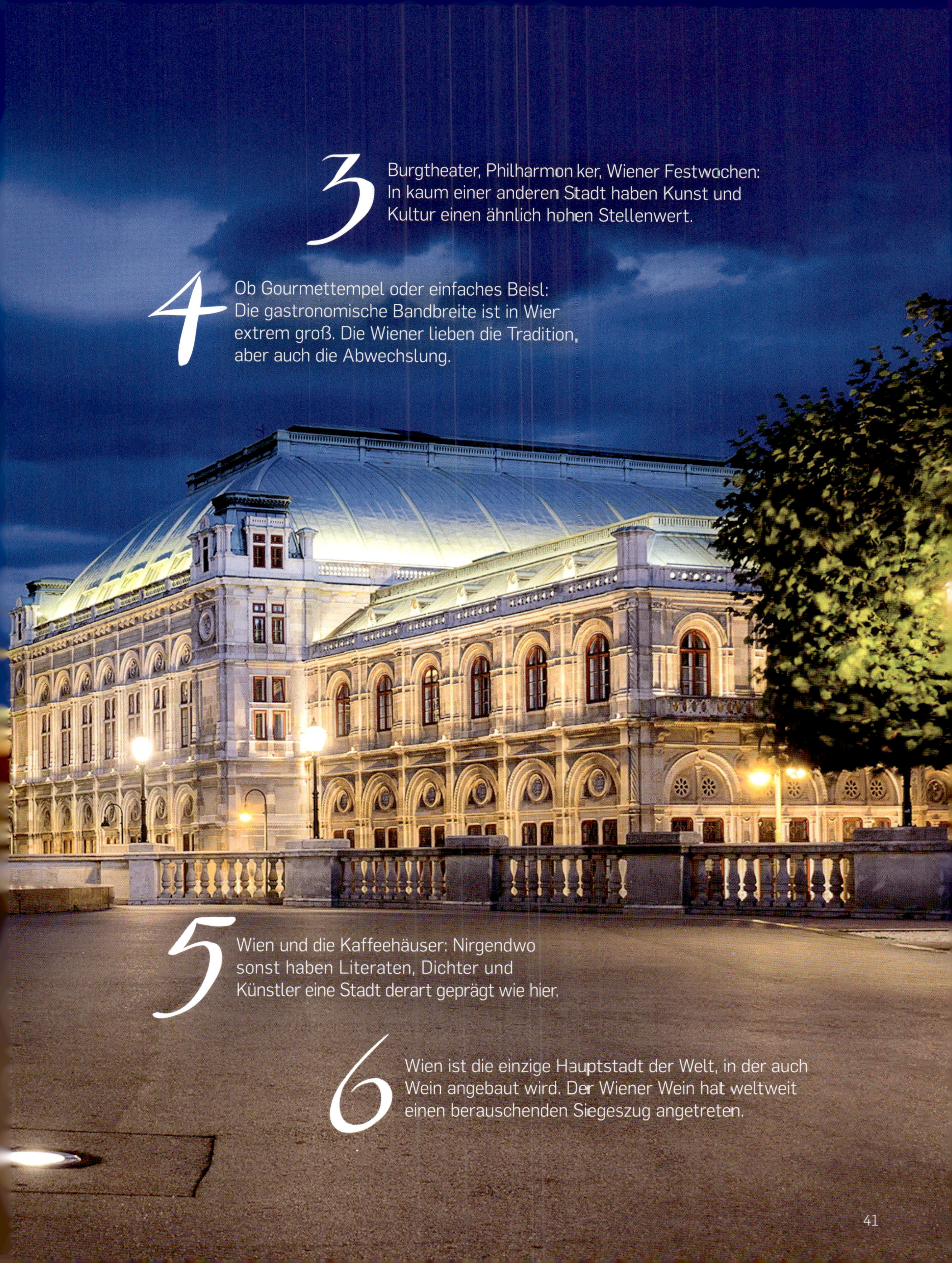

3 Burgtheater, Philharmoniker, Wiener Festwochen: In kaum einer anderen Stadt haben Kunst und Kultur einen ähnlich hohen Stellenwert.

4 Ob Gourmettempel oder einfaches Beisl: Die gastronomische Bandbreite ist in Wien extrem groß. Die Wiener lieben die Tradition, aber auch die Abwechslung.

5 Wien und die Kaffeehäuser: Nirgendwo sonst haben Literaten, Dichter und Künstler eine Stadt derart geprägt wie hier.

6 Wien ist die einzige Hauptstadt der Welt, in der auch Wein angebaut wird. Der Wiener Wein hat weltweit einen berauschenden Siegeszug angetreten.

Highlight.
Das »Steirereck« im Wiener Stadtpark ist eines der besten Restaurants der Welt.

FREITAG

10:00 Zum Frühstück eine Melange im Hotel »Sacher«

13:00 Mittagessen im »Fuhrmann« im 8. Bezirk

20:00 Dinner im »Steirereck« im Stadtpark oder im »Aend« (Tisch reservieren!)

23:00 Absacker im »Kleinod«

Must visit.
Das altehrwürdige »Sacher« ist eine Institution in Wien. Man sollte die Stadt nicht verlassen, ohne hier zumindest einen Kaffee mit der berühmten Sacher-Torte genossen zu haben.

Ein Wien-Trip, ohne in einem Kaffeehaus gewesen zu sein, ist nur eine halbe Sache. Deshalb besuchen wir gleich am Vormittag wohl eines der bekanntesten Hotels der Stadt um dort zu frühstücken. Es ist das weltberühmte Hotel »Sacher« nahe der Oper mit zwei Restaurants und einem Kaffeehaus. Zu Mittag, bei Schönwetter, empfehlen wir das »Fuhrmann« im 8. Bezirk. Warum? Weil es einen schönen Garten hat und der Inhaber und Wirt einer der besten Sommeliers des Landes ist.

Nach einem ausgiebigen Spaziergang zurück in den 1. Bezirk kehren wir im »Guesthouse« ein, das nicht nur eine tolle Frühstückslocation ist, sondern sich auch für den Nachmittags-Kaffee bestens eignet. Wir schlendern zurück ins Hotel, um uns auf den Abend vorzubereiten – und da haben wir die Qual der Wahl: denn das Gros der besten Restaurants der Stadt kann man nur am Freitag aufsuchen, an den Wochenenden sind sie geschlossen. Wie das »Amador« in Wien-Döbling. Juan Amador, ein Deutscher mit spanischen Wurzeln, hat der Donaumetropole im Frühjahr 2019 verschafft, was sie schon lange herbeigesehnt hatte – drei Sterne im Guide Michelin.

Freitag

Am Freitag Vormittag genießen wir ein ausgiebiges Frühstück im weltberühmten Hotel »Sacher«, am Abend steht eines der besten Restaurants der Stadt auf dem Programm.

In Wien gibt es viele, die auch das »Steirereck« im Stadtpark für drei-Sterne-würdig halten, immerhin rangiert es seit Jahren ganz vorne in der Liste der 50 besten Restaurants der Welt. Und weil das »Steirereck« samstags und sonntags geschlossen hat, bleibt bei einem Long Weekend nur der Freitag für einen Besuch.

Das trifft auch auf andere Spitzenrestaurants zu, wie etwa das »Aend« von Fabian Günzel. Als Alternative zum »Steirereck« ist das »Aend« vor allem wegen seiner puristischen Küche zu empfehlen, Günzels Menüs sind pure Avantgarde, so wie das gesamte Lokal. Danach geht es in die Bar »Kleinod«, der Name ist hier Programm, nicht zuletzt wegen der sagenhaft guten Cocktails.

Bar-Idyll.
Nomen est omen: Im »Kleinod« gibt es erstklassige Drinks in entspannter Atmosphäre.

Atemberaubend.
Beim »Wieninger am Nussberg« sitzt man mitten in den Weingärten und blickt auf die Stadt.

Samstag

Wien ist bekannt für seine guten Heurigen, deshalb besuchen wir einen, der zu den Spitzenweinen auch noch eine sensationelle Aussicht über die Stadt hat.

Der Samstag könnte mit einem Besuch in Schönbrunn und dem Belvedere beginnen – Highlights jeder Sightseeing-Tour. Unbedingt besichtigen sollte man auch die Albertina, ein Kunstmuseum mit – unter anderem – einer der bedeutendsten grafischen Sammlungen der Welt. Ein zusätzlicher Vorteil dabei: das an das Museum angeschlossene Restaurant »DO & CO Albertina«, das über eine der schönsten Terrassen der Stadt verfügt.

Hier wird seit Jahren eine internationale Küche auf immer gleichbleibend hohem Niveau geboten – mit Blick auf die Staatsoper. Apropos: Wenn Sie dem ersten Haus am Ring einen Besuch abstatten wollen, sollten Sie sich unbedingt rechtzeitig vorab Karten sichern – last minute geht hier nämlich rein gar nichts mehr.

All jenen, denen der Sinn eher nach Laisser-faire steht, empfehlen wir einen Besuch bei einem der wunderbaren Wiener Heurigen. Davon gibt es unzählige, doch wir entscheiden uns für einen mit Ausblick über die Stadt: den »Wieninger am Nußberg«. Was man wissen sollte: Am Stadtrand von Wien gedeihen Spitzenweine von erlesener Qualität, das hat keine andere Metropole der Welt zu bieten. Einer der Topwinzer ist Fritz Wieninger, der Inhaber dieses Heurigen. Zu seinen fantastischen Weinen genießen die Leute hier auch die sagenhafte Aussicht. Die Stadt liegt einem sozusagen zu Füßen. Es ist schon etwas ganz Besonderes, da oben am Nußberg zu sitzen und auf eine Weltstadt zu blicken, viel besser geht es nicht.

Am späteren Nachmittag kehren wir zurück in die Stadt – zum Shoppen. Am besten dafür eignet sich das Goldene Quartier, ein nobles Geschäftsviertel im Zentrum Wiens. Dort stößt man zwangsläufig auf das Restaurant »Fabios«, das wir für ein ausgiebiges Dinner besuchen. Hier trifft sich die schicke Welt Wiens und genießt eine hervorragende mediterrane Küche.

Morgens im Museum.
Das »DO & CO Albertina« ist zu jeder Tageszeit gut besucht. Von der Terrasse blickt man auf die Oper.

Beste Adresse.
Das »Fabios«, der berühmteste Italiener Wiens, liefert seit vielen Jahren Topniveau ab.

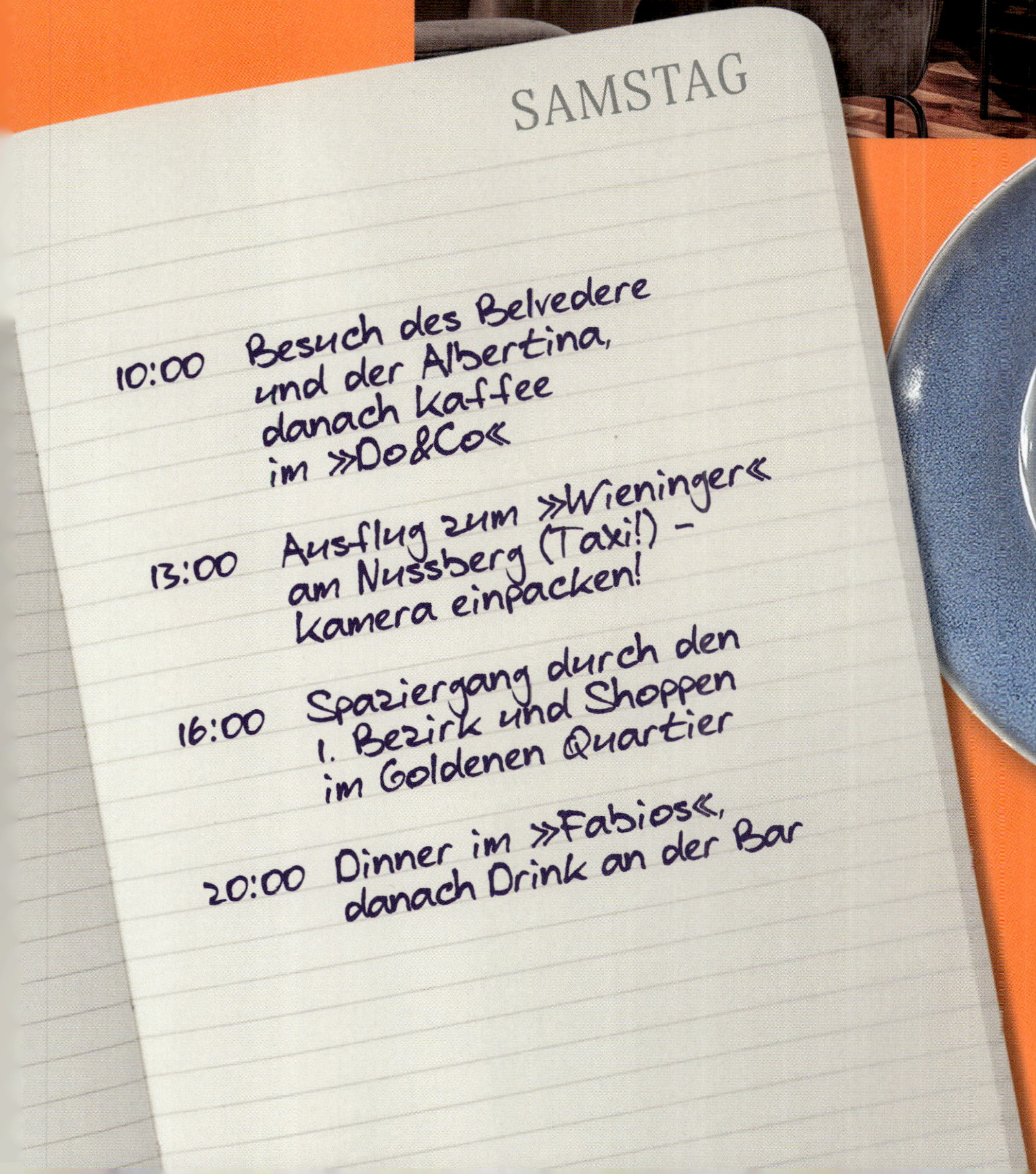

Gruß aus dem Süden.
Fabio Giacobellos Restaurant bietet mediterrane Küche vom Feinsten.

Kraft &Kupfer.
Beim »Plachutta« in der Wollzeile werden herrliche Rindfleischgerichte stilecht im Kupferkessel serviert. Auch die beliebte Rindfleischsuppe.

Original.
Der »Plachutta« in der Wollzeile ist eines der beliebtesten – und gemütlichsten – Wirtshäuser in Wien.

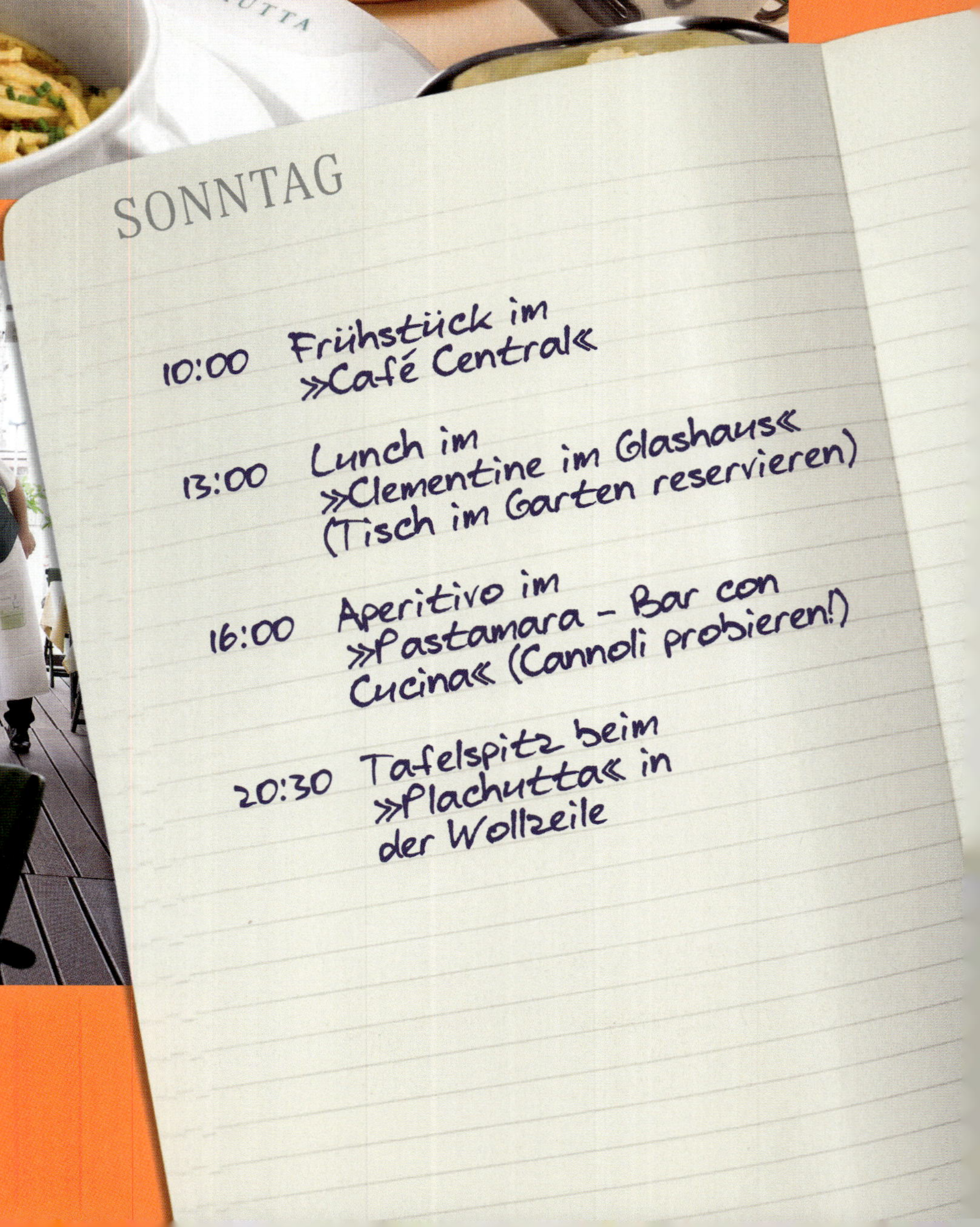

Sonntag

Am Sonntag stärken wir uns mit einem Frühstück im berühmten »Café Central« und besuchen am Abend eines der nicht minder berühmten Plachutta-Lokale.

Café Central.
Einst das Wohnzimmer berühmter Literaten, heute eine Touristenattraktion.

Der Sonntag beginnt wieder mit einem Kaffeehaus-Besuch. Diesmal nehmen wir das »Café Central«, eine echte Wiener Institution. 1876 gegründet, war das »Central« einst das literarische Wohnzimmer Wiens, ein geistiges Zentrum des Fin de Siècle. 250 Zeitungen in 22 Sprachen sowie eine eigene Bibliothek standen damals den Gästen zur Verfügung, zu denen Dichter und Literaten wie Karl Kraus, Anton Kuh und Franz Kafka gehörten. Manche waren dem Haus völlig verfallen. Der Kaffeehausliterat Peter Altenberg etwa hatte das »Café Central« sogar als seine Wohnadresse angegeben und Alfred Polgar fand das »Central« deshalb so angenehm, weil es »ein Ort für Menschen ist, die die Zeit totschlagen, um nicht von ihr totgeschlagen zu werden«.

In dieser geschichtsträchtigen Umgebung haben wir uns mit einem ausgiebigen Frühstück gestärkt, für das Mittagessen wählen wir ein Lokal in einem der schönsten Hotels der Stadt: dem »Palais Coburg« mit dem Gartenrestaurant »Clementine im Glashaus«. In einem fantastischen Ambiente wird hier eine gehobene Bistro-Küche serviert, auf Wunsch werden dazu Weine aus einem der größten Weinkeller Europas kredenzt.

Genuss im Freien.
»Clementine im Glashaus«: ein Garten mitten in Wien, herrliches Essen, tolle Weine.

Für danach schlagen wir eine Lokalität in einem anderen Tophotel vor: das »Pastamara« im »The Ritz-Carlton, Vienna«, wo schon am Nachmittag dem Aperitivo gefrönt wird.

Am Abend geht es dann in eines der Plachutta-Lokale. Das muss nun mal sein. Denn wo könnte man einen besseren Tafelspitz bekommen, als in einem der Restaurants von Mario Plachutta. Und wie viele andere Touristen besuchen wir deshalb das »Plachutta« in der Wollzeile und delektieren uns an Rindfleischklassikern wie Hüferschwanzel oder Kavalierspitz.

Aperitivo Time!
Den besten gibt's im »Pastamara« im »The Ritz-Carlton, Vienna«.

5 Top-Hotels

Vom internationalen Luxushotel an der Ringstraße bis zu traditionellen Jugendstil-Refugien.

PARK HYATT VIENNA*****

Eine Institution in Wien: edles Interieur und zuvorkommender Service. Sehenswert ist schon das Gebäude an sich: Das Hotel befindet sich nämlich in einer ehemaligen Bank. Neben dem Hotel gibt es ein ebenso erstklassiges Café im Haus mit feiner Patisserie. Außerdem ist die Bar »The Bank« ein Muss. Luxuriöses Spa und beheizter Innenpool. DZ ab 510 Euro.

Am Hof 2
1010 Wien
T: +43 1 227401234
vienna.park.hyatt.com

THE RITZ-CARLTON, VIENNA*****

Das Luxushotel befindet sich nur wenige Schritte von dem im 19. Jahrhundert angelegten Stadtpark entfernt – und damit unweit von einem der besten Restaurants des Landes, dem »Steirereck«. Eine traumhafte Aussicht bietet die Rooftop-Bar, hier liegt einem die Ringstraße wortwörtlich zu Füßen. Für Entspannung sorgen der Spa-Bereich mit Indoorpool und die angebotenen Wellness-Behandlungen. DZ ab 430 Euro.

Schubertring 5–7
1010 Wien
T: +43 1 31188
ritzcarlton.com

GRAND FERDINAND*****

Wiener Eleganz reloaded, lautet hier das Motto: Das extravagante Interieur wurde mit viel Liebe zum Detail ausgewählt und ist voll mit historischen Querverweisen. Weitere Highlights sind der Rooftop-Pool, die Wiener Küche im Restaurant und die zentrale Lage an der berühmten Ringstraße. DZ ab 260 Euro.

Schubertring 10–12
1010 Wien
T: +43 1 91880
grandferdinand.com

EMPFEHLENSWERTE HOTELS IN WIEN

SACHER*****

Direkt gegenüber der Staatsoper liegt eines der wohl bekanntesten Hotels der Stadt. Die Zimmer des charmanten Traditionshotels sind im eleganten Sacher-Stil eingerichtet, die Suiten bieten ein eigenes Wohnzimmer und schönes Marmorbad. Gleich zwei gute Restaurants befinden sich im Hotel, die Terrasse bietet einen Ausblick auf die Oper. Schönes Spa. DZ ab 500 Euro.

Philharmonikerstraße 4
1010 Wien
T: +43 1 514560
sacher.com

PALAIS COBURG*****

Prachtpalais und Luxushotel im Zentrum von Wien mit einem Sterne-Restaurant: Silvio Nickol ist einer der ganz großen Köche der Stadt. Der Wellnessbereich bietet eine traumhafte Sicht über die Dächer von Wien. Im Keller lagern 60.000 Flaschen Wein – die Karte zählt zu den weltbesten. DZ ab 690 Euro.

Coburgbastei 4
1010 Wien
T: +43 1 51818200
palais-coburg.com

SO/ VIENNA
Modernes Lifestyle-Hotel. Das Hotelrestaurant »Das Loft« bietet den besten Blick über die Stadt. DZ ab 300 Euro.
Praterstraße 1, 1020 Wien
T: +43 1 906160
so-vienna.com

KEMPINSKI*****
Direkt an der Ringstraße. Luxushotel mit einzigartigem Spa-Bereich. DZ ab 300 Euro.
Schottenring 24, 1010 Wien
T: +43 1 2361000, kempinski.com

SANS SOUCI*****
In bester Lage, nur einen Katzensprung vom MuseumsQuartier entfernt, bietet das Hotel besten Komfort in modern-elegantem Design und mit Kunstwerken an den Wänden. DZ ab 280 Euro.
Burggasse 2, 1070 Wien
T: +43 1 5222520, sanssouci-wien.com

ALTSTADT VIENNA****
Eine Kombination aus Gastfreundlichkeit und Kunst. Neben der zentralen Lage überzeugt das Hotel auch mit zahlreichen Kunstwerken ganz nach dem Motto: Warhol meets Prachensky.
DZ ab 180 Euro.
Kirchengasse 41, 1070
T: +43 1 5226666, altstadt.at

BRISTOL*****
1892 eröffnet, ist das »Bristol« eine Wiener Institution. Einige der luxuriösen Zimmer bieten eine direkte Sicht auf die imposante Staatsoper, das Hotelrestaurant ist mit einem Stern ausgezeichnet. Zuvorkommender Service. DZ ab 360 Euro.
Kärntner Ring 1, 1010 Wien
T: +43 1 515160, bristolvienna.com

MAX BROWN HOTEL 7TH DISTRICT****
Basic at its best ist das Motto der Max Brown Hotelgruppe. Den Gast erwarten stylisch eingerichtete Zimmer, eine zentrale Lage, wie für Wien üblich, ausgezeichneter Kaffee und ein ebenso guter Service. DZ ab 75 Euro.
Schottenfeldgasse 74, 1070 Wien
T: +43 1 13761070, maxbrownhotels.com

ANDAZ VIENNA AM BELVEDERE*****
In Anlehnung an den Mann hinter dem Schloss Belvedere, Prinz Eugen von Savoyen, vereint das Hotel Andaz die Geschichte des Bauherrn und Mäzens sowie zeitgenössische Kunst und Design. Die Dachterrasse bietet einen wunderschönen Blick über Wien, während man eine außergewöhnliche Cocktail-Kreation genießt. DZ ab 250 Euro.
Arsenalstrasse 10, 1100 Wien
T: +43 1 20577441234
andazviennaambelvedere.com

THE GUESTHOUSE*****
Direkt gegenüber dem Albertina-Museum liegt dieses schöne City-Hotel – alle Zimmer sind mit hochwertigen Möbeln ausgestattet und die »Brasserie & Bakery« im Erdgeschoss ist ein beliebter Treffpunkt für Wiener und Touristen. Nicht nur, aber auch, weil es das großartige À-la-carte-Frühstück hier den ganzen Tag gibt. DZ ab 220 Euro.
Führichgasse 10, 1010 Wien
T: +43 1 5121320 theguesthouse.at

DANIEL****
Ein urbanes Hotel mit kreativer Einrichtung: Das Hotel »Daniel« liegt neben dem Schloss Belvedere und zeichnet sich durch viele charmante Details aus: Fahrräder und Vespas können ausgeliehen werden, eigener Honig wird auf dem Dach produziert. Das Frühstücksangebot ist auch bei Wienern beliebt. DZ ab 100 Euro.
Landstraßer Gürtel 5, 1030 Wien
T: +43 1 901310, hoteldaniel.com

Lässig-locker. Der aus Tel Aviv stammende Koch Eyal Shani hat im 7. Bezirk das »Seven North« eröffnet.

Tipps und Adressen

RESTAURANTS

AMADOR
Der Deutsche Juan Amador holte mit seiner eigenständigen, spannenden und technisch ausgereiften Küche 2019 drei Michelin-Sterne nach Wien. Alles in allem – ein Erlebnis.
Grinzinger Straße 86, 1190 Wien
T: +43 660 9070500
restaurant-amador.com

STEIRERECK & MEIEREI IM STADTPARK
Genuss auf höchstem Niveau. Heinz Reitbauer und sein Team verwöhnen hier mit außergewöhnlichen Kreationen. Unter den Top 50 der Welt ganz vorn mit zwei Michelin-Sternen. Tolle Lage im Stadtpark. Unbedingt zeitig reservieren!
Am Heumarkt 2A, 1030 Wien
T: +43 1 7133168, steirereck.at

SILVIO NICKOL
Toprestaurant in einem wunderschönen Palais-Hotel. Technisch höchst aufwendige und präzise Kochkunst von Silvio Nickol, einem Schüler des deutschen Altmeisters Harald Wohlfahrt. Der Weinkeller ist eine Sensation – mit rund 60.000 Flaschen aus vier Jahrhunderten.
Coburgbastei 4, 1010 Wien
T: +43 1 51818-130
palais-coburg.com

MRAZ UND SOHN
Kreative Gerichte auf absolutem Topniveau. Der Vater kocht und der Sohn leitet den Service. Modern, cool und kulinarisch höchst anspruchsvoll.
Wallensteinstraße 59, 1200 Wien
T: +43 1 3304594, mraz-sohn.at

KONSTANTIN FILIPPOU
Das Ambiente modern, reduziert, die Küche eine Mischung aus mediterran und Nordic Cuisine. Konstantin Filippou ist einer der kreativsten Kochvirtuosen der Stadt.
Dominikanerbastei 17, 1010 Wien
T: +43 1 5122229, konstantinfilippou.com

FABIOS
Seit Jahren eines der glamourösesten In-Restaurants der Stadt. Herausragend gute mediterrane Küche, viele Prominente, zentrale Lage. Auch die Bar zählt zu den besten der Stadt.
Tuchlauben 4–6, 1010 Wien
T: +43 1 5322222, fabios.at

DO & CO ALBERTINA
Das beste Museumsrestaurant des Landes mit einem herrlichen Blick auf die Oper. Variantenreiche Karte.
Albertinaplatz 1, 1010 Wien
T: +43 1 5329669, doco.at

AEND
In seiner offenen Küche zaubert Haubenkoch Fabian Günzel wahlweise ein Neun- oder Zwölf-Gänge-Menü, das Minimalismus, französische Hauben-küche und beste Zutaten vereint.
Mollardgasse 76, 1060 Wien
T: +43 1 5953416, aend.at

GASTHAUS GRÜNAUER
Berühmter Wirtshaus-Klassiker mit hervorragenden Gerichten der österreichischen Küche. Gute Weinauswahl. Eine Institution.
Hermanngasse 32, 1070 Wien
T: +43 1 5264080, gasthaus-gruenauer.com

DAS SPITTELBERG
Der geniale Harald Brunner verwöhnt hier mit zarten Fleischstücken von der Rotisserie – von den Grammelknödeln bis zur Ente ist alles herausragend gut.
Spittelberggasse 12, 1070 Wien
T: +43 1 5877628, das-spittelberg.at

GASTHAUS WOLF
Das urige Paradewirtshaus bietet herrlich ungenierte Wiener (Innereien-)Küche, von knusprigen Schweinsohren bis Kalbshirnpofesen.
Rienößlgasse 17/Große Neugasse 20, 1040 Wien
T: +43 1 5811544, gasthauswolf.at

Minimalistisch.
In einer offenen Küche zaubert Fabian Günzel in seinem mit einem Michelin-Stern dekorierten Restaurant »Aend« sagenhaft tolle Menüs.

MAYER & FREUNDE
Alexander Mayers Edelgreißlerei mit Bistro-Küche bietet beste Delikatessen, eine täglich wechselnde Karte – je nachdem was der Markt gerade hergibt – und eine spannende Weinauswahl.
Jasomirgottstraße 4, 1010 Wien
T: +43 1 5323276

RESTAURANT PFARRWIRT
Feine, gutbürgerliche Küche im romantischen Garten oder im Speisesaal im wunderschönen Vorstadthaus mit Dielenboden und dicken, gekalkten Wänden. Sehr geschmackvoll.
Pfarrplatz 5, 1190 Wien
T: +43 1 3707373, pfarrwirt.com

PASTAMARA – BAR CON CUCINA
Starkoch Ciccio Sultano bringt mit dem »Pastamara« im »The Ritz-Carlton, Vienna« eine modern interpretierte sizilianische Küche und ein raffiniertes Aperitivo-Erlebnis nach Wien.
Schubertring 5-7, 1010 Wien
T: +43 1 31188, ritzcarlton.com

FUHRMANN
Der begnadete Spitzen-Sommelier Hermann Botolen hat sich hier den Traum vom eigenen Restaurant verwirklicht. Großartige Weinkarte mit Schwerpunkt Frankreich. Schöner Gastgarten.
Fuhrmannsgasse 9, 1080 Wien
T: +43 1 9444324, restaurantfuhrmann.com

MAST WEINBISTRO
Die beiden Sommeliers Steve Breitzke und Matthias Pitra versorgen hier Freunde von Natural Wines. Dazu eine hervorragende moderne Küche.
Porzellangasse 53, 1090 Wien
T: +43 1 9226679, mast.wine

HERZIG
Sören Herzig, vormaliger Küchenchef im Restaurant »Amador«, möchte in seinem eigenen Lokal mit seinen Gerichten neugierig machen und seine Gäste auf neue geschmackliche Pfade führen.
Schanzstrasse 14, 1150 Wien
T: +43 664 1150300, restaurant-herzig.at

TIAN
Ein ambitioniertes Fine-Dining-Restaurant, das technisch aufwendige, ausschließlich vegetarische Gerichte bietet. Kreativ und sicher das beste fleischlose Essen der Stadt. Ein Michelin-Stern.
Himmelpfortgasse 23, 1010 Wien
T: +43 1 8904665, tian-restaurant.com

PLACHUTTA WOLLZEILE
Das bekannteste aller Plachutta-Lokale. Tafelspitz, Schulterscherzel und andere Klassiker der Wiener Küche auf immer gleichbleibend hohem Niveau. Schöner Gastgarten. Unbedingt reservieren.
Wollzeile 38, 1010 Wien
T: +43 1 5121577, plachutta.at

ZUM SCHWARZEN KAMEEL
Institution in der Innenstadt mit Jahrhundertwende-Charme und damit eines der schönsten alten Restaurants der Stadt. Im Shop kann man köstliche Delikatessen kaufen.
Bognergasse 5, 1010 Wien
T: +43 1 5338125, kameel.at

CLEMENTINE IM GLASHAUS
Das Zweit-Restaurant im »Palais Coburg« besticht mit einem herrlichen Garten und verfeinerter österreichischer Küche. Top: die Weinkarte inklusive 1-a-Champagnern, die auch glasweise angeboten werden.
Coburgbastei 4, 1010 Wien
T: +43 1 51818130, palais-coburg.com

ECKEL
Der Inbegriff eines gutbürgerlichen Gasthauses mit dem wahrscheinlich schönsten Garten der Stadt. Traditionelle Küche und eine umfangreiche Weinkarte.
Sieveringer Straße 46, 1190 Wien
T: +43 1 3203218
restauranteckel.at

SEVEN NORTH
Der aus Tel Aviv stammende Koch Eyal Shani serviert mediterrane Gerichte, sogenannte Sharing Plates, die zum Teilen und Genießen mit anderen einladen.
Schottenfeldgasse 74, 1070 Wien
T: +43 1 3761077
sevennorthrestaurant.com

Feine Kost.
Das »Mayer & Freunde« ist eine Mischung aus Delikatessengeschäft und Bistro. Am Herd: Alexander Mayer, ein Ausnahmekoch.

CAFÉS

SACHER
Das »Sacher« hat mit seiner Original Sacher-Torte den wohl beliebtesten süßen Export der Mehlspeisenmetropole. Im Café, direkt gegenüber der Oper, lassen sich Wiener und Touristen die Torte und Kaffeespezialitäten in klassischem Ambiente schmecken.
Philharmonikerstraße 4, 1010 Wien
T: +43 1 51456661, sacher.com

DEMEL
Traditionszuckerbäcker mit wunderschönem Ambiente und köstlichen, süßen Naschereien. Eine wunderbare Institution.
Kohlmarkt 14, 1010 Wien
T: +43 1 53517170, demel.at

CAFÉ CENTRAL
Wer das Traditionscafé im Palais Ferstel betritt, atmet historische Wiener Kaffeehauskultur. Hier trifft Wiener Küche auf köstliche Mehlspeisen der hauseigenen Konditorei und auf Klaviermusik. Ein Kaffeehaus mit Geschichte und Stil.
Ecke Herrengasse/Strauchgasse, 1010 Wien
T: +43 1 5333763-24, cafecentral.wien

COFFEEPIRATES
Egal ob Filter oder Espresso, Chemex oder V60-Filter: Die Bohnen werden in diesem biozertifizierten Coffeeshop direkt im Lokal geröstet. Dafür gab es 2017 die Auszeichnung »Bestes Wiener Café« im Falstaff Café Guide. Kleine Kuchen- und Sandwich-Auswahl.
Spitalgasse 17, 1090 Wien
T: +43 660 3421411, coffeepirates.at

BALTHASAR
Wenn ein Haubenkoch zum Kaffee-Connaisseur wird, entsteht ein hippes Lokal, bei dem alles stimmt: tolles Design und spannende Produkte. Der Tiroler Otto Bayer setzt auf nachhaltigen Kaffee. Dazu gibt es kleine pikante Snacks und Kuchen.
Praterstraße 38, 1020 Wien
T: +43 664 3816855, balthasar.at

DANIEL BAKERY
Urbaner Hotspot als Mischung aus Deli und Shop. Im loftähnlichen Ambiente lässt es sich entspannt im Buffetstyle frühstücken. Die Küche ist international und im Sommer wird gegrillt. Der Honig kommt direkt von den Bienen aus dem siebten Stock.
Landstraßer Gürtel 5, 1030 Wien
T: +43 1 90131903, hoteldaniel.com/vienna

JOSEPH BÄCKEREI PATISSERIE CAFÉ BISTRO
Die Philosophie von Joseph Weghaupt lautet: Natürlichkeit. Diese reicht von der Auswahl der Zutaten bis hin zur Verarbeitung. Serviert werden traditionell handwerkliche Backwaren mit einem gewissen Extra.
Albertinaplatz/ Führichgasse 6, 1010 Wien
T: +43 1 7102881, joseph.co.at/de

DELIA'S
Café-Bar mit stimmigem Ambiente. Feiner, kleiner Gastgarten und viele süße Köstlichkeiten im Angebot, wie Muffins, Croissants oder Wiener Guglhupf.
Tuchlauben 8, 1010 Wien
T: +43 699 19692001, caffedelias.com

Balthasar.
Inbegriff für die neue Generation der Wiener Kaffeehäuser.

BARS

DINO'S BAR
Heinz Kaiser mixt in der American Bar kreative Cocktail-Kreationen. Umfangreiche Bourbon- und Rye-Sammlung. Rat Pack-Atmosphäre.
Salzgries 19, 1010 Wien
T: +43 1 5357230, dinos.at

HALBESTADT BAR
Das Ambiente unter der U-Bahn modern, die Cocktails Vintage-Klassiker, der Sommergarten angenehm – eine rundum gelungene Trink-Location.
Währinger Gürtel 144, 1090 Wien
T: +43 699 17098217, halbestadt.at

Echt süß!
Der »Demel« – Kultstätte der Nachspeisen in historischem Ambiente.

THE SIGN
Patron Kan Zuo hat seine Stellung unter den besten Barbetreibern der Stadt gefestigt. Eine Lounge-Bar, die neben State of the Art-Cocktail-Kreationen auch hervorragendes Fingerfood bietet.
Liechtensteinstraße 104–106, 1090 Wien
T: +43 664 9643276, thesignlounge.at

TÜR 7
Man muss erst klingeln, dann tut sich die schwere Eisentür dieser grandiosen Speakeasy-Bar auf. Drinnen bevölkert eine Gemeinschaft aus Mixologen und Barfliegen eine gemütliche Wohnung mit mehreren Räumen. Telefonische Anmeldung an starken Tagen empfohlen.
Buchfeldgasse 7, 1080 Wien
T: +43 664 5463717, tuer7.at

KLEINOD
Diese Bar ist wirklich ein Kleinod: Das Design von Ben Toth, die Drinks von kreativen Barleuten, das Publikum aus der City – alles spielt hier zusammen.
Singerstraße 7, 1010 Wien
T: +43 1 5120325, kleinod.wien

BOTANICAL GARDEN
Ein Team von hochkarätigen Barleuten mixt unter reger Einbeziehung von Kräutern, die in Beeten im Lokal wachsen. Ungewöhnliche Drinks, ungewöhnlich auch die regelmäßigen Food-Pairing-Events.
Kolingasse 1, 1090 Wien
T: +43 676 4422553, botanicalgarden.at

THE BANK BAR
Der Umbau hat der Hyatt-Bar gutgetan: Sie ist jetzt Teil der Brasserie »The Bank«. Der Signature-Drink wird in einer Tresorbox mit Goldwasser serviert.
Bognergasse 4, 1010 Wien
T: +43 1 227401236, restaurant-thebank.at

26°EAST
Barchef David Penker serviert neben stilvollen Drinks, feinen Spirituosen und Champagner auch Signature-Cocktails, die durch die Länder des 26. Längengrades inspiriert sind. Wie zum Beispiel der Finnland gewidmete Cocktail Aurora.
Schottenring 26, 1010 Wien
T: +43 1 23610008088, 26east.at

Schwein gehabt!
Einer der besten Heurigenbetriebe Wiens ist der »Krenek am Weingut Göbel«. Hausspezialität: Braten vom Strohschwein.

HEURIGE

WIENINGER
Der berühmteste Heurige in Stammersdorf und einer der berühmtesten der Stadt. Essen (kalt und warm) auf ungewöhnlich hohem Niveau, wöchentlich wechselndes À-la-carte-Menü. Und natürlich das gesamte, oft prämierte Weinsortiment des Hauses Wieninger.
Stammersdorfer Straße 78, 1210 Wien
T: +43 1 2924106heuriger-wieninger.at

HELMUT KRENEK AM WEINGUT GÖBEL
Hier trifft sich unter anderem die Gourmet-Szene Wiens. Schon allein wegen des sagenhaften Strohschweinebratens von Tieren aus dem nahen Korneuburg. Auch sonst gibt es hier hervorragendes Essen und einen schönen, urigen Garten samt Weinlaube.
Stammersdorfer Kellergasse 131, 1210 Wien
T: +43 1 2948420, helmut-krenek.at

HEURIGER EDLMOSER
Michael Edlmoser setzt bei seinem Heurigen auf erstklassige Weine, auszgezeichnete Wiener Küche sowie auf Heurigenklassiker.
Maurer Lange Gasse 123, 1230 Wien
T: +43 1 8898680, edlmoser.com

WIENINGER AM NUSSBERG
Eine wahrlich spektakuläre Aussicht über die Stadt. Hervorragende Heurigen-Küche und die Topweine von Fritz Wieninger.
Eichelhofweg 125, 1190 Wien
T: +43 664 8547022
wieninger-am-nussberg.at

After-Shopping-Drink gefällig?
Dann ab in die Cocktail-Bar im »Park Hyatt« als Teil der Brasserie »The Bank«.

FEINKOST & MEHR

JULIUS MEINL AM GRABEN
Mitten im Herzen von Wien befindet sich das 1862 gegründete Unternehmen, das zu den bedeutendsten Feinkostgeschäften in Europa zählt.
Am Graben 19, 1010 Wien
T: +43 1 5323334, meinlamgraben.at

LINGENHEL
Das »Lingenhel« hat viele Eigenschaften: Es ist ein Delikatessengeschäft, eine Käserei, ein Restaurant und eine Bar – ein Paradies für Feinschmecker.
Landstraßer Hauptstraße 74, 1030 Wien
T: +43 1 7101566, lingenhel.com

MARCO SIMONIS – BASTEI10
»Delikatessen meet Design«, ist eine Beschreibung für Marco Simonis neues Geschäftskonzept. Auf der Suche nach neuen Zutaten für Ihren nächsten Kochabend kann es passieren, dass Sie mit zwei neuen Lampen nach Hause gehen.
Dominikanerbastei 10, 1010 Wien
T: +43 1 5122010, marcosimonis.com

UN JOUR EN FRANCE
Ein Paradies für Liebhaber der französischen Küche sowie deren Delikatessen. Hier findet man alles, von Marmeladen, Ölen, Gewürzen und Salzen bis hin zu Wein und Champagner.
Westbahnstraße 9, 1070 Wien
T: +43 664 4475364, unjourenfrance.at

Für Feinschmecker.
Mischung aus Delikatessengeschäft, Käserei und Bistro: das »Lingenhel«.

Bologna

DIE STADT DER VIELEN GESICHTER

Es ist die Metropole der Tortellini, der Mortadella und des Schinkens. Deshalb wird Bologna auch la Grassa, zu Deutsch die Fette, genannt. Eine Reise zum kulinarischen Mittelpunkt der Emilia-Romagna.

Romantisch.
In den engen Gassen der verträumten Altstadt verbergen sich wahre Schätze: Feinkost- und Blumenläden, soweit das Auge reicht.

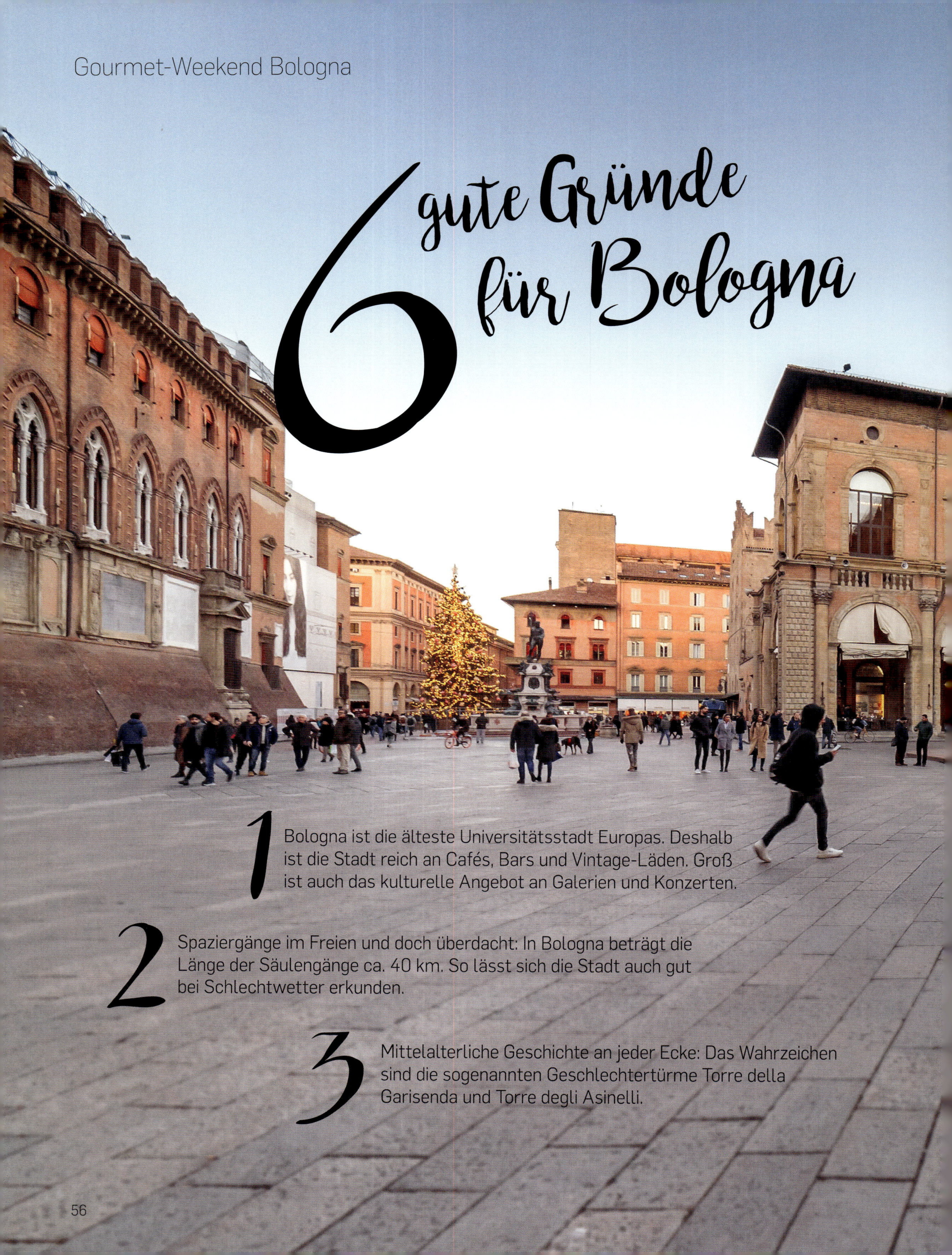

6 gute Gründe für Bologna

1 Bologna ist die älteste Universitätsstadt Europas. Deshalb ist die Stadt reich an Cafés, Bars und Vintage-Läden. Groß ist auch das kulturelle Angebot an Galerien und Konzerten.

2 Spaziergänge im Freien und doch überdacht: In Bologna beträgt die Länge der Säulengänge ca. 40 km. So lässt sich die Stadt auch gut bei Schlechtwetter erkunden.

3 Mittelalterliche Geschichte an jeder Ecke: Das Wahrzeichen sind die sogenannten Geschlechtertürme Torre della Garisenda und Torre degli Asinelli.

4 Der allabendliche Aperitivo: eine Institution in Bologna. Gegen 18 Uhr trifft sich die ganze Stadt, um den Abend einzuläuten. Bars bieten zu dieser Zeit umfangreiche Buffets und erfrischende Cocktails zum kleinen Preis.

5 La Grassa oder zu Deutsch die Fette ist ein liebevoller Spitzname für Bologna, denn die Kulinarik spielt hier eine besondere Rolle. Bologna ist die Hauptstadt der Mortadella, und das Ragù alla Bolognese gehört zum Kulturgut der Stadt.

6 Ein Pflichtbesuch für jeden, der nach Bologna kommt: Das Nationalmuseum beherbergt Kunstwerke von Raffael und Tizian. Dem Maler Morandi wurde ein eigenes Museum gewidmet.

Pure Eleganz.
Das »I Portici« im Zentrum der Stadt verfügt über ein hervorragendes, mit einem Michelin-Stern ausgezeichnetes Restaurant.

Frisch & fruchtig.
Dessert von Küchenchef Emanuele Petrosino im Sterneresturant »I Portici«.

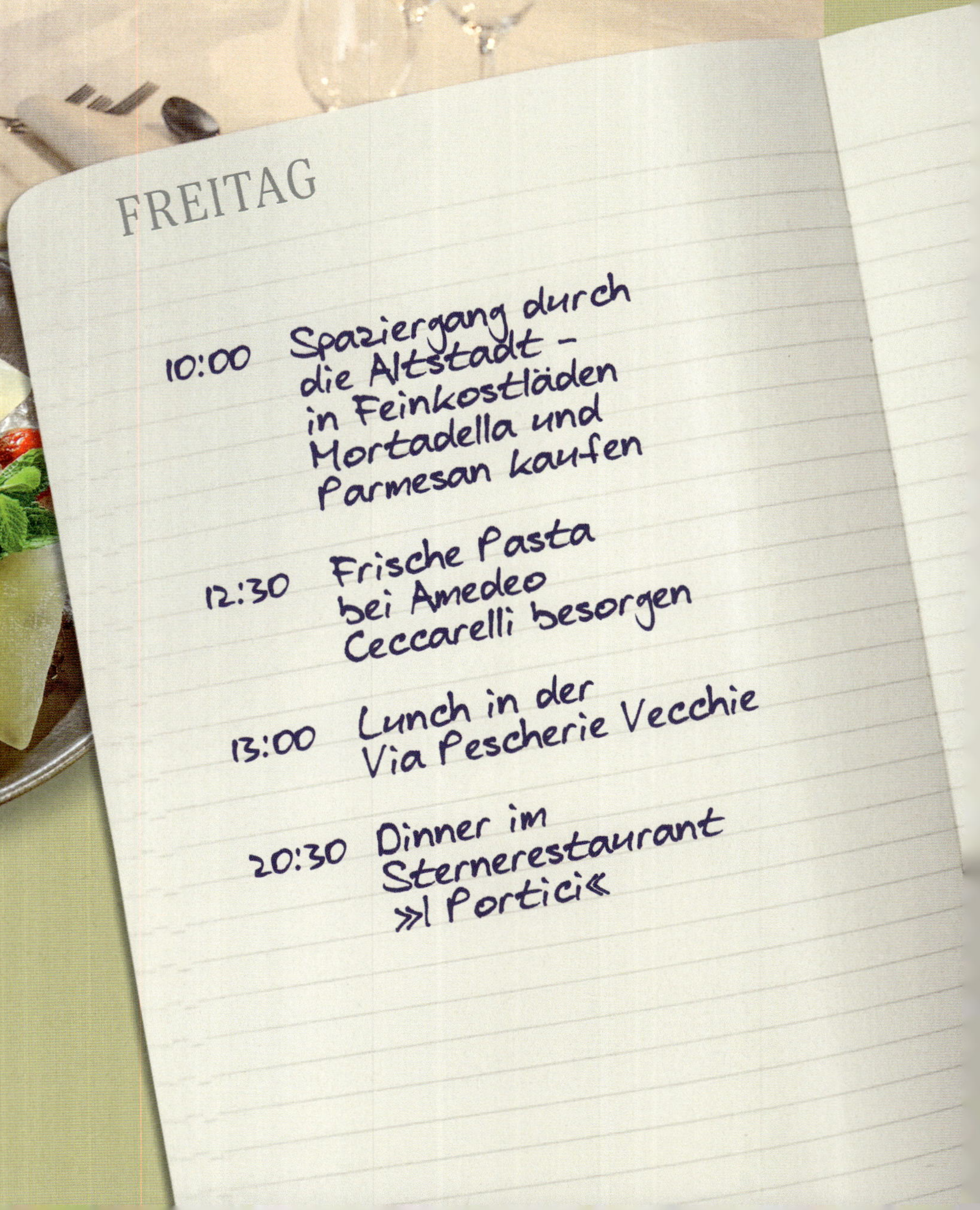

Es geht um die Wurst.
Bologna ist die Stadt der Mortadella und des Schinkens. Man darf fast nicht heimfahren, ohne eine Stange ins Gepäck zu packen.

Wer einen Spaziergang durch die arkadengesäumten Straßen Bolognas macht, der wird rasch feststellen: Hier dreht sich alles um Feinkost. Es ist die Stadt der Mortadella, der Tortellini und Tortelloni, des Schinkens und des Parmesans. Die Auslagen der Feinkostläden sind voll von riesigen Mortadella- und Parmesanstücken, dicke Schinkenkeulen hängen von den Decken – ein einziges Schlaraffenland, diese Stadt.

Den wohl imposantesten Eindruck in dieser Hinsicht verschafft man sich bei einem Besuch des Delikatessenladens von Amedeo Ceccarelli in der Via Pescherie Vecchie, einer engen Gasse, die sich von der zentralen Piazza Maggiore in die Altstadt gräbt. Der Laden ist bis auf den letzten Millimeter vollgestopft mit Schinkenkeulen, Käse, Wurst, Fleisch und Teigwaren. Dieses zum Geschäft gewordene Paradies ist seit geraumer Zeit auch unter jungen Besuchern aus Österreich und Deutschland bekannt und beliebt. Der Grund dafür: ein stark gehyptes Musikvideo der Wiener Band »Wanda« mit der etwas kryptischen Textzeile: »Tante Ceccarelli hat einmal in Bologna Amore gemacht.«

Geschmackssache.
In der Via Pescherie Vecchie kommen Gourmets voll auf ihre Kosten. Zwischen Feinkostläden warten tolle Imbissbuden.

Freitag

Feinkostläden wie jener von Amedeo Ceccarelli sind vollgestopft mit Schinkenkeulen, Käse, Mortadella und Teigwaren.

In der Via Pescherie Vecchie kann man an jeder Ecke einen kleinen Imbiss einnehmen, für den Abend jedoch haben wir einen Tisch im »I Portici« reserviert. Es ist eines von zwei Restaurants mit einem Michelin-Stern in Bologna.

Das Ristorante befindet sich im gleichnamigen eleganten Hotel in der Via dell'Indipendenza, am Herd steht der junge Emanuele Petrosino, Jahrgang 1986. Er zelebriert hier einen kreativen Mix aus Tradition und Moderne der Emilia-Romagna. Alles ziemlich detailverliebt mit viel Fisch und Fleisch.

Der Rahmen ist elegant, aber nicht allzu protzig. Angenehm dabei: Sommelier Nicola Cuccato wacht über einen gut sortierten Weinkeller mit Kreszenzen aus Italien, Frankreich und Deutschland.

Schlaraffenland.
Amedeo Ceccarellis Delikatessenladen wurde sogar schon besungen.

»Ristorante Teresina«.
Gehobene Trattoria
mit exzellenter Fischküche.

Bologna ist nicht die Stadt der modernen, hippen Restaurants mit besonders kreativer Küche. In Bologna hat man es gerne deftig und klassisch. Oder unkompliziert, aber gut wie im Delikatessenkaufhaus & Bistro »Eataly«, von dem es in ganz Italien inzwischen Ableger gibt. Das »Eataly« in Bologna ist nicht so groß wie jenes in Rom, im Erdgeschoss ist es überhaupt nur eine Buchhandlung. Doch das Bistro im ersten Stock lohnt einen Besuch, man isst, umgeben von Regalen voller Delikatessen, eine unkomplizierte, aber gute Slow-Food-Küche mit viel Tortelloni, Kaninchen und Ragout.

Alternativ dazu bietet sich das »Ristorante Teresina« an, hier wird vor allem zu Mittag ein Essen geboten, das vom Preis-Leistungs-Verhältnis nur schwer zu überbieten ist. Natürlich gibt es auch an diesem Ort die unvermeidlichen Tagliatelle traditionale al ragù oder das in der Stadt nicht minder verbreitete Cotoletta di vitello alla Bolognese. Bemerkenswert aber sind hier vor allem die Fischgerichte, für Bologna eher untypisch, aber gerade deshalb eine erfreuliche Alternative.

Samstag

Einen absoluten Pflichtbesuch haben wir für den Abend eingeplant: die »All'Osteria Bottega«, eine Bastion der Bologneser Küche.

Einen absoluten Pflichtbesuch haben wir hingegen für den Abend eingeplant: die »All'Osteria Bottega«. Michelin beschreibt das Lokal als Bastion der Bologneser Küche – und das ist keineswegs eine Übertreibung. Schon die Antipasti-Teller sind von ausgesuchter Qualität. Mortadella, wie sie besser kaum geht, unzählige Schinkenvarianten werden auf riesigen Tellern serviert. Tolle Pasta-Gerichte mit allen Arten von Ragout. Insgesamt ein Erlebnis. Wegen des enormen Zuspruchs gibt es übrigens mittlerweile einen zweiten Raum gleich neben dem Hauptlokal.

Genuss, so weit das Auge reicht.
Die exklusive Kette »Eataly« lädt
zum Kaufen und Kosten ein.

Pflichtbesuch.
Ob Pasta- oder Fleischliebhaber: Michelin bezeichnet die »All'Osteria Bottega« als Bastion der Bologneser Küche.

1er-Menü.
Ein Teller mit der berühmten Pasta alla Bolognese muss natürlich sein. Besonders gut schmeckt sie in der »All'Osteria Bottega«.

In-Treff.
Derzeit das begehrteste Ristorante Bolognas: Das Ambiente im »Marconi« ist ganz neu.

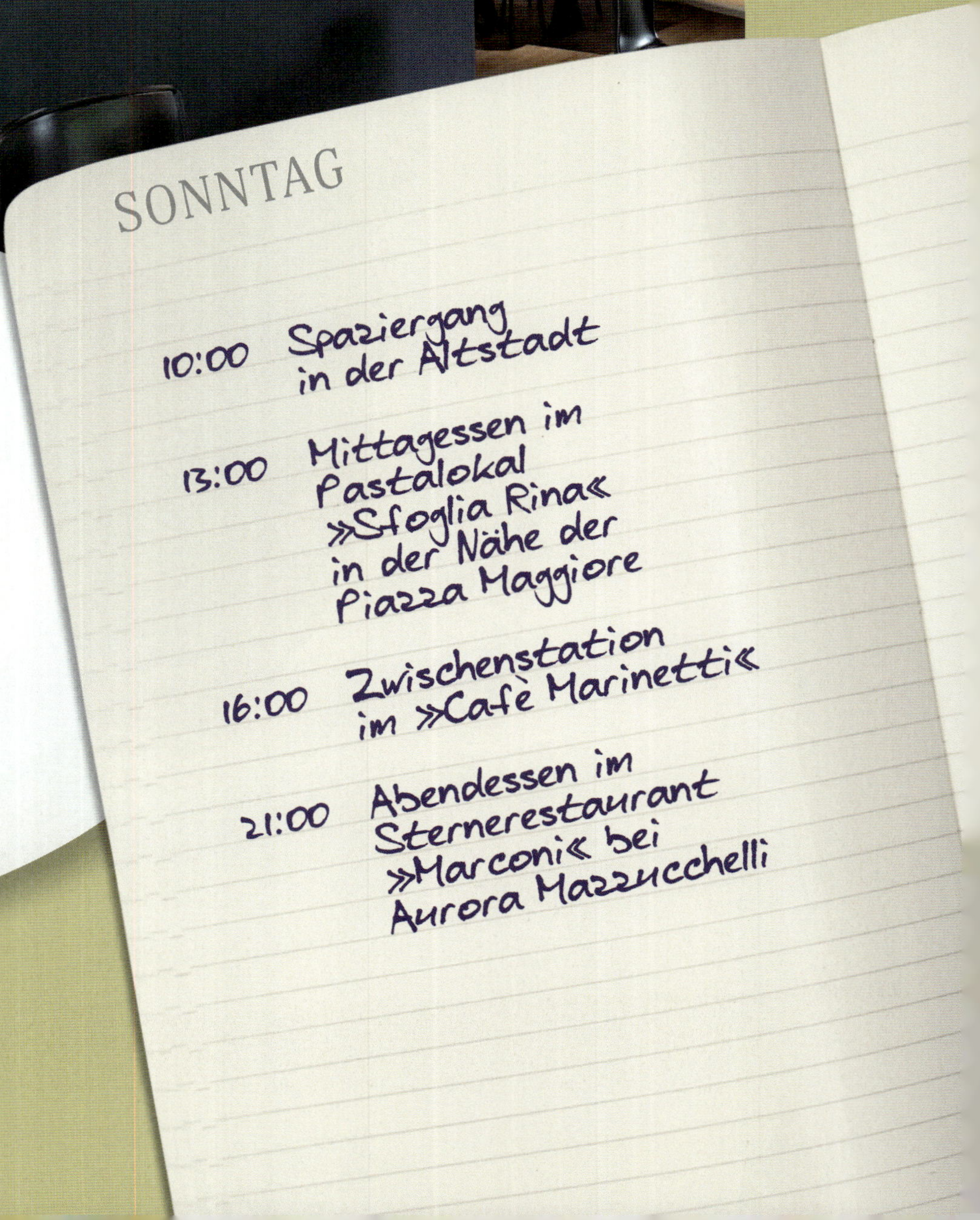

Haute Cuisine.
Aurora Mazzucchelli hat sich im »Marconi« einen Michelin-Stern erkocht.

»Cafè Marinetti«.
Im »Grand Hotel Majestic già Baglioni«.

Bologna ist die älteste Universitätsstadt Europas. Auffällig sind die vielen Arkaden in der Innenstadt von immerhin fast 40 Kilometern Länge. Sie wurden gebaut, um für möglichst viele Menschen Wohnraum zu schaffen – durch die zusätzlichen Wohnungsreihen oberhalb der Arkaden.

Die Piazza Maggiore bildet das Zentrum der Stadt mit dem berühmten Neptunbrunnen (dessen Abbildung Facebook im Jahr 2017 kurzfristig wegen sexuell expliziten Inhalts löschen ließ!) und der Basilika San Petronio, der fünftgrößten gotischen Kirche der Welt.

Das nobelste Hotel der Stadt ist das »Grand Hotel Majestic già Baglioni«, zu dem das »Cafè Marinetti« gehört. Für den Nachmittag heben wir uns auf, dort auf einen Espresso vorbeizukommen. Vorher besuchen wir eine Hochburg der frischen Pasta, das Lokal heißt »Sfoglia Rina« und befindet sich in der Via Castiglione, ganz in der Nähe der Piazza Maggiore. Man sollte hier nicht viel später als 12 Uhr vorbeischauen, denn das Lokal füllt sich in kürzester Zeit – dann bildet sich eine Warteschlange, die bis auf die Straße reicht. Das Essen hier ist nämlich köstlich, frische Pasta in allen erdenklichen Varianten. Alles wirkt ein bisschen altmodisch, ist aber in Wirklichkeit hochmodern. Die Gerichte, die man haben will, schreibt man auf einen Zettel, die Kellner geben dann die entsprechende Bestellung in ein modernes Computersystem ein. Retro-Chic und Hightech. Kulinarisches Highlight: Tortelloni mit Parmesan-Zabaglione. Und danach ganz wunderbare Desserts.

Abends dann in die »Taverna di Roberto« oder in das Ristorante »Marconi«. Die »Taverna di Roberto« bietet eine solide Bologneser Küche, das »Marconi«, mit einem Michelin-Stern dekoriert, hat mehr drauf. Dort kocht Aurora Mazzucchelli eine Küche auf großer Flamme, ihr Bruder Massimo leitet den Service. 2016 wurde das Lokal völlig neu gestaltet.

Sonntag

Im »Marconi«, mit einem Michelin-Stern dekoriert, kocht Aurora Mazzucchelli auf großer Flamme, ihr Bruder Massimo leitet den Service. Das Lokal wurde 2016 völlig neu gestaltet.

»Sfoglia Rina«.
Ein Tempel der frischen Pasta. Zu Mittag reicht die Schlange der Wartenden bis auf die Straße.

5 Top-Hotels

Grandiose Ausblicke, prunkvolle Einrichtungen und edles Design zeichnen Bolognas Hotels aus.

HOTEL CORONA D'ORO 1890****

Sehr zentral gelegenes Hotel, das durch seine Ruhe mitten in der Stadt überzeugt. Die Zimmer sind elegant und raffiniert eingerichtet, mit komfortablem Ambiente im ganzen Haus. Der unvergessliche Ausblick auf die Stadt rundet den Besuch ab. DZ ab 110 Euro.

Via Guglielmo Oberdan 12
40126 Bologna
T: +39 051 7457611
hco.it

GRAND HOTEL MAJESTIC GIÀ BAGLIONI*****

Das altehrwürdige Fünf-Sterne-Hotel befindet sich im Herzen der Stadt in unmittelbarer Gehnähe zur Piazza Maggiore. Die Zimmer sind sowohl mit antiken Möbeln als auch mit modernen Annehmlichkeiten ausgestattet. DZ ab 239 Euro.

Via Indipendenza 8
40121 Bologna
T: +39 051 225445
grandhotelmajestic.duetorrihotels.com

ART HOTEL NOVECENTO****

Das am Piazza Galileo angesiedelte Haus offeriert seinen Gästen einen fantastischen Blick auf die Stadt. Das im Stil der Wiener Secession gestaltete Hotel bildet den perfekten Rückzugsort für Städtereisende. DZ ab 101 Euro.

Piazza Galileo 4/3
40123 Bologna
T: +39 051 7457311
art-hotel-novecento.com

EMPFEHLENSWERTE HOTELS IN BOLOGNA

ART HOTEL COMMERCIANTI****

Das Hotel befindet sich im ehemaligen Rathaus der Stadt. Das zentral gelegene Boutique-Hotel überzeugt mit Gewölbedecken, eleganten Balkonen und einem beeindruckenden Blick auf die gotischen Fenster der Basilika San Petronio. DZ ab 89 Euro.

Via de' Pignattari 11
40124 Bologna
T: +39 051 7457511
art-hotel-commercianti.com

I PORTICI HOTEL BOLOGNA****

Das minimalistische und elegant eingerichtete Hotel wird durch Kunstwerke und Designs von Philippe Starck, Poltrona Frau und Minotti abgerundet. Das gleichnamige Restaurant ist mit einem Michelin-Stern ausgezeichnet und bietet eine kreative Küche an. DZ ab 76 Euro.

Via Indipendenza 69
40121 Bologna
T: +39 051 42185
iporticihotel.com

ART HOTEL OROLOGIO****
Das im 19. Jahrhundert errichtete Gebäude überzeugt mit originalem klassischem Stil und freundlicher Atmosphäre. DZ ab 115 Euro.
Via IV Novembre 10/C, 40123 Bologna
T: +39 051 7457411
art-hotel-orologio.com

SAVHOTEL****
Unweit der Messe liegt dieses mimimalistische Hotel. Nur wenige Gehminuten davon entfernt befindet sich das Stadtzentrum, perfekt für Städtetouristen. DZ ab 65 Euro.
Via Ferruccio Parri 9, 40128 Bologna
T: +39 051 361361, savhotel.com

SAVOIA HOTEL REGENCY****
In der Nähe der Altstadt bietet das Hotel elegante Zimmer und guten Service, um sich nach einem Tag mit Sightseeing zu erholen. DZ ab 59 Euro.
Via del Pilastro 2, 40127 Bologna
T: +39 051 3767777, savoia.eu

AEMILIA HOTEL BOLOGNA****
Mit Blick auf die Türme von Bologna und die Bologneser Hügellandschaft überzeugt das Hotel vor allem mit Gastfreundlichkeit und gemütlichen Zimmern. DZ ab 75 Euro.
Via Zaccherini Alvisi 16
40138 Bologna
T: +39 051 3940311, aemiliahotel.it

BEST WESTERN HOTEL SAN DONATO****
Das zentral in der Fußgängerzone gelegene Vier-Sterne-Hotel punktet mit gutem Service und einem schönen Ausblick von der Dachterrasse. DZ ab 69 Euro.
Via Zamboni 16, 40126 Bologna
T: +39 051 235395, hotelsandonato.it

BOUTIQUE HOTEL CALZAVECCHIO****
Nicht weit von der Altstadt entfernt, bietet das Hotel moderne Zimmer mit Eleganz und Feinheit. Das hoteleigene Restaurant überzeugt mit traditionellen Gerichten und Fischvariationen. DZ ab 61 Euro.
Via Calzavecchio 1
40033 Casalecchio di Reno, Bologna
T: +39 051 3761616, hotelcalzavecchio.eu

HOTEL METROPOLITAN****
Nur fünf Gehminuten vom Hauptplatz entfernt ist dieses Hotel perfekt für alle, die Trubel und Erholung suchen. Letztere findet man beispielsweise bei einem Drink auf der Dachterrasse – mit herrlichem Ausblick auf die Hügel von Bologna. DZ ab 224 Euro
Via dell'Orso 6, 40121 Bologna
T: +39 051 229393, hotelmetropolitan.com

UNAWAY CONGRESS HOTEL BOLOGNA SAN LAZZARO****
Großzügige und elegant-moderne Zimmer erwarten Gäste in diesem Hotel. Perfekt für Geschäftsleute aber auch Städtetouristen. DZ ab 59 Euro.
Via Luigi Fantini 1
40068 San Lazzaro di Savena
T: +39 051 4997411
gruppouna.it/unaway/unaway-congress-hotel-bologna-san-lazzaro

HOTEL AL CAPPELLO ROSSO****
Im Herzen Bolognas angesiedelt, bietet dieses Hotel den perfekten Ausgangspunkt, um die Stadt zu erkunden. DZ ab 103 Euro.
Via de' Fusari 9, 40123 Bologna
T: +39 051 261891, alcappellorosso.it

ALBERGO DELLE DRAPPERIE***
Das kleine Hotel im Herzen der Stadt liegt zwischen der Piazza Maggiore und den zwei Türmen Bolognas – perfekt für eine Städtereise. DZ ab 59 Euro.
Via delle Drapperie 5, 40124 Bologna
T: +39 051 223955, albergodrapperie.com

Ragù for you.
Eine besonders authentische Küche Bolognas erwartet Sie im Restaurant »Diana«.

Tipps und Adressen

RESTAURANTS

OSTERIA DEL SOLE
In Bologna steht eine der ältesten Osterias des Landes. Und eine der letzten, die nach dem eigentlichen, uralten und fast vergessenen Prinzip dieses Lokaltyps funktioniert: Das Essen muss man selbst mitbringen. Einzigartige Atmosphäre!
Vicolo Ranocchi 1, 40124 Bologna
T: +39 347 9680171, osteriadelsole.it

SFOGLIA RINA
An manchen Tagen warten hier hunderte Menschen, um einen Tisch zu bekommen. Mischung aus Pasta- Shop und Lokal. Bologneser Küche mit vielen hausgemachten Pasta-Varianten zu leistbaren Preisen.
Via Castiglione 5/A, 40124 Bologna
T: +39 051 9911710, sfogliarina.it

TRATTORIA BATTIBECCO
Wir sind mit den Michelin-Testern einer Meinung, welche die »Trattoria Battibecco« als eines der charmantesten Restaurants Bolognas bezeichnen. Der Schwerpunkt liegt auf feinen Fleischgerichten wie Spanferkel, Lammkoteletts oder Kalbsschnitzel, aber auch Fisch und Meeresfrüchte sind großartig.
Via Battibecco 4/B, 40123 Bologna
T: +39 051 223298, battibecco.com

MARCONI
Hier werden raffiniert zubereitete Spezialitäten aus Italien serviert, die nach allen Regeln des Fine Dinings zubereitet wurden.
Via Porrettana 291, 40037 Sasso Marconi
T: +39 051 846216, ristorantemarconi.it

ALL'OSTERIA BOTTEGA
Eine Institution der Bologneser Küche. Gut geführter Familienbetrieb mit viel Charme und Unmengen an Mortadella und Salami.
Via Santa Caterina 51, 40123 Bologna
T: +39 051 585111, facebook.com/Osteria-Bottega-121651694555766/

CAMINETTO D'ORO
Paolo Carati serviert seinen Gästen Pasta und Pane aus eigener Produktion. Kombiniert werden diese mit klassischen italienischen Rezepten.
Via de'Falegnami 4, 40121 Bologna
T: +39 051 263494, caminettodoro.it

DIANA
Traditionelles Restaurant, das klassische Gerichte der Region reicht.
Via Volturno 5, 40121 Bologna
T: +39 051 231302, ristorante-diana.it

ACQUA PAZZA
Sehr gutes Fischrestaurant in südöstlicher Lage der Stadt. Die Gerichte werden besonders schonend zubereitet.
Via Murri 168/D, 40137 Bologna
T: +39 051 443422, acquapazzabologna.it

SOTTO L'ARCO
Alessandro Panichi legt großen Wert auf Grundprodukte, mit denen er die regionale Küche zeitgenössisch interpretiert.
Via Aretusi 5, 40132 Bologna
T: +39 051 6199848, villa-aretusi.it

I PORTICI
Die mit einem Michelin-Stern ausgezeichnete Küche unter der Führung von Emanuele Petrosino kombiniert Kreativität und hochwertige Zutaten zu einem Geschmackserlebnis.
Via Indipendenza 69, 40121 Bologna
T: +39 051 42185-62, iporticihotel.com

LA TAVERNA DI ROBERTO
Gute Bologneser Küche mit vielen Klassikern und verschiedenen, eher deftigen Fleischgerichten.
Via San Vitale 9, 40125 Bologna
T: +39 051 266851

Charmant.
Das »Battibecco« bietet feinste Fleischgerichte in entspanntem Ambiente.

I CARRACCI
Der Fokus im »I Carracci« liegt auf regionalen Produkten, die in der Küche zu traditionellen Gerichten der Emilia-Romana umgewandelt werden.
Via Manzoni 2, 40121 Bologna
T: +39 051 225445
grandhotelmajestic.duetorrihotels.com

TRATTORIA MELONCELLO
Regionaler Küchenstil der mittleren Preisklasse. Bei Schönwetter sollte man die Möglichkeit nutzen, draußen zu sitzen.
Via Saragozza 240/A, 40135 Bologna
T: +39 051 6143947, trattoriameloncello.it

VIVO VINCENZO VOTTERO TASTE LAB
In den ehemaligen Räumen eines Cafés bereitet der Küchenchef regional geprägte Gerichte in modernisierter Version zu.
Piazza di Porta Saragozza 6/A, 40123 Bologna
T: +39 051 334568, vivoristorantebologna.it

ANTICA TRATTORIA DELLA GIGINA
Seit 1956 werden im rustikalen Ambiente Spezialitäten aus Bologna serviert, wie zum Beispiel Tagliatelle al Ragù oder Lasagne Verde alla Bolognese.
Via Stendhal 1, 40128 Bologna
T: +39 051 322300, trattoriagigina.it

TERESINA
Gehobene Trattoria mit authentischer, guter Küche, hausgemachter Pasta und vielen Fisch- und Meeresfrüchte-Spezialitäten.
Via Oberdan 4, 40126 Bologna
T: +39 051 228985, ristoranteteresinabologna.com

Klassiker.
Im »Al Pappagallo« speisten schon Frank Sinatra und Gina Lollobrigida klassische italienische Gerichte.

AL PAPPAGALLO
Ein Klassiker aus dem Jahre 1919. Zahlreiche illustre Gäste, wie etwa Sophia Loren, Gina Lollobrigida, Frank Sinatra und Alfred Hitchcock waren hier zu Gast. Klassisch italienische Küche.
Piazza della Mercanzia 3, 40125 Bologna
T: +39 051 232807, alpappagallo.it

FOURGHETTI
Das Motto des Restaurants lautet: Eine Stunde ist nicht nur eine Stunde, sondern eine Phase voller Geschmäcker, Gerüche und Geräusche. Serviert werden neu interpretierte regionale Spezialitäten.
Via Augusto Murri 71, 40137 Bologna
T: +39 051 391847, fourghetti.com/bologna

CESARINA
Stadtbekanntes Restaurant, das auf eine hundertjährige Geschichte zurückblickt. Auf der Speisekarte stehen zahlreiche Fischgerichte und Spezialitäten der Emilia-Romagna.
Via Santo Stefano 19/B, 40125 Bologna
T: +39 051 232037, ristorantecesarina.it

SCACCOMATTO
Das Restaurant befindet sich in einem der typischen Bogengänge der Stadt. Im authentischen Ambiente, das durch eng zusammengerückte Tische gekennzeichnet ist, werden modern-mediterrane Gerichte serviert.
Via Broccaindosso 63/B, 40125 Bologna
T: +39 051 263404, ristorantescaccomatto.com

AL CAMBIO
Neu interpretierte Küche trifft auf klassische. Ausgezeichnete Qualität und perfekter Service sind selbstverständlich.
Via Stalingrado 150, 40128 Bologna
T: +39 051 328118 ristorantealcambio.it

TRATTORIA DI VIA SERRA
Die überschaubare Speisekarte ist von Produkten des Apennin geprägt. Die Tageskarte wird mündlich vom geschäftsführenden Paar der Trattoria erläutert.
Via Luigi Serra 9/B, 40129 Bologna
T: +39 051 6312330, trattoriadiviaserra.it

Bizarr schön.
Neben einer klassischen Bar bietet das »Bizarre« seinen Gästen auch eine tolle Terrasse und saisonale Cocktails an.

PASTICCERIA SANTO STEFANO
Tolles Café mit einer reichlichen Auswahl an Snacks. Ebenso werden Dolci und sehr guter Espresso serviert.
Via Santo Stefano 3, 40125 Bologna
T: +39 051 2247160
facebook.com/PasticceriaSantoStefano

CAFFETTERIA LILÙ
Kleines Café, das ausgezeichnetes Frühstück und Mittagessen serviert.
Via Benedetto XIV 1/C, 40125 Bologna
T: +39 051 0402964
facebook.com/Caffetteria-Lilù-533427070155373

CAFÉS

CAFFÈ TERZI BOLOGNA
In diesem Café werden sowohl klassische Kaffeekreationen als auch ausgefallenere, kombiniert mit Früchten, serviert.
Via Guglielmo Oberdan 10/D, 40126 Bologna
T: +39 051 0344819
caffeterzi.it

NAAMA CAFÈ
Serviert wird ein ordentliches Frühstück, um perfekt in den Tag zu starten und die Stadt zu erkunden.
Via Guglielmo Oberdan 31/B, 40126 Bologna
T: +39 338 7306299
facebook.com/pg/Naama-Cafè-193893657466630/

FABRIK
Paninis in allen Variationen und typisch italienisches Flair, wie man sich es im Italienurlaub vorstellt.
Via Augusto Righi 32/E, 40126 Bologna
T: +39 051 4856394, facebook.com/fabrikbologna/

BAR AROMA
Auf der Karte des Cafés sind über hundert verschiedene Kaffeespezialitäten angeführt. Probieren und verweilen lohnt sich.
Via Porta Nova 12/B, 40123 Bologna
T: +39 051 225895
ilpiaceredelcaffe.it

CAFÉ PASTICCERIA GAMBERINI
Klassisch elegante Konditorei, die seit mehr als hundert Jahren Torten- und Kuchenvariationen anbietet.
Via Ugo Bassi 12, 40121 Bologna
T: +39 051 2960467
facebook.com/gamberinibologna

IL CAFFÈ DELLA CORTE
Abseits des touristischen Trubels befindet sich dieses Café, das gutbürgerliche Nudelgerichte mittags und ein kühles Bier zum Aperitif serviert.
Corte Isolani 5/B, 40125 Bologna
T: +39 051 261555, ilcaffedellacorte.it

Aperitivo.
In der »Neaera Lounge Bar« treffen sich die Bologneser nach der Arbeit zum Drink.

BARS

BREWDOG BAR BOLOGNA
Diese Bar überzeugt mit einer Vielfalt an verschiedenen Schank- und Flaschenbieren. Abseits der traditionellen Küche der Emilia-Romagna werden Burger und Hotdogs kredenzt.
Via San Valentino 2/G, 40122 Bologna
T: +39 051 552891
facebook.com/brewdogbarbologna

NEAERA LOUNGE BAR
Einen Aperitif, dazu ein kleines Buffet? Genau das bekommen Sie in dieser modernen Bar.
Via Guglielmo Oberdan 37/A-B, 40126 Bologna
T: +39 334 1538757, neaeraloungebar.com

CAMERA A SUD
Fabelhafte kleine Bar am Rand des Jüdischen Viertels mit einer großzügigen Weinauswahl.
Via Valdonica 5, 40126 Bologna
T: +39 051 0951448, cameraasud.net

BLACK FIRE PUB
Der raue Eindruck von außen täuscht. Im Inneren werden ausgezeichnetes Bier und Kleinigkeiten serviert.
Via Marc'Antonio Raimondi 21/2A
40128 Bologna
T: +39 051 4125291, blackfirepub.it

BIZARRE – COCKTAIL BOUTIQUE
Die schöne Terrasse und die saisonal wechselnden Cocktails laden zu einem typischen Aperitivo in Bologna ein.
Via Belvedere 4/A, 40121 Bologna
T: +39 347 0977547, bizarrebologna.com

FEINKOST & MEHR

TAMBURINI
Alteingesessene Pasta-Manufaktur im Herzen Bolognas mit einem angeschlossenen Selbstbedienungsrestaurant.
Via Caprarie 1, 40124 Bologna
T: +39 051 234726, tamburini.com

AMEDEO CECCARELLI
Auch ohne jede Verbindung mit dem Song »Bologna« von »Wanda« ist dieses Feinkostgeschäft einen Besuch wert.
Via Pescherie Vecchie 8, 40124 Bologna
T: +39 051 231529, ceccarelliamedeo.it

EATALY
Der größte Food-Freizeitpark der Welt lädt zum Probieren verschiedenster italienischer Spezialitäten ein.
Via degli Orefici 19, 40126 Bologna
T: +39 051 0952820
eataly.net/it_en/shops/bologna

SALUMERIA SIMONI
Die beste Möglichkeit, italienisch interpretierte Tapas zu probieren. Empfehlenswert sind Mortadella, Schinken und die diversen Käsesorten.
Via Drapperie 5/2A, 40100 Bologna
T: +39 051 231880, salumeriasimoni.it

FORNO FIORINI GAETANO
Kleine, feine italienische Bäckerei, die sich vor allem auf Brotprodukte spezialisiert hat.
Via San Carlo 53, 40121 Bologna
T: +39 051 245360

SEHENSWERT

PIAZZA MAGGIORE
Der Platz ist einer der bedeutendsten der mittelalterlichen Innenstadt und wird nicht umsonst das Herz von Bologna genannt. Spannend ist die Akustik des Platzes: Stellen Sie sich unter eine Gewölbeseite und hören Sie jemanden von der anderen Seite flüstern.
Piazza Maggiore, 40124 Bologna

BASILIKA SAN PETRONIO
Die unvollendete Fassade der Basilika fällt sofort ins Auge. Die Grundsteine dieser Kirche wurden bereits im 14. Jahrhundert gelegt und ursprünglich sollte sie sogar den Petersdom in Rom übertrumpfen.
Piazza Galvani 5, 40124 Bologna
T: +39 051 231415

TÜRME GARISENDA UND ASINELLI
Die mittelalterlichen Geschlechtertürme sind ein Wahrzeichen der Stadt. Sie neigen sich gefährlich einander zu und waren einst Statussymbole reicher Familien: Je höher der Turm, desto mehr Geld wurde für dessen Bau ausgegeben.
Piazza di Porta Ravegnana, 40126 Bologna
T: +39 051 239660, duetorribologna.com

QUADRILATERO
Der antike Markt von Bologna ist ein Must-see-Place in Bologna.
Via Clavature & Via Pescherie Vecchie
40124 Bologna

TEATRO ANATOMICO
Der ehemalige Anatomie-Saal, in dem im 17. Jahrhundert an Leichen gelehrt wurde, ist definitiv einen Besuch wert.
Piazza Galvani 1, 40124 Bologna
T: +39 051 276811, archiginnasio.it

Highlight.
Die Türme Garisenda und Asinelli dienten einst reichen Familien als Statussymbole.

Durchkosten.
Schon beim Eintreten läuft einem das Wasser im Mund zusammen. Das »Tamburini« befindet sich im Herzen Bolognas.

Als Hauptstadt Europas präsentiert sich Straßburg mondän und modern. Genau so stolz ist man auf das kulturelle und kulinarische Erbe – von der Kathedrale bis zu Lebkuchen und Gänseleber.

Strassburg

FARBENFROHE PRACHT IM ELSASS

Malerische Schönheit
Alte Fachwerkhäuser, Blumentöpfe, Kanäle fast wie in Venedig: Straßburg ist eine Ansammlung von Postkartensujets und zieht scharenweise Touristen an.

6 gute Gründe für Strassburg

1 Postkartenmaterial: Straßburg gilt durch seine alten Fachwerkhäuser, Blumentöpfe und Kanäle als das Venedig Frankreichs.

2 Die mittelalterliche Kathedrale – sie zählt zu den schönsten ihrer Art und ist unbedingt einen Besuch wert.

3 Der berühmte Christkindlmarkt in der Adventzeit auf dem Place Kléber.

4 Hier wartet feinste französische Küche auf Sie: zum Beispiel Lebkuchen, Foie gras, Macarons und hervorragende elsässische Weine.

5 Architektonische Brüche: Neben den vielen mittelalterlichen Bauten gibt es auch Neubau-Juwele wie jene im Viertel der Europäischen Institutionen zu bestaunen.

6 Das Gute liegt vor der Tür: Ein Abstecher an die elsässische Weinstraße ist ein Muss.

Traditionell.
Guy-Pierre Baumann, Chefkoch im »Maison Kammerzell«, hebt die Choucroute (Sauerkraut) in höhere Sphären.

Freitag

Zuerst Kultur, dann Shopping. Die Kathedrale, eine der schönsten ihrer Art, zeugt von der großen Bedeutung des mittelalterlichen Straßburg.

Ohne Umschweife in die Mitte. So lautet unser Motto bei jeder Stadt, die wir besuchen. Die Mitte, das ist in Straßburg fraglos die Kathedrale. Obwohl über tausend Jahre alt, überragt und prägt der mittelalterliche Bau die elsässische Stadt. Bis 1874 war sein Nordturm das höchste von Menschenhand errichtete Bauwerk. Die große Attraktion ist hier die astronomische Uhr, eine mechanische Tüftelei sondergleichen, die Schaulustige in Scharen anzieht. Zum Mittagessen wechseln wir in die »Maison Kammerzell«. Der schmucke historische Fachwerkbau ist eines der wichtigsten Fotosujets in Straßburg; hier gönnen wir uns zur kulinarischen Einstimmung eine Choucroute mit Fisch. Dann aber auf zum Shopping, schließlich wollen wir nicht mit leeren Händen heimkehren. Von der Maison Lorho nehmen wir Welsche mit, ein dem Munster ähnlicher Rotschmierekäse, der mit Gewürztraminer-Eau de Vie affiniert wird. Nach einem Schwenker über die Place Kléber packen wir bei »Edouard Artzner« Foie gras ein, ein weiteres Muss unter den elsässischen Gaumenfreuden. Noch eine kurze Visite auf der Place Broglie mit ihrem Markt, dann geht es zu La Luciole, zu Deutsch das Glühwürmchen. Der Laden ist ein Paradies für Lampen und Kunstgegenstände aus Glas von Jugendstil bis Tiffany. Eine Augenweide, auch wenn wir hier zur Abwechslung mal nichts kaufen. Das tun wir aber sehr wohl bei Jacques Bockel, dem Platzhirschen für Schokolade. Raffiniert ist sein Brotaufstrich Nut'Alsace (nach der bekannten piemontesischen Nuss-Nougat-Creme). In der Boutique Le Coin d'Alsace, die sich auf drei Etagen auf Textilien und Keramik spezialisiert hat, erstehen wir ein dekoratives Tischtuch. Über all dem ist es Abend geworden – jetzt rasch in die »Casserole« nahe beim Münster. Hier kocht seit zwei Jahren eine junge Brigade unter ihrem 27-jährigen Chef Jean Roc. In dieser kurzen Zeit haben sie schon mehrere Preise eingeheimst. Nicht zuletzt jenen der Haeberlin-Brüder, der zweifellos berühmtesten Elsässer Gastronomen, die im nahen Illhaeusern zum Leidwesen der Fangemeinde unlängst den dritten Michelin-Stern verloren haben. Die »Casserole« hingegen ist auf dem aufsteigenden Ast und punktet besonders mit Blauem Hummer, Sellerie-Mousseline und Américaine-Emulsion.

Stimmungsvoll.
Die Place Kléber ist der größte Platz der Stadt und bekannt für ihre Märkte. In der Adventzeit findet hier der berühmte »Christkindelsmärik« statt.

La Casserole. Junger Chef, junge Crew, viel Ambition – das »La Casserole« wird man auch in Zukunft im Auge behalten müssen. Patron Cédric Kuster (l.) mit Chefkoch Jean Roc.

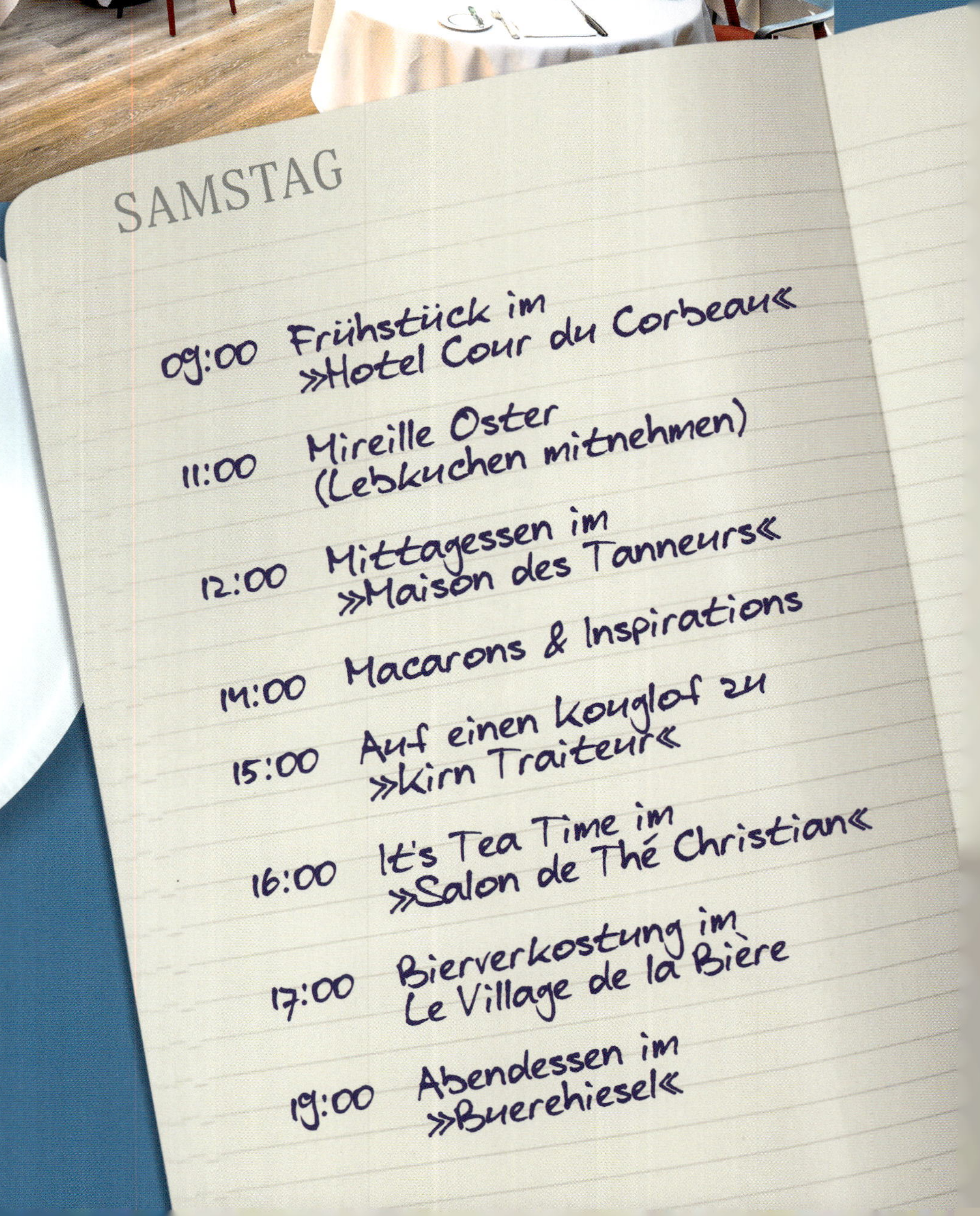

Gaumenschmaus. Traumhafte Lage im Parc de l'Orangerie, Küche der Oberklasse: Ein Besuch im »Buerehiesel« ist ein absoluter Genuss.

Samstag

Straßburg ist ein Einkaufsparadies, besonders für kulinarische Köstlichkeiten: Lebkuchen, Foie gras, Käse, Macarons, elsässische Weine.

Wir erwachen im »Hôtel Cour du Corbeau«, wo wir gestern in aller Eile eingecheckt hatten. Nach dem Frühstück steuern wir unverzüglich die Petite France an, das pittoreske Viertel, das wegen seiner Kanäle auch Klein-Venedig heißen könnte. Hier bewundern wir ausgiebig die spektakuläre Drehbrücke, die Ponts Couverts (die allerdings schon lange nicht mehr überdacht sind) und die Wehr-brücke des berühmten Baumeisters Vauban. Bei Mireille Oster decken wir uns mit Lebkuchen ein. Wenn es nach ihr geht, ist die Lebkuchenherstellung ganz einfach: »Es braucht Mehl, Honig, Gewürze, Butter und – Liebe.« Nachher können wir uns die »Maison des Tanneurs« nicht verkneifen, so klischeehaft dieser von den Touristen favorisierte Fachwerkbau auch sein mag. Für einen kurzen Mittagsimbiss bestellen wir hier Schnecken Elsässer Art. Jetzt nur keine Müdigkeit vorschützen, denn die Einkaufsliste ist noch lang. Bei Macarons & Inspirations schnappen wir uns die Sorten Guanaja-Schokolade und Dulcey-Spéculoos. Natürlich alles superfrisch, wie sich das für Macarons gehört. »Kirn Traiteur« liefert uns traditionellen elsässischen Kougelhopf (andere nennen das Kouglof), gesalzen und mit Nüssen und Speck. Auf der Place Gutenberg, benannt nach dem Erfinder des Buchdrucks mit beweglichen Lettern, spüren wir unsere vollen Köpfe; wir laden unsere Batterien im »Salon de Thé Christian« auf und genießen zum Tee die hervorragenden Madeleines. Wir haben Glück, dass wir einen Platz finden, reservieren kann man hier nicht. Auf dem Weg zurück zum Hotel kümmern wir uns um den Getränkesektor: Im Le Village de la Bière kann man aus Hunderten von Bieren, besonders viele aus Klein- und Mikrobrauereien, wählen. Und weil auch der Wein untrennbar zum Elsass gehört, erstehen wir so viele Flaschen, wie wir tragen können. Am Abend wollen wir das Erlebnis von gestern noch toppen. Das »Euerehiesel« liegt zauberhaft im Parc de l'Orangerie. Diese Adresse war einstmals unter Antoine Westermann dreifach besternt; dass sein Junior, Eric, nur noch mit einem Stern dekoriert ist, schmälert das Gesamterlebnis aber nicht im Geringsten. Für uns der perfekte Abschluss eines herrlichen Tages.

Süße Versuchung.
Ultimative Frische, überbordende Kreativität: Die Macarons von Elisabeth Biscarrat sind Weltklasse.

Stimmungsvoll.
Vor allem in der Vorweihnachtszeit ist ein Besuch bei Mireille Oster zu empfehlen – hier gibt's die besten Lebkuchen der Stadt.

Hopfen & Malz.
Das Le Village de la Bière ist ein Dorado für Bierfreunde, Hunderte verschiedene (auch aus Mikrobrauereien) stehen zur Auswahl.

Fotomotiv.
Ausflugsboote halten in Straßburg auch auf der Grande Île, die viele Backsteinbauten säumen.

Am Sonntag gehen wir es etwas ruhiger an, Tagwache ist heute bedeutend später als gestern. Wir nehmen uns noch etwas Zeit, das wundervolle Hotel zu bestaunen, das uns zwei Nächte beherbergt hat. In diesem edlen Gasthof sind schon Kaiser und Könige, Generäle und Herzöge abgestiegen und der von Fachwerkhäusern gerahmte Innenhof ist Elsass in Reinkultur. Für das Frühstück möchten wir dann aber doch noch etwas Neues erkunden. Zu diesem Zweck suchen wir »Le Roi et son Fou« auf. Das im Stil einer Pariser Brasserie gehaltene Lokal bietet Frühstück und Brunch in mehreren Varianten an. Dann doch noch etwas Kultur, auch wenn die Zeit für Museums- und Konzertbesuche zu knapp ist: Die sogenannte Neustadt, erbaut in der Zeit des Deutschen Kaiserreichs, bietet imposante

Sonntag

Die Läden sind geschlossen, die großstädtische Hektik abgeklungen. Der Sonntag bietet sich für Spaziergänge und eine Bootsfahrt an.

Füße vertreten.
Dafür empfielt sich ein Abstecher zum Place de la Republique.

Baudenkmal.
Das »Hotel Cour du Corbeau« verbindet historisches Flair mit dem Komfort eines Oberklassehauses.

Architektur – und der Fußweg dahin ein wenig Bewegung. Als eingefleischte Gastro-Nomaden möchten wir dann doch die letzte Gelegenheit nutzen, große Küche zu sehen. So installieren wir uns im »1741«, wo uns Fabien Raux Miéral-Perlhuhn mit Trüffel und Vin-Jaune-Sauce serviert. Sein Gourmettempel spielt in der gleichen Liga wie das Abendrestaurant von gestern. Und wie um all die Eindrücke abschließend zusammenzufassen, beenden wir unseren Straßburg-Aufenthalt mit einer Bootsfahrt auf der Ill.

Dieser malerische Fluss umgreift Straßburg quasi mit seinen Armen. Mit vollen Köpfen und ebenso vollen Taschen geht es dann wieder in die Heimat. Unsere Eindrücke und Einkäufe werden uns durch die kommende Woche begleiten.

SONNTAG

10:00 Frühstück im »Le Roi et son Fou«

12:00 Spaziergang durch das Neustadt-Viertel

14:00 Essen bei Fabien Raux im »1741«

16:00 Bootsfahrt auf der Ill

18:00 Abreise

Rokoko.
Das »1741« gehört zu den besten Adressen der Stadt. Berühmt ist der Weinkeller, der 12.000 Flaschen beherbergt.

5 Top-Hotels

Ob traditionell oder modern – Straßburg hat von allem etwas. Die Entscheidung fällt schwer …

COUR DU CORBEAU****

Das »Cour du Corbeau« war bereits im 16. Jahrhundert ein Hotel für Kaiser und Könige. Das Bauwerk der Renaissance spiegelt in seinen Zimmern die elsässische Geschichte und Kultur wider. Der prächte Innenhof ist von Fachwerkhäusern eingerahmt. DZ ab 156 Euro.

6–8 rue des Couples
67000 Straßburg
T: +33 3 90002626
cour-corbeau.com

LE BOUCLIER D'OR****

Im Herzen des historischen Viertels La Petite France residiert man feudal in einem großbürgerlichen Haus aus dem 16. Jahrhundert. Für ein Entspannungserlebnis sorgt das luxuriös ausgestattete Spa. DZ ab 156 Euro.

1 rue du Bouclier
67000 Straßburg
T: +33 3 88137355
lebouclierdor.com

RÉGENT PETITE FRANCE*****

Mit Blick auf die Ill liegt das Hotel mit musealem Charme. Im Inneren finden sich neben den jahrhundertealten Bauelementen auch Elemente der (klassischen) Moderne. DZ ab 159 Euro.

5 rue des Moulins
67000 Straßburg
T: +33 3 88764343
regent-petite-france.com

EMPFEHLENSWERTE HOTELS IN STRASSBURG

SOFITEL STRASBOURG GRAND ILE***

Modernes, stilvoll eingerichtet Hotel, das einen modernen Kontrast zum mittelalterlichen Kern der Stadt darstellt. DZ ab 155 Euro.

4 Place Saint Pierre le Jeune
67000 Straßburg
T: +33 3 88154999
sofitel.accorhotels.com/deutschland/index.de.shtml

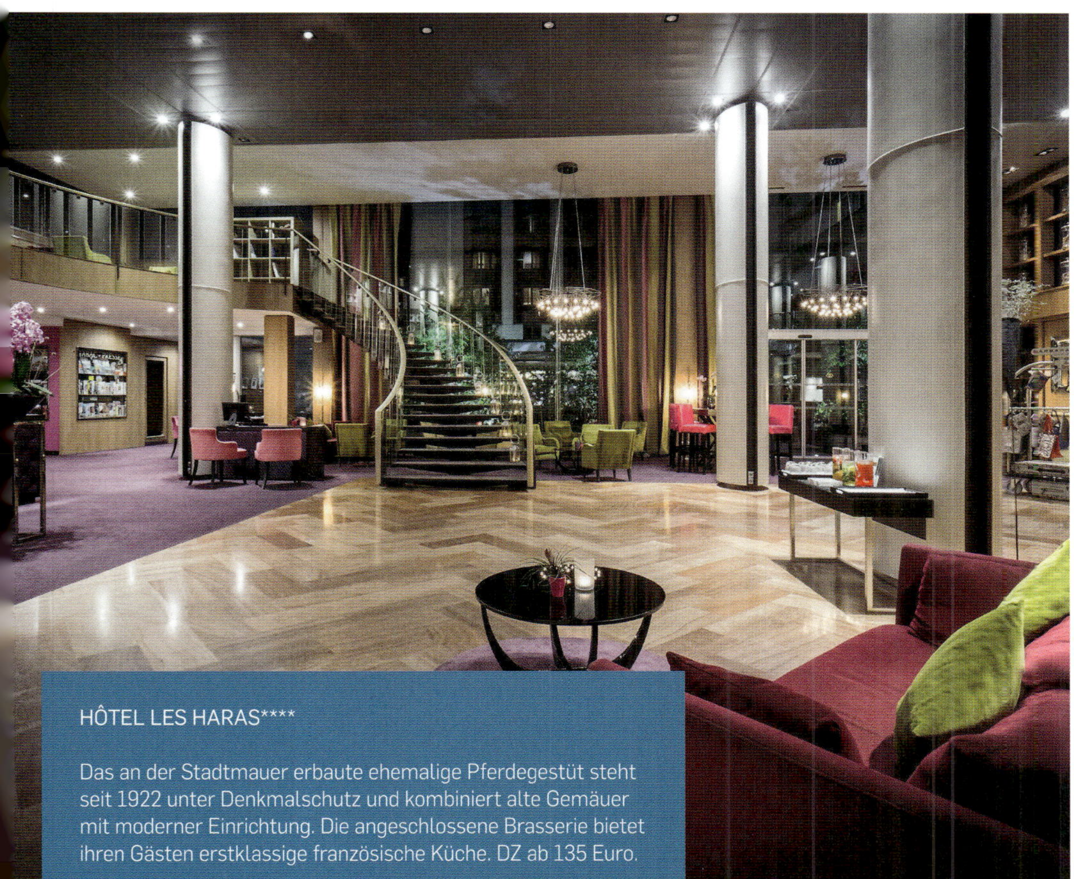

HÔTEL LES HARAS**

Das an der Stadtmauer erbaute ehemalige Pferdegestüt steht seit 1922 unter Denkmalschutz und kombiniert alte Gemäuer mit moderner Einrichtung. Die angeschlossene Brasserie bietet ihren Gästen erstklassige französische Küche. DZ ab 135 Euro.

23 rue des Glacières
67000 Straßburg
T: +33 3 90205000
les-haras-hotel.com

HÔTEL DU DRAGON**
Das in Gehnähe des Quai Saint-Nicolas und des Viertels La Petite France gelegene Hotel ist ein guter Ausgangspunkt, um die Hauptstadt des Elsass zu erkunden. DZ ab 81 Euro.
12 rue du Dragon, 67000 Straßburg
T: +33 3 88357980, dragon.fr

HOTEL GOLDEN TULIP STRASBOURG CENTRE THE GARDEN**
Ein kleines, gemütliches Hotel, das sich nur einen kurzen Spaziergang von den wichtigsten Sehenswürdigkeiten entfernt befindet.
DZ ab 100 Euro.
9 rue des Magasins
67000 Straßburg
T: +33 3 70986118
strasbourg-the-garden.goldentulip.com

HÔTEL DIANA DAUPHINE**
Das modern gestaltete Hotel befindet sich im Stadtzentrum und in unmittelbarer Nähe zu der Kathedrale, dem Viertel La Petite France, der Universität sowie und den europäischen Instituten. DZ ab 83 Euro.
30 rue de la Première Armèe
67000 Straßburg
T: +33 3 88362661
hotel-diana-dauphine.com

BOMA EASY LIVING HOTEL STRASSBURG**
Die im eleganten Ethno-Stil eingerichteten Zimmer laden zum Entspannen nach einem Tag voller Sightseeing ein. DZ ab 110 Euro.
7 rue du Vingt-Deux Novembre
67000 Straßburg
T: +33 3 90000010
boma-hotel.com

HÔTEL RÉGENT CONTADES STRASBOURG**
Das zu einem Hotel umgebauten Palais verbindet eine prestigeträchtige Vergangenheit mit modernem Komfort. DZ ab 117 Euro.
8 avenue de la Liberté
67000 Straßburg
T: +33 3 88150505
regent-contades.com

OKKO HOTELS STRASBOURG CENTRE**
Das modern eingerichtete Hotel liegt auf der Halbinsel Malraux. Ein kurzer Spaziergang in die Innenstadt bringt Sie zu den Sehenswürdigkeiten oder Sie nehmen die Straßenbahn, deren Station nur 200 m entfernt ist. DZ ab 67 Euro.
46 rue du Bassin d'Austerlitz
67100 Straßburg
T: +33 3 88398080, okkohotels.com

HÔTEL GUTENBERG STRASSBURG**
In jenem Hotel mit Blick auf die »Notre Dame«-Kathedrale von Straßburg profitieren Gäste von der zentralen Lage und den modern eingerichteten Zimmern. DZ ab 85 Euro.
31 rue des Serruriers, 67000 Straßburg
T: +33 3 88321715, hotel-gutenberg.com

HÔTEL D – STRASBOURG**
Das in der Nähe des europäischen Viertels gelegenen Hotel kombiniert, wie viele Hotels in Straßburg, moderne und klassische Elemente.
DZ ab 81 Euro.
15 rue du Fossé des Treize
67000 Straßburg
T: +33 3 88151367, hoteld.fr

HÔTEL BEAUCOUR**
Charmantes Hotel in der Innenstadt Straßburgs.
DZ ab 62 Euro.
5 rue des Bouchers, 67000 Straßburg
T: +33 3 88767200, hotel-beaucour.com/de/

HÔTEL MERCURE STRASBOURG CENTRE**
Die zentrale Lage des Hotels macht es zum perfekten Ausgangspunkt, um das kulturelle und historische Erbe der Stadt zu besichtigen.
DZ ab 85 Euro.
25 rue Thomann, 67000 Straßburg
T: +33 3 90227070, accorhotels.com

Bodenständig. Die Weinstube »Le Clou« befindet sich im Zentrum der Stadt und ist nicht nur für einen Schlummertrunk bestens geeignet.

Tipps und Adressen

RESTAURANTS

1741
Das Sterne-Restaurant von Restaurantleiter und Sommelier Michael Wagner ist ein Muss. Unbedingt probieren sollte man das Miéral-Perlhuhn mit Trüffel und Vin-Jaune-Sauce von Küchenchef Fabien Raux.
22 quai des Bateliers, 67000 Straßburg
T: +33 3 88355050, 1741.fr

LE VIOLON D'INGRES
Sehr aktuelle Küche, serviert in einem alten elsässischen Haus in der Nähe des Europäischen Parlaments.
1 rue du Chevalier Robert, 67000 Straßburg
T: +33 3 88313950, le-violon-dingres.com

MAISON KAMMERZELL
Das Fachwerkhaus wurde 1427 erbaut und verfügt über mehrere wunderschöne Säle. Traditionelle Gerichte und ein einzigartiger Blick auf die Kathedrale.
16 place de la Cathédrale, 67000 Straßburg
T: +33 3 88 324214, maison-kammerzell.com

GAVROCHE
Kleines Restaurant, das viel Wert auf gute Weine, gute Atmosphäre und gute Produkte legt.
4 rue Klein, 67000 Straßburg
T: +33 3 88368289, restaurantgavroche.com

MAISON DES TANNEURS
Das Elsässer Traditionslokal ist ein wahrer Touristenmagnet. Geboten wird beste Terroirküche mit einer großen Auswahl an typischen Sauerkrautgerichten.
42 rue du Bain-aux-Plantes, 67000 Straßburg
T: +33 3 88327970, maison-des-tanneurs.com

BUEREHIESEL
Das »Buerehiesel« bietet eine bezaubernde Aussicht auf den Parc de l'Orangerie und dessen Vegetation. Feine regionale Küche und eine hervorragende Auswahl elsässischer Weine.
4 parc de l'Orangerie, 67000 Straßburg
T: +33 3 88455665, buerehiesel.fr

LE TIRE-BOUCHON
Hier werden elsässische Spezialitäten und ausgewählte Weine im authentischen Ambiente serviert.
5 rue des Tailleurs-de-Pierre, 67000 Straßburg
T: +33 3 88221632, letirebouchon.fr

LES CHAUVINS
»Elsässern Sie Ihre Papillen« ist das Motto bei »Les chauvins«: elsässische Tapas mit Foie gras & Co.
3 rue du Faisan, 67000 Straßburg
T: +33 3 88161361, restaurant-les-chauvins.fr

LAMIAN
Neu in Straßburg: Im »Lamian« werden die Nudeln nach altem chinesischen Rezept von Hand gezogen. Spektakulär und delikat.
20 rue du Fossé-des-Tanneurs, 67000 Straßburg
T: +33 3 88108292, lamian.fr

COLBERT
Ein junger Koch, der eine aromatische und moderne Küche serviert, die Originalität und Eleganz in der Präsentation vereint.
127 Route de Mittelhausbergen, 67000 Straßburg
T: +33 3 88225216, restaurant-colbert.com

UMAMI
Die fünfte Geschmacksrichtung Umami ist hier Programm. Geboten wird ein Mix aus europäischer und asiatischer Küche.
8 rue des Dentelles, 67000 Straßburg
T: +33 3 88328053, restaurant-umami.com

AU CROCODILE
Erstklassige Zutaten, feine, hervorragend beherrschte Geschmacksnoten und gut durchdachte Rezepte werden den Gästen serviert.
10 rue de l'Outre, 67000 Straßburg
T: +33 3 88321302, au-crocodile.com

Traditionell-modern. Wo heute die »Brasserie de Haras« ist, war früher ein Gestüt. Auf der Karte stehen traditionelle Gerichte aus dem Elsass.

CHEZ YVONNE
In der »Bürgerstube« von Eugène Jacquemet speisten schon bedeutende Persönlichkeiten.
10 rue du Sanglier, 67000 Straßburg
T: +33 3 88328415, restaurant-chez-yvonne.net

WINSTUB S'KAECHELE
Hier wird klassische elsässische Küche in traditionellem Ambiente serviert. Gönnen Sie sich nach einem Spaziergang durch die Stadt eine Auszeit in einer altehrwürdigen »Stub«.
8 rue de l'Argile, 67000 Straßburg
T: +33 3 88226236, skaechele.fr

RESTAURANT MAÏENCE
Die Neueröffnung des Jahres 2019. Gilles Goujon leitet hier eine Armee von Generälen – nicht weniger als fünf Mitarbeiter sind MOFs (Meilleurs ouvriers de France). Mekka der Fischküche.
9 rue du vieux Marché aux Poissons
67000 Straßburg
T: +33 3 88 10 09 19, maience.com

LE PONT TOURNANT
Das Restaurant im »Hôtel Régent Petite France« überzeugt mit einer leichten, raffinierten und innovativen Küche. Perfekt für einen romantischen Abend auf der Terrasse am Ufer der Ill.
5 rue des Moulins, 67000 Straßburg
T: +33 3 88764343, regent-petite-france.com

Nicht täuschen. Das Ambiente im »La Casserole« ist zwar gediegen-elegant. Die Gerichte, von sehr jungen Köchen zubereitet, sind jedoch mehr als spannend.

LA CASSEROLE
Junge Brigade an Köchen, die die französische Küche entkrampfen will und doch klassisch bleibt. Die Fisch-Gerichte sind ganz besonders zu empfehlen.
24 rue des Juifs, 67000 Straßburg
T: +33 3 88364968, la-casserole.fr

LE PONT DES VOSGES
Serviert werden köstliche Gerichte aus saisonalen Produkten der Region in einer Mischung aus Tradition und Kreativität.
15 quai Koch, 67000 Straßburg
T: +33 3 88364775, lepontdesvosges.fr

BRASSERIE DES HARAS
Das im »Hôtel Les Haras« gelegene Restaurant befindet sich in einem ehemaligen Landgestüt. Hier genießen Sie traditionelle Gerichte und regionale Spezialitäten des Elsass. Durch die modern eingerichtete, offene Küche kann man dem Chefkoch bei der Arbeit zusehen.
23 rue des Glacières, 67000 Straßburg
T: +33 3 88240000, les-haras-brasserie.com

LE CLOU
Urige Weinstube im Herzen von Straßburg.
3 rue du Chaudron, 67000 Straßburg
T: +33 3 88321167, le-clou.com

CAFÉS

LE ROI ET SON FOU
Das Café erinnert an typische Brasserien in Paris. Die Terrasse ist eine Ruhe-Oase im Herzen der Stadt.
37 rue du Vieil-Hôpital, 67000 Straßburg
T: +33 3 88232222, le-roi-et-son-fo.zenchef.com

SALON DE THÉ CHRISTIAN
Hervorragende Madeleines zu köstlichem Tee. Achtung: Reservieren kann man leider nicht.
10 rue Mercière, 67000 Straßburg
T: +33 3 88221270, christian.fr

CAFÉ BRETELLES
Liebevolles und charmantes Café mit kleiner Karte für ein kurzes Frühstück und guten Kaffee.
57 rue de Zurich, 67000 Straßburg
T: +33 3 88232096
cafe-bretelles-strasbourg.fr

BISTRO & CHOCOLAT
Um lange Wartezeiten für den Brunch zu vermeiden lohnt es sich, einen Tisch zu reservieren.
8 rue de la Rape, 67000 Straßburg
Tel: +33 3 88363960, bistrotetchocolat.net

BARS

ACADÉMIE DE LA BIÈRE
Diese Bar serviert mehr als 70 verschiedene Biersorten aus Frankreich, Belgien und Deutschland.
17 rue Adolphe Seyboth, 67000 Straßburg
T: +33 3 88223888, academiedelabiere.com

BAR CHAMPAGNE
IM HÔTEL RÉGENT PETITE FRANCE
Die Atmosphäre der Bar lädt zum gemütlichen Verweilen bei einem Glas Champagner ein. Dazu passend werden auch Signature-Gerichte des Chefkochs serviert.
5 rue des Moulins, 67000 Straßburg
Tel: +33 3 88764343, regent-petite-france.com

LES BERTHOM
Gemütliche Bar, die Wert auf gute Biersorten und Cocktails legt. Es werden auch kleinere Snacks serviert.
18 rue des Tonneliers, 67000 Straßburg
T: +33 3 88328118, lesberthom.com

JEANETTE ET LES CYCLEUX
Die im Stil der 1950er-Jahre eingerichtete Bar ist eine Alternative zu den entweder clean-modernen oder historischen Bars Straßburgs.
30 rue des Tonneliers, 67000 Straßburg
T: +33 3 8830271

L'ARTICHAUT
Eine Künstler- und Spielebar im Zentrum Straßburgs. Hier können Sie ein Live-Konzert im Gewölbesaal genießen oder eines der zahlreichen Brettspiele spielen.
56 Grand'Rue, 67000 Straßburg
T: +33 3 88229926

Glasweise.
Perfekt zum Entspannen nach einem Stadtspaziergang: Ein edler Tropfen in der »Bar Champagne« im Hôtel »Régent Petite France«.

It's Tea Time.
Der »Salon de Thé Christian« verfügt nicht nur über eine große Tee-Vielfalt, hier werden auch hervorragende Madeleines serviert.

FEINKOST & MEHR

MAISON LORHO
Ein Paradies für Käseliebhaber. 2007 mit dem Meilleur Ouvrier de France, der höchsten Auszeichnung ihrer Art in Frankreich, prämiert.
3 rue des Orfèvres, 67000 Straßburg
T: +33 3 88327120, maison-lorho.fr

PAIN D'ÉPICES MIREILLE OSTER
Das Familienunternehmen bietet seit 1933 traditionelle Lebkuchen und handgemachte Spezialitäten wie die Sauerkraut-Konfitüre an – ideal zu Foie gras.
14 rue des Dentelles, 67000 Straßburg
T: +33 3 88323334, mireille-oster.com

MACARONS & INSPIRATIONS
Macarons, so weit das Auge reicht, gibt es bei Elisabeth Biscarrat, der Gewinnerin des französischen Ablegers des TV-Formats »Masterchef«.
1 rue de la Vignette, 67000 Straßburg
T: +33 3 88386787, elisabeth-biscarrat.com

KIRN TRAITEUR
Seit 1904 gibt es das Feinkostgeschäft bereits. Tipp: der elsässische »Kougelhopf« mit Nüssen und Speck.
19 rue du 22 Novembre, 67000 Straßburg
T: +33 3 88321610, kirn-traiteur.fr

EDOUARD ARTZNER
Die Produkte aus dem Hause Edouard Artzner zählen zu den besten weltweit: Foie gras, Gänseleberpasteten, Gänse- und Entenbrust.
7 rue de la Mésange, 67000 Straßburg
T: +33 3 88320500, edouard-artzner.com

JACQUES BOCKEL
Eine riesige Auswahl an Schokoladen aller Art.
10 rue du Vieux-Marché-aux-Poissons, 67000 Straßburg
T: +33 3 90221747, planet-chocolate.com

LE VILLAGE DE LA BIÈRE
Das Paradies für Bier-Liebhaber: Hier können Biere aus besonders vielen Klein-und Mikrobrauereien gekauft werden.
22 rue des Frères, 67000 Straßburg
T: +33 3 88369004

PATISSERIE NAEGEL
Hier werden salzige und süße Köstlichkeiten für den kleinen Hunger zwischendurch serviert.
9 rue des Orfevres, 67000 Strasbourg
T: +33 3 88328286, maison-naegel.com

SEHENSWERT

UNZÄHLIGE BRÜCKEN
Bekannt durch seinen Namen »Venedig Frankreichs« gibt es in Straßburg unzählige Brücken. Vor allem jene im Viertel Le Petit France mit Blick auf das Gerberviertel und die noch erhaltenen Wassermühlen, Staudämme und Schleusen vermitteln den Charme alter Zeiten. Ein Beispiel ist die Sankt-Martin-Brücke.
Rue du Boudlier

KATHEDRALE NOTRE-DAME (STRASSBURGER MÜNSTER)
Die im gotischen Stil erbaute Kathedrale verdankt ihren Charme Großteils den Mauern aus rosafarbenem Vogesensandstein. Die 142 Meter hohen Türme sind eine architektonische Meisterleistung. Wer auch einen schönen Blick über die Stadt haben möchte, der kann diesen von der 66 Meter hohen Plattform erhaschen. Im Inneren sind der geschmückte Engelspfeiler und die mechanische astronomische Uhr sehenswert.
Place de la Cathédrale, 67000 Straßburg
T: +33 3 88327578, cathedrale-strasbourg.fr

HISTORISCHES MUSEUM VON STRASSBURG
Das Museum erzählt die Geschichte Straßburgs vom Mittelalter bis zur Gründung der Europäischen Institutionen. Es regt seine Besucher zum Hinterfragen der Vergangenheit und zum Nachdenken über die Zukunft an.
2 rue du Viex-Marché-aux-Poissons, 67000 Straßburg
T: +33 3 68985000, musees.strasbourg.eu

Runde Sache.
Das Europäische Parlament, welches sich in einem futuristischen Gebäude am Ufer der Ill befindet, bietet 751 Parlamentariern Platz.

EUROPÄISCHES PARLAMENT
Das Europäische Parlament befindet sich in einem futuristischen Gebäude am Ufer der Ill. Es bietet ein Kontrastprogramm zu den mittelalterlichen Gebäuden.
Av. De l'Europe, 67000 Straßburg
T: +33 3 88412029, coe.int

PLACE GUTENBERG
Auf diesem Platz steht die von David d'Angers geschaffene Statue Gutenbergs. Dahinter befindet sich die Industrie- und Handelskammer, die bis zur Revolution Sitz der Ratsherren der Stadt war.
Place Gutenberg, 67000 Straßburg

MUSEUM FÜR MODERNE UND ZEITGENÖSSISCHE KUNST
Hier können Werke ab dem Jahr 1870 bis heute bestaunt werden. Ein Raum alleine ist dem »Sohn der Stadt« Hans Arp gewidmet.
1 place Hans Jean Arp, 67000 Straßburg
T: +33 3 68985155, de.musees.strasbourg.eu/museum-fur-moderne-und-zeitgenossische-kunst

ELSÄSSISCHES MUSEUM
Das Museum befindet sich in drei alten Straßburger Häusern, die durch ein Labyrinth aus Treppen und Laufgängen miteinander verbunden sind. Ausgestellt wird eine Würdigung der Volkskunst und der Volkstraditionen des Elsass in bezauberndem Ambiente.
23–25 quai Saint Nicolas, 67000 Straßburg
T: +33 3 68985160
de.musees.strasbourg.eu/elsassisches-museum

ROHAN-PALAST
Das ehemalige Straßburger Bischofspalais beherbergt heute das Archäologische Museum, das Museum für Kunstgewerbe und das Kunstmuseum. Neben den Exponaten der einzelnen Museen zeichnet sich auch das Palais durch seine einzigartige Stiltreue aus.
2 Palace du Château, 67000 Straßburg
T: +33 3 68985160
de.musees.strasbourg.eu/kunstgewerbemuseum

PARC DE L'ORANGERIE
In der Nähe der Europäischen Institutionen befindet sich der Park, der Kinderherzen und die Herzen von Spaziergängern höherschlagen lässt. Eine besondere Attraktion sind die jährlichen Storchenküken.
Avenue de l'Europe, 67000 Straßburg

Gourmetfreuden.
Die erste Adresse für kulinarische Mitbringsel aller Art. Bei Edouard Artzner finden Sie herrliche Foie gras, Pasteten etc.

Legendäre Altstadt.
Blick auf die Klagemauer, im Hintergrund die goldene Kuppel des Felsendoms.

Am Sabbat nach Jerusalem zu fahren, scheint auf den ersten Blick keine gute Idee zu sein – vieles bleibt dann geschlossen. Doch wer weiß, wo man am Sabbat einkehren kann, wird reich belohnt. Jerusalem bietet Kultur und Kulinarik von Weltformat.

Jerusalem

KULINARISCHE VIELFALT IN DER HEILIGEN STADT

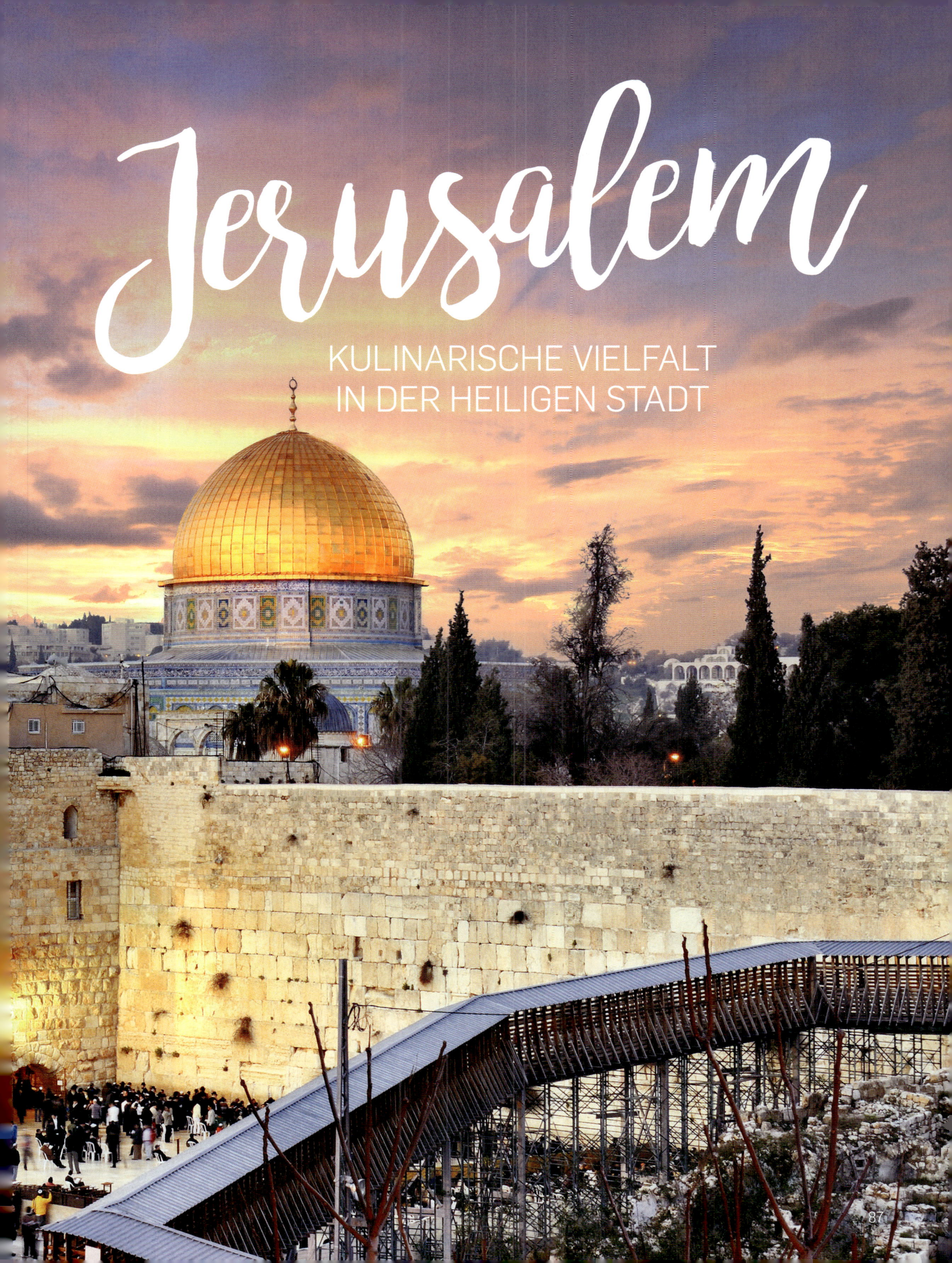

6 gute Gründe für Jerusalem

1 Nirgendwo ist die Vielfalt der Kulturen größer als in der Heiligen Stadt. Menschen verschiedenster Religionen und Völker leben hier auf engstem Raum.

2 Die kulturelle Fülle wird auf den Tellern gelebt! Die junge Foodszene der Heiligen Stadt vereint jüdische, arabische, osteuropäische und mediterrane Einflüsse.

3 Am Tag ein lebendiger Markt, am Abend eine Party- und Restaurantmeile: Auf dem legendären überdachten Mahane-Yehuda-Markt pulsiert Jerusalem fast rund um die Uhr.

4 Die Altstadt von Jerusalem ist nicht nur ein Heiligtum, sie ist auch ein uralter Handelsplatz, auf dem man sich mit alltäglichen und speziellen Waren eindecken kann.

5 Jerusalem ist eine Museumsstadt! Insbesondere einen Besuch des Israel-Museums sollte man unbedingt einplanen.

6 Jerusalem ist der ideale Ausgangsort für Tagesausflüge. Die Stadt liegt unweit des Roten Meers, des See Genezareth oder der Stadt Bethlehem.

Gut kombiniert.
Auf den Tellern des »Mona« verschmelzen europäische mit Einflüssen aus Nahost. Das Lokal ist Teil der israelischen Foodszene.

Freitag

Am ersten Tag verschaffen wir uns einen groben Überblick über Jerusalem, um dann bei Sonnenuntergang den Sabbat willkommen zu heißen.

Von Freitag- bis Samstagabend ist in Jerusalem Sabbat – der wöchentlich wiederkehrende Feiertag der Juden. In dieser Zeit fahren in der Heiligen Stadt keine Straßenbahnen und keine Busse, die meisten Geschäfte und alle jüdischen Restaurants bleiben geschlossen. Was auf den ersten Moment abschreckend wirkt, ist tatsächlich ein einzigartiges Erlebnis – wenn man denn weiß, wo man am Ruhetag einkehren kann. Zum Einstimmen gönnen wir uns einen späten Lunch im Rooftop-Restaurant »Cheese & Wine«, das sich zuoberst im Notre Dame Center von Jerusalem befindet. Von der Terrasse des Lokals genießt man einen wunderschönen Blick über die Altstadt. Die lokalen und importierten Käsespezialitäten und Weine schmecken vorzüglich. Zu Fuß – oder wahlweise auch mit der Straßenbahn – bewegen wir uns zunächst weg von der Altstadt und die Jaffa Road hinauf. Wir erreichen den legendären Mahane-Yehuda-Markt. Die üppigen Auslagen mit lokalen Produkten muss man gesehen haben. Sobald der Sabbat beginnt, wird es merklich ruhiger in der Stadt, es fahren weniger Autos und bald stellt auch die Straßenbahn ihren Dienst ein. Unser Restaurant für den Abend erreichen wir innerhalb weniger Minuten zu Fuß. Umgeben von einem Garten in einem prunkvollen Gebäude, ehemals Teil der Bezalel Akademie für Kunst und Design, liegt das »Mona«. Das Ambiente ist elegant und das Servicepersonal jung, fröhlich und hip. Die beiden Chefs Moshe Gamliel und Itamar Navon verzaubern uns geradezu mit ihrer Verschmelzung von europäischen und nahöstlichen Einflüssen. Das Menü wechseln die beiden je nach Verfügbarkeit der Produkte auf dem quasi benachbarten Markt. Für einen Absacker sei die Speakeasy-Bar »Gatsby« empfohlen – eine originelle Cocktailbar gleich ums Eck.

Ein Must für Barfans.
Die Bar »Gatsby« ist ein Speakeasy – wer den unauffälligen Eingang einmal gefunden hat, wird mit Cocktailkultur auf höchstem Niveau belohnt.

Die beste Aussicht.
Die Terrasse des Rooftop-Restaurant »Cheese & Wine« bietet einen atemberaubenden Blick. Käse und Wein gibt es sowohl aus dem In- wie auch aus dem Ausland.

Ganz oben.
Speisen über dem Herzen der Heiligen Stadt: das Rooftop-Restaurant »Cheese & Wine« im Notre Dame.

Legendärer Food-Market.
Auf dem Mahane-Yehuda-Markt werden lokale Erzeugnisse angeboten (l.), im »Machneyuda« kommen sie auf die Teller (u.).

Probieren.
Viele Verkäufer auf dem Markt lassen von ihren Waren kosten. Eine perfekte Umgebung für neugierige Feinschmecker.

Samstag

Heute besuchen wir das Israel-Museum sowie die legendäre Altstadt und speisen am Abend in einer der angesagtesten Adressen Israels.

Den Samstag sollte ein Jerusalem-Besucher gemütlich angehen: Die Stadt befindet sich noch immer im Sabbat-Modus. Wer nicht im Hotel frühstückt, dem sei das Restaurant »Menza« empfohlen – berühmt für seine modern interpretierten Brunchgerichte. Den Vormittag verbringen wir im Israel-Museum in der Nähe der Knesset, dem israelischen Regierungsgebäude. Im Nationalmuseum Israels treffen archäologische Artefakte auf zeitgenössische Kunst – nur im Heiligen Land kann das so selbstverständlich wirken. Zum Lunch fahren wir zurück in die Altstadt. Das gut einen Quadratkilometer große ummauerte Gebiet ist in vier Viertel eingeteilt: das armenische, das muslimische, das christliche und das jüdische. Nur im jüdischen Gebiet herrscht am Sabbat Ausnahmezustand, die restlichen Viertel sind wie gewohnt belebt und die Geschäfte und Restaurants geöffnet. Das »Österreichische Pilger-Hospiz zur Heiligen Familie« befindet sich inmitten des arabischen Teils der Altstadt. Ein Besuch des dazugehörigen »Wiener Kaffeehauses« verdeutlicht die Realität in dem engen Gebiet erheblich. Ein Wiener Schnitzel würde man hier freilich nicht erwarten, dieses wird aber genauso angeboten wie Apfelstrudel oder Gulaschsuppe. Das »Österreichische Hospiz« ist der ideale Ausgangspunkt für die Erforschung der Altstadt – wir besichtigen die Klagemauer, gehen entlang der Via Dolorosa und halten auch immer wieder bei den Marktständen inne, die vor allem im arabischen Viertel Köstlichkeiten und Souvenirs aller Art anbieten. Wenn die Sonne untergeht, kommt wieder Leben in die Stadt. Wir nehmen die erste Tram und fahren nochmals hinauf zum Mahane-Yehuda-Markt.

Im Viertel rund um den Markt befindet sich auch das Restaurant »Machneyuda«, eine der derzeit gefeiertsten Adressen Israels. In dem israelisch-arabischen Lokal scheinen die Probleme, die in dem Land herrschen, schnell vergessen. Hier geht es laut, fröhlich und ausgelassen zu. Der Qualität der servierten Gerichte tut dies keinen Abbruch.

Brunch.
Das »Menza« bietet zum Sabbat am Freitag und am Samstag jeweils spezielle, teils ausgefallene Brunchgerichte an.

Israel-Museum. Hier finden sich Exponate aus vielen Disziplinen.

SAMSTAG

09:00 Brunch im angesagten Restaurant »Menza«

10:30 Besuch des Israel-Museums. Unbedingt genügend Zeit für die Besichtigung des Kunstgartens einplanen

15:00 Bummel in der Altstadt inklusive Besuch im »Österreichischen Pilger-Hospiz zur Heiligen Familie«

20:00 Dinner im Restaurant »Machneyuda«, Vorreiter der neuen israelischen Küche

Ausgefallen. Der jüdischen Mode und ihrer Geschichte ist im Israel-Museum ein ganzer Ausstellungsbereich gewidmet.

Gelungene Umnutzung.
Das »Adom« befindet sich im ehemaligen Bahnhofsgebäude. Elegante Gerichte treffen auf erstklassige Weine.

Erstklassiges Seafood.
Küchenchef Ilan Grossi serviert Fisch- und Seafoodgerichte der Spitzenklasse. Sein »Satya« ist perfekt für lange Abende.

Wer am Sonntag wieder abreist, sollte sich einen letzten Lunch in einem der Restaurants im ausgedienten und modern umgebauten Bahnhof von Jerusalem nicht entgehen lassen. Wir entscheiden uns für das Restaurant »Adom«, das über eine der besten Weinkarten der Stadt verfügt. Die Köche Moti Davis und Elran Buzaglo haben sich mit ihren klassisch-eleganten Kreationen längst einen Namen gemacht. Neben den erstklassigen Fleisch- und Seafoodgerichten muss man auch die Desserts unbedingt probieren – das Tahini-Eis hat uns besonders geschmeckt. Auf der Karte des »Adom« sind auch die Weine der Domaine du Castel zu finden, die zu den besten Weingütern Israels gehört. Die Castel-Weine sind auch ohne Weingut-Besuch ein echter

Sonntag

Wir entdecken gastronomische Perlen und besuchen eines der besten Weingüter des Landes vor den Toren Jerusalems.

Spitzenwinzer.
Die Domaine du Castel unweit von Jerusalem gehört zu den besten Weingütern Israels.

Tipp – wer aber Zeit dafür hat, sollte diesen einplanen und sich unbedingt vorher anmelden. Auf dem Weg zum Flughafen steht ein Abstecher zum israelischen Winzer-Altmeister Eli Ben Zaken auf dem Plan. Neben den von Bordeaux inspirierten Rotweinen, die sich bei Blindverkostungen nicht verstecken müssen, haben wir uns vom Chardonnay nach Burgunder Vorbild sogar eine Flasche in den Koffer packen müssen. Ein fein ausbalanciertes Gewächs mit einer für Israel überdurchschnittlichen Frische. Von der Domaine du Castel bringt uns das Taxi direkt zurück zum Flughafen Ben Gurion. Wer noch eine Nacht bleibt, hat die Qual der Wahl. Der legendäre Küchenchef Ilan Grossi, der lange im ebenso legendären »Chakra« kochte, serviert in seinem eigenen Lokal »Satya« frischen Fisch und Seafood. Wer es ungezwungen mag, sollte im Restaurant »Culinary Workshop« reservieren. Das Lokal ist in einer großen Gewerbehalle untergebracht, serviert wird modernes, einfaches Essen, das nicht nur uns, sondern vermutlich so ziemlich jeden glücklich macht.

WALDORF ASTORIA JERUSALEM*****

Das vom türkischen Stardesigner Sinan Kafadar konzipierte Hotel bietet einzigartigen Service und eine perfekte Lage, um Jerusalem zu erkunden. Neben zwei koscheren und eleganten Restaurants stehen den Gästen auch andere Annehmlichkeiten wie ein Ballsaal und Konferenzräume zur Verfügung. DZ ab 390 Euro.

Gershon Agron Street 26–28
Jerusalem 9419008
T: +972 2 5423333
waldorfastoria3.hilton.com

5 Top-Hotels

Vom Luxushotel mit riesigem Weinkeller bis zum Traditionshaus mit Jugendstil-Zimmern.

KING DAVID*****

In dem Luxushotel mit edlem Interieur und Geschichte wohnt es sich wie in einem Schloss. Vom Blick auf die Altstadt und den Garten mit Pool ist man gleich besonders angetan. DZ ab 450 Euro.

King David Street 23
Jerusalem 94101
T: +972 2 6208888
danhotels.com/JerusalemHotels/KingDavidJerusalemHotel

THE AMERICAN COLONY HOTEL*****

Die unterschiedlichen Areale des Hotels vereinen die Geschichte des Landes mit modernen Elementen. Nach einer Erkundungstour im nahegelegenen Stadtzentrum lädt ein Pool zum Entspannen ein und die lauschige Terrasse zu einem Aperitif. Die begrünten Innenhöfe des Hotels unterstreichen mit ihren Olivenbäumen das maritime Flair des Hotels. DZ ab 195 Euro.

Louis Vincent Street 1
Jerusalem 97200
T: +972 2 6279777
americancolony.com

ORIENT JERUSALEM*****

Die geschmackvoll eingerichteten Zimmer treffen den Zeitgeist und versprechen Komfort auf höchster Stufe. Die Aussicht auf die Stadt lässt sich am wunderbaren Outdoor-Pool auf dem Dach besonders gut genießen. DZ ab 218 Euro.

Emek Refaim Street 3
Jerusalem 9310402
T: +972 2 5699090
isrotel.com/isrotel-hotels/jerusalem/orient

MAMILLA HOTEL*****

Das Hotel ist das Paradebeispiel für die israelische Kultur: Es vereint den Glanz des vergangenen Jahrhunderts mit jenem des neuen. In der Nähe der Altstadt und des Jaffators gelegen, bietet es den perfekten Ort für einen Städtetrip. Atemberaubender Blick von der Dachterrasse und ausgezeichnete Kulinarik. DZ ab 195 Euro.

Shlomo Ha-Melekh Street 11
Jerusalem 94182
T: +972 2 5482222
mamillahotel.com

EMPFEHLENSWERTE HOTELS IN JERUSALEM

AMBASSADOR HOTEL**********
Modern eingerichtete Zimmer mit schönem Ausblick auf die Stadt. Im Restaurant stehen nahöstliche Gerichte im Mittelpunkt. Die Altstadt ist schnell zu Fuß erreichbar. DZ ab 93 Euro.
Nablus Road, Jerusalem 91196
T: +972 2 5412222, jerusalemambassador.com

7 ARCHES HOTEL**********
Das Hotel mit den sieben Bögen befindet sich auf dem Ölberg und bietet einen zauberhaften Blick auf Jerusalems Altstadt. Zimmer in klassischem Stil und vielgelobtes Buffet. DZ ab 84 Euro.
Mount of Olives, Jerusalem 91190
T: +972 2 6267777, 7archescom

GRAND COURT HOTEL**********
Das Hotel bietet sehr gemütliche Zimmer, einen begrünten Innenhof und imposante Architektur. Pool auf dem Dach mit toller Aussicht. DZ ab 108 Euro.
Saint Georges Street 15, Jerusalem 91002
T: +972 2 5917777
grandhotels.co.il/grand-court-hotel-jerusalem

HOTEL YEHUDA**********
Geschmackvoll gestaltete Zimmer, idyllische Terrasse mit schöner Aussicht – im »Hotel Yehuda« fühlt man sich rundum wohl. DZ ab 107 Euro.
Haim Kolitz Road 1, Jerusalem 91090
T: +972 2 6322777, byh.co.il

PRIMA KINGS HOTEL**********
Vergangenheit und Gegenwart treffen hier aufeinander und prägen das Flair im »Prima Kings Hotel«. Restaurant, Bar und Spa-Bereich sorgen fürs Wohlbefinden. Auch eine Synagoge befindet sich im Hotel. DZ ab 108 Euro.
King George Street 60, Jerusalem 94262
T: +972 2 6201201
prima-hotels-israel.com/prima-kings-jerusalem-hotel

DAN BOUTIQUE HOTEL JERUSALEM**********
Designhotel in Altstadtnähe mit geräumigen Zimmern in elegantem Stil. In lässiger Atmosphäre kann man auf der Sonnenterrasse den Ausblick auf die Stadt genießen. DZ ab 120 Euro.
Hebron Road 31, Jerusalem 93546
T: +972 2 5689999, danhotels.com/JerusalemHotels/DanBoutiqueJerusalemHotel

PRIMA ROYALE HOTEL**********
Hotel mit klassisch-elegantem Interieur. Am Abend gönnt man sich einen Cocktail auf dem »Royale Rooftop«. Tagsüber empfiehlt sich ein Besuch im netten Coffeeshop. DZ ab 115 Euro.
Mendale Street 3, Jerusalem 92147
T: +972 2 5607111, prima-hotels-israel.com/prima-royal-jerusalem-hotel

HERBERT SAMUEL HOTEL JERUSALEM***********
Eleganz empfängt die Gäste im »Herbert Samuel«, das außerdem für seine herzliche Gastfreundschaft bekannt ist. Die gemütlichen Zimmer zeichnen sich durch ihre geschmackvolle und luxuriöse Einrichtung aus. Sehr gutes Restaurant. DZ ab 187 Euro.
Shamai Street 25, Jerusalem 12345
T: +972 2 5600600
herbertsamuel.com/En/Herbert-Samuel-Jerusalem

DAVID CITADEL HOTEL***********
Mehrere Staatsoberhäupter haben hier schon residiert. Die sehr eleganten Zimmer tragen die Handschrift des Designers Piero Lissoni und machen den Aufenthalt in Jerusalem noch ein Stück einzigartiger. DZ ab 293 Euro.
King David Street 7, Jerusalem 94101
T: +972 2 6211111, thedavidcitadel.com

LEONARDO PLAZA HOTEL JERUSALEM***********
Zimmer in edlem Stil mit traumhaftem Blick auf Stadt und Parkanlage. Nahe der Großen Synagoge und der Klagemauer. DZ ab 162 Euro.
King George Street 47, Jerusalem 91076
T: +972 2 6298666
fattal-hotels.com/hotels_in_israel/jerusalem_hotels/leonardo_plaza_jerusalem

Innovativ. Das Restaurant »Machneyuda« gehört zur Speerspitze der neuen israelischen Küche. Ausgelassene Stimmung trifft hier auf erstklassige Kulinarik.

Tipps und Adressen

RESTAURANTS

NOTRE DAME ROOFTOP-RESTAURANT CHEESE & WINE
Eine gute Adresse nach einem langen Tag in der Stadt. Auf der Speisekarte stehen feine Käsesorten und Weine. Nebenbei betrachtet man den Sonnenuntergang.
HaTsanhanim #3, Jerusalem 9120402
T: +972 2 6279111,
notredamecenter.org/restaurants

MACHNEYUDA
Chefkoch Uri Navon weiß, wie man Herzen kulinarisch erobert. Im »Machneyuda« trifft typisch israelische ausgelassene Stimmung auf israelisch-arabische Küche der Spitzenklasse.
Beit Ya'akov Street 10, Jerusalem 9432316
T: +972 2 5333442, machneyuda.co.il

ROOFTOP MAMILLA HOTEL
Nicht nur mit dem einmaligen Blick auf die Altstadt punktet das Lokal. Auf der Dachterrasse werden auch köstliche Kreationen mit mediterranem Touch aufgetischt. Von den Antipasti bis zum Dessert ist alles empfehlenswert.
Shlomo Ha-Melekh 11 Street, Jerusalem 94182
T: +972 2 5482200
mamillahotel.com/rooftop

DARNA
Ein Besuch im »Darna« ist wie ein kleiner Ausflug nach Marokko. Interieur in traditionell marokkanischem Stil und sehr gute marokkanische Küche.
Yohanan Horkanos Street 3, Jerusalem 9423503
T: +972 53 9424688, darna.rest.co.il

ANNA ITALIAN CAFE
Sympathisches italienisches Restaurant in minimalistisch-hippem Stil. Bei einem guten Drink fühlt man sich auf Anhieb wohl.
HaRav Agan Street 10, Jerusalem 9422505
T: +972 2 5434144, annarest.co.il

ADOM
Das »Adom« befindet sich im alten renovierten Bahnhofsgebäude. Gerichte mit mediterranem Einfluss und eine einzigartige Weinselektion.
David Remez Street 4, Jerusalem 9354102
T: +972 2 6246242, adom.rest/en

SATYA
Das angesagte Lokal bietet modernes Ambiente und frische mediterrane Küche. Gekocht wird mit den besten regionalen Zutaten.
Keren HaYesod Street 36, Jerusalem 9214914
T: +972 2 6506808, satya.co.il

MONA
Unprätentiöse Eleganz macht das Ambiente im »Mona« aus. Die ausgezeichnete Küche zeigt sich – passend zum Interieur – ungezwungen.
Shmu'el ha-Nagid Street 12, Jerusalem 94592
T: +972 2 6506808, monarest.co.il

TALBIYE
Hier zu speisen, gleicht einem Fest. Europäisch inspirierte Küche wird in geschmackvollem Ambiente kunsvoll angerichtet – morgens, mittags und abends.
Chopen Street 5, Jerusalem 9223102
T: +972 2 5811927, talbiye.com

PICCOLINO
Nettes italienisches Restaurant. Hervorragende italienische Gerichte genießt man in stilvollem Ambiente.
Yoel Moshe Solomon Street 12, Jerusalem 9463312
T: +972 2 6244186, piccolino.co.il/en

MODERN
Modern speisen im Museum moderner Kunst. Schmackhafte Menüs mit regionalen Komponenten werden in gediegenem Ambiente mit schönem Ausblick aufgetischt.
Rupin Road 11, Israel Museum, Jerusalem 9370621
T: +972 2 6480862, en.modern.co.il

Italienisch.
In Jerusalem herrscht die Vielfalt. Im eleganten Lokal »Anna« wird italienisch gekocht.

THE EUCALYPTUS
Biblische Geschichten in neuer Interpretation erzählt Chefkoch Moshe Basson in Form seiner Speisen im charmanten »The Eucalyptus«. Ein Besuch dort ist in der Heiligen Stadt nahezu ein Muss!
Khativat Yerushalayim 14, Jerusalem 9411700,
T: +972 2 6244331, the-eucalyptus.com/

AZURA
Einfach, herzhaft und mit allerlei Einflüssen zeigt sich die Küche im gefeierten »Azura« am Mahane-Yehuda-Markt und zieht ein buntes Publikum an – von jung bis alt. Ha'Eshkol 4, Mahane Yehuda Market, Jerusalem 9432204
T: +972 2 6235204, facebook.com/azuraresturant

CHAKRA
Mit Präzision hat Chef Eran Peretz ein kreatives kulinarisches Erlebnis ausgearbeitet, das sich sehen und schmecken lassen kann! Die allerfeinsten Seiten der mediterranen und israelischen Küche kommen in seinen vielfältigen Gerichten zum Ausdruck. Unbedingt ausprobieren!
King George Street 41, Jerusalem 9426116
T: +972 2 6252733, chakrarest.com

NAFOURA
Sympathisches Restaurant beim alten Jaffator in der Altstadt von Jerusalem. Schmackhafte Gerichte mit orientalischen, armenischen und mediterranen Nuancen.
Latin Patriarchate Road 26, Jerusalem 91141
T: +972 2 60062, nafoura-rest.com

CULINARY WORKSHOP
In den Räumen einer alten Gewerbehalle untergebracht, zieht das Restaurant vorwiegend junges Publikum an. Die Küche ist ausgesprochen schmackhaft, die Stimmung heiter.
Hebron Road 28, Jerusalem 9354214
T: +972 2 5672265, sdnrest.com

TOURO
Auf den Tisch kommen im »Touro« meisterhafte Kreationen von Chefkoch Benny Ashkenazi. Das charmante Lokal bietet einen wunderbaren Blick auf die Stadtmauer und die Davidszitadelle.
Sh.A. Nakhon Street 2, Jerusalem 91000
T: +972 2 5702189, touro.co.il

JACKO'S STREET
In der Nähe des Mahane-Yehuda-Marktes und dessen geschäftigem Treiben befindet sich das angesagte »Jacko's«. Ausgezeichnete Fisch- und Fleischgerichte werden – umrahmt von einem stylishen Interieur – serviert.
Agripas Street 74, Jerusalem 9451301
T: +972 2 5817178, jackos.rol.co.il

1868
Benannt nach seinem Baujahr, ist das »1868« ein Star unter den koscheren Restaurants. In der Küche verbindet Chefkoch Jacob Turjeman die kulinarische Tradition Jerusalems mit internationalen Einflüssen.
King David Street 10, Jerusalem
T: +972 2 6222312, 1868.co.il/site/en/home.php

AZZAHRA RESTAURANT
Das Restaurant befindet sich im gleichnamigen Hotel in der gleichnamigen Straße und ist auf frische Pizzen aus dem Steinofen spezialisiert. Auf der Speisekarte finden sich auch weitere Gerichte der europäischen Küche.
Azzahra 13, Jerusalem 9762900
T: +972 2 6282447

PERGAMON
Vorzügliche vegetarische und vegane Speisen, die man am besten in Begleitung eines Cocktails oder Gin Tonics genießt.
Heleni ha-Malka Street 7, Jerusalem 94221
T: +972 50 6843983, pergamonjlm.com/resturant

MANOU BA SHOUK
Inmitten des bunten Treibens am Markt zaubern die Speisen von »Manou ba shouk« ein Lächeln auf die Lippen. Köstliche libanesische Küche und vergnügtes Ambiente.
Ets haim 29, Jerusalem 900000
T: +972 2 6228675, facebook.com/manoubashouk

SEA DOLPHIN
Für Fisch und Meeresfrüchte ist »Dolphin Yam« die richtige, wenn nicht sogar die beste Adresse. Sehr empfehlenswert!
Ben Shetah Street 9, Jerusalem 9362909
T: +972 2 6232272, en.seadolphin.co.il

BRASSERIE EIN KEREM
Speisen mit Liebe zum Detail bietet die »Brasserie Ein Kerem« im netten gleichnamigen Künstlerviertel. Von der Dachterrasse genießt man eine schöne Aussicht auf die umliegende Hügellandschaft.
Ha-Ma'ayan Street 15, Jerusalem 9590315
T: +972 2 5665000
misadot.rol.co.il/sites/brasserie-jerusalem/

What a view.
Die Rooftop-Bar des »Mamilla Hotels« überzeugt mit erstklassiger Aussicht, besten Drinks und unkomplizierten Speisen.

ZUNI
Die Speisekarte ist europäisch und israelisch geprägt und hält für jeden Geschmack etwas bereit. Man speist in freundlich-lockerem Ambiente.
Yo'el Moshe Salomon Street 15
Jerusalem 9463315
T: +972 2 6257776, zuni.co.il

HAMOTZI
Das »Hamotzi« am Mahane-Yehuda-Markt ist ein marokkanisches Restaurant der besonderen Art und für seine Authentizität bekannt. Aromatische Speisen werden in einer offenen Küche angerichtet.
Yafo Street 113, Jerusalem 9434227
T: +972 2 6310050, hamotzi.co.il/en

P2
Die sympathische Stimmung des »P2« macht gute Laune. Die leckeren Pizzen, die mit knuspriger Kruste aus dem Ofen kommen, auch.
Keren HaYesod Street 36, Jerusalem
T: +972 2 5635555

LA REGENCE
Fein und edel sind die Kreationen auf den Tellern im »La Regence« im legendären »King David Hotel«. Die Küche zeichnet sich durch Kreativität und Vielseitigkeit aus.
King David Street 23, Jerusalem 94101
T: +972 3 7408966
danhotels.com/JerusalemHotels/
KingDavidJerusalemHotel/Restaurant

HARVEY'S SMOKEHOUSE
Fleischliebhaber sind hier richtig, denn deftige Fleischgerichte sind die Spezialiät des Hauses. Im authentischen amerikanischen Barbecue-Steakhouse lebt man die südamerikanische Mentalität. Craft Beer und Cocktails sind ebenso zu empfehlen.
Shim'on Ben Shatakh Street 7, Jerusalem 9414707
T: +972 2 6246444, harveys.co.il

CAFÉS

MENZA
Das Interieur ist stylish schlicht. Die Küche zeigt sich von einer zeitgenössischen internationalen Seite. Auch die Weinkarte gibt viel her.
Betsal'el Street 10, Jerusalem 9459110
T: +972 2 6255222, menza.today

ÖSTERREICHISCHES PILGER-HOSPIZ ZUR HEILIGEN FAMILIE, WIENER KAFFEEHAUS
Österreichisches Kaffeehausflair mitten in Jerusalem bietet das »Wiener Kaffeehaus« . Im Kaiserstüberl oder im Garten kann man die Stadtbesichtigung unterbrechen und sich mit Apfelstrudel und Melange eine Pause gönnen.
Via Dolorosa 37, Jerusalem 91194
T: +972 2 6265800, austrianhospice.com

CAFE NAADI
Das in einer charmanten Gegend gelegene Café lädt zu einer gemütlichen Kaffeepause ein. Auch eine der besten Adressen für einen ausgedehnten Brunch.
Shmuel Hanagid Street 5, Jerusalem 9459205
T: +972 2 6251737, naadicafe.com

KADOSH CAFÉ PATISSERIE
Seit 1976 eine sehr beliebte Adresse für alle, die französisches Feingebäck lieben. Vom Pariser Stil inspiriert und sehr gemütlich.
Shlomzion Hamalka Street 6, Jerusalem 9414604
T: +972 2 6254210

Felix Austria. Das Wiener Kaffeehaus im »Österreichischen Pilger-Hospiz zur Heiligen Familie« bringt österreichische Lebensart in die Altstadt Jerusalems.

ROASTERS
Wer am Mahane-Yehuda-Markt gern hip Kaffee trinken möchte, tut das am besten bei »Roasters«. Noch etwas Süßes von Chef-Pâtissier David Laor dazu, dann gelingt die Genießer-Kaffeepause perfekt.
HaAfarsek Street 20, Jerusalem 2467
T: +972 54 6710296, roasters.co.il

CAFÉ YEHOSHUA
Überaus beliebtes Café mit überzeugender Frühstückskarte und eklektischen Speisen mittags und abends. Hier kann man den Tag entweder entspannt beginnen oder ausklingen lassen.
Azza Sreet 17, Jerusalem 9238114
T: +972 2 5632898, cafeyehoshua.com

OFAIMME FARM CAFÉ
The place to be. Besonders für all jene, die viel Wert auf fair produzierte Produkte und köstliche Käsevariationen legen.
Beit HaKerem Street 19, Jerusalem 9634340
T: +972 52 3666850, ofaimme.com

CAFE BEZALEL
In der gleichnamigen Straße gelegen, strahlt das »Café Belazel« eine ungezwungene Lässigkeit aus und ist ein beliebter Treffpunkt für Studenten.
Bezalel Street 8, Jerusalem 9270200
T: +972 2 6259164, facebook.com/cafebezalel

Gemütlich. Das bei Einheimischen und Touristen gleichermaßen beliebte »Café Yehoshua« serviert Speisen bis spät in die Nacht.

TMOL SHILSHOM
Gemütliches Café, wo man sich für ein romantisches Date, zum Kaffeetrinken oder zu einem der interessanten Kulturevents, die dort stattfinden, trifft.
Yo'el Moshe Salomon Street 5, Jerusalem 9463305
T: +972 2 6232758
tmol-shilshom.co.il/en

CAFE SHALVA
Ein Café mit einem besonderen Konzept, bei welchem Inklusion und Akzeptanz mit hoher Kochkunst verbunden werden. Sehr sympathische Atmosphäre.
Shalva Road 1, Jerusalem 9647107
T: +972 73 2822200, shalva.org/cafe-shalva

COFFEE MILL
Hier wählt man zuerst die präferierte Kaffeebohnensorte und genießt anschließend den Kaffee lesend oder plaudernd in gemütlichem Ambiente.
Emek Refaim Street 23, Jerusalem 9310412
T: +972 2 5661665, facebook.com/coffeemill99

POWER COFFEE WORKS
Um neue Energie zu tanken, lässt man sich hier auf die Kraft von täglich frisch gemahlenem Kaffee ein. Ein netter Spot im Herzen von Jerusalem.
Agrippas Street 111, Jerusalem 90000
T: +972 2 9412759

BARS

TOY BAR
In der »Toy Bar« lässt es sich gut durch die Nacht tanzen. On the Decks: die besten DJs der Stadt. Die Lounge-Bar hält eine Auswahl an ausgezeichneten Drinks bereit.
Du Nawas Street 6, Jerusalem 94234
T: +972 2 6236666, facebook.com/toybar/

MIRROR BAR
Die exklusive Bar wurde von Piero Lissoni designt. Die Cocktails hinterlassen einen bleibenden Eindruck, ebenso wie das Interieur in der vermutlich schönsten Bar Jerusalems.
Shlomo Hamelech Street 11, Jerusalem 94182
T: +972 2 5482230, mamillahotel.com/mirrorbar

Legendär.
Am Tag ist der Mahane-Yuda-Markt ein beliebter Einkaufsort, am Abend wird er zur Restaurantmeile.

GATSBY
Die Bar ist optisch eine Hommage an die Roaring Twenties. Bei den originellen Cocktail-Kreationen bleiben keine Wünsche offen. Cheers!
Hillel Street 18, Jerusalem 99875
T: +972 54 8147143, gatsby.co.il

ANDALUCIA COCKTAIL BAR
Eine angesagte Tapas-Bar mit einem Hauch spanischem Schwung und einer überzeugenden Auswahl an guten Cocktails.
Ma'avar Beit HaKnesset 12, Kikar Hamusica Jerusalem 93510
T: +972 53 9367360, kikar-hamusica.com/andalucia

BIRMAN
Hier findet man wahre Connaisseure in Sachen Drinks und Musik. Zur heiteren Atmosphäre gehört auch Jazzmusik vom Feinsten.
Dorot Rishonim Street 8, Jerusalem 9462508
T: +972 2 6236115, rol.co.il/sites/birman

FEINKOST

MAHANE-YEHUDA-MARKT
Am Tag ein Markt für die lokale Bevölkerung, am Abend Restaurant- und Barbetrieb.
Agripas Street 90, Jerusalem 94302
en.machne.co.il

RDELI DELICATESSEN & WINEBAR
Hier kehrt man ein, wenn man die feinen Dinge im Leben sucht. Gute Weine, gute Käse und eine einladende, charmante Atmosphäre in der Nähe des Jaffators.
Yanai 3, Jerusalem 9418122
T: +972 58 7601110

SEHENSWERT

ISRAEL-MUSEUM
Im Israel-Museum gibt es viel zu betrachten. Ein international führendes Museum für bildende Kunst und Archäologie. Interessante Ausstellungen von antik bis modern.
Derech Ruppin 11, Jerusalem 91710
T: +972 2 6708811
imj.org.il/en

DOMAINE DU CASTEL
Das beeindruckende Weingut befindet sich in Familienbesitz und ist von Jerusalem in 20 Minuten Autofahrt zu erreichen. Degustationen sind nach Anmeldung möglich.
Yad Hashmona, Yehuda-Gebirge 9089500
T: +972 2 5358555 castel.co.il

KLAGEMAUER
Die religiöse Stätte des Judentums ist weltbekannt und befindet sich in Jerusalems Altstadt. Täglich kommen unzählige Gläubige hierher, um zu beten oder Zettel mit Wünschen zwischen den massiven Steinblöcken zu hinterlassen.
Western Wall Plaza, Jerusalem 97500
thekotel.org

JAFFATOR
Das Jaffator ist eines von sieben Toren der Stadtmauer, die in die Altstadt führen. Ein ehrwürdiger Startpunkt, um die Altstadt zu besichtigen und eine von Jerusalems bedeutendsten Sehenswürdigkeiten.
Omar Ibn El-Khattab-Platz, T: +972 2 6271422

Mixologen-Kunst.
Die »Andalucia Cocktail Bar» ist Teil der wachsenden erstklassigen Barszene in der Heiligen Stadt.

Lausanne

DAS LEBEN GENIESSEN WIE DIE SCHWEIZER

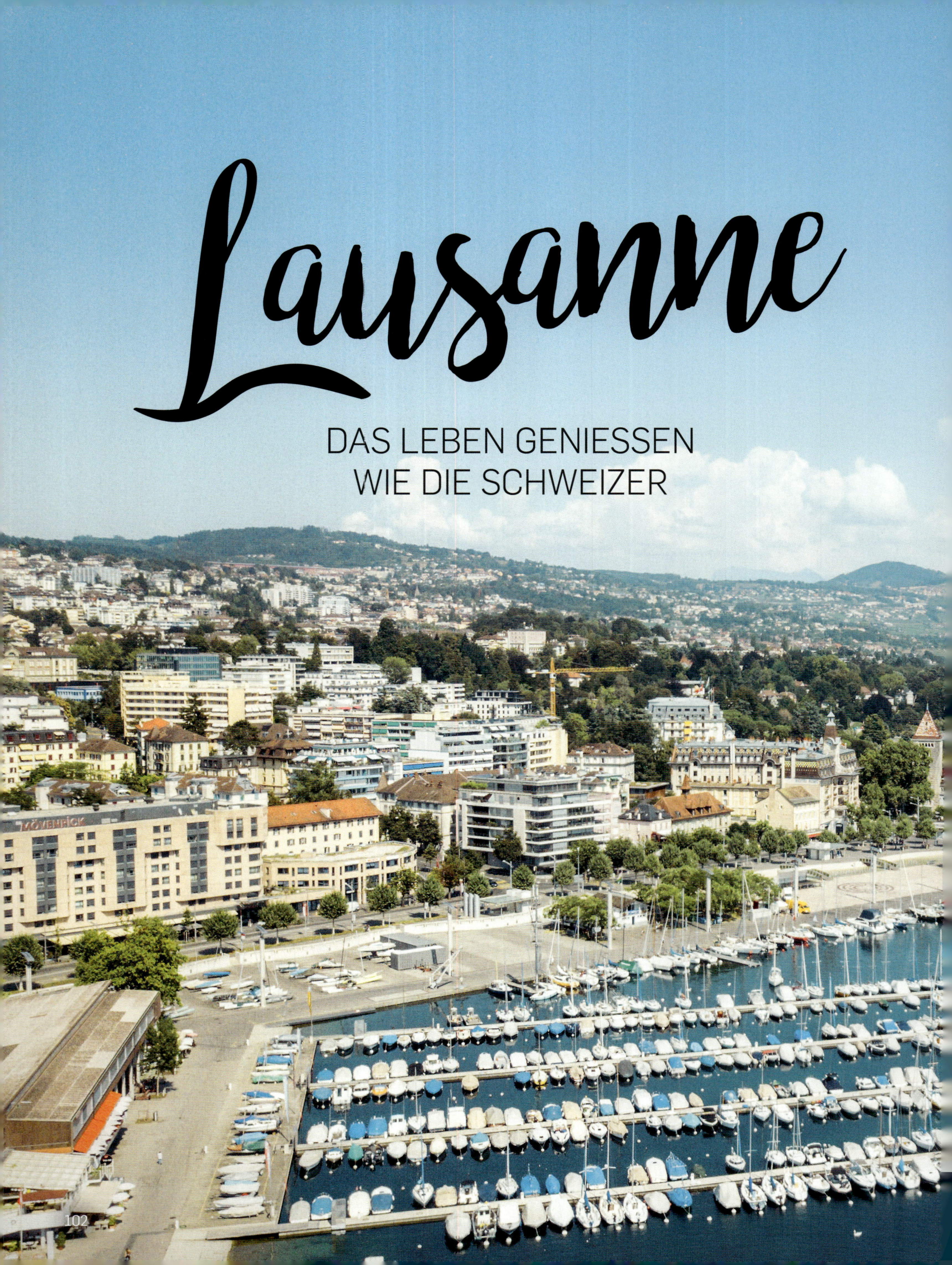

Sehenswerte Gründerzeitarchitektur trifft auf feine Kulinarik und ein pittoreskes Naturidyll: Der Hauptort im französischsprachigen Kanton Waadt bietet alles, um vom Stress des Alltags abzuschalten.

Yacht-Parade. Das einstige Fischerdorf Ouchy am Genfersee gehört zu Lausannes schönsten Quartieren.

6 gute Gründe für Lausanne

1 Für Schweiz-Neulinge gibt es kaum eine bessere Stadt. Mit ihrer überschaubaren Größe bietet Lausanne eine gute Mischung aus Kultur, Wirtschaft und urbanem Leben.

2 Sightseeing und Umweltbewusstsein gehen in Lausanne Hand in Hand: Besucher bekommen ein kostenloses Ticket für die öffentlichen Verkehrsmittel.

3 Ein Spaziergang am Ufer des Genfersees ist ein Muss für jeden Lausanne-Besucher, um anschließend eine Fahrt mit der Fähre nach Evian zu machen.

4 Ein Besuch des ältesten gotischen Bauwerks der Schweiz: die Kathethrale.

5 Den Olympischen Geist spüren: In Lausanne befindet sich der Sitz des Internationalen Olympischen Komitees. Zahlreiche Original-Exponate können im Olympischen Museum besichtigt werden.

6 Die kulinarischen Schweizer Köstlichkeiten, wie Käsefondue und Schweizer Schokolade, sind immer eine Reise wert!

Sagenhaftes Schmuckstück. Für mehr als 100 Millionen Euro wurde das luxuriöse »Royal Savoy« renoviert. Auch externe Gäste dürfen im Humidor ihre Zigarren deponieren.

Luxuriöser Chic. Die Lounge Bar des »Royal Savoy« eignet sich bestens für einen Aperitif, bevor man zur Erkundung der Stadt aufbricht.

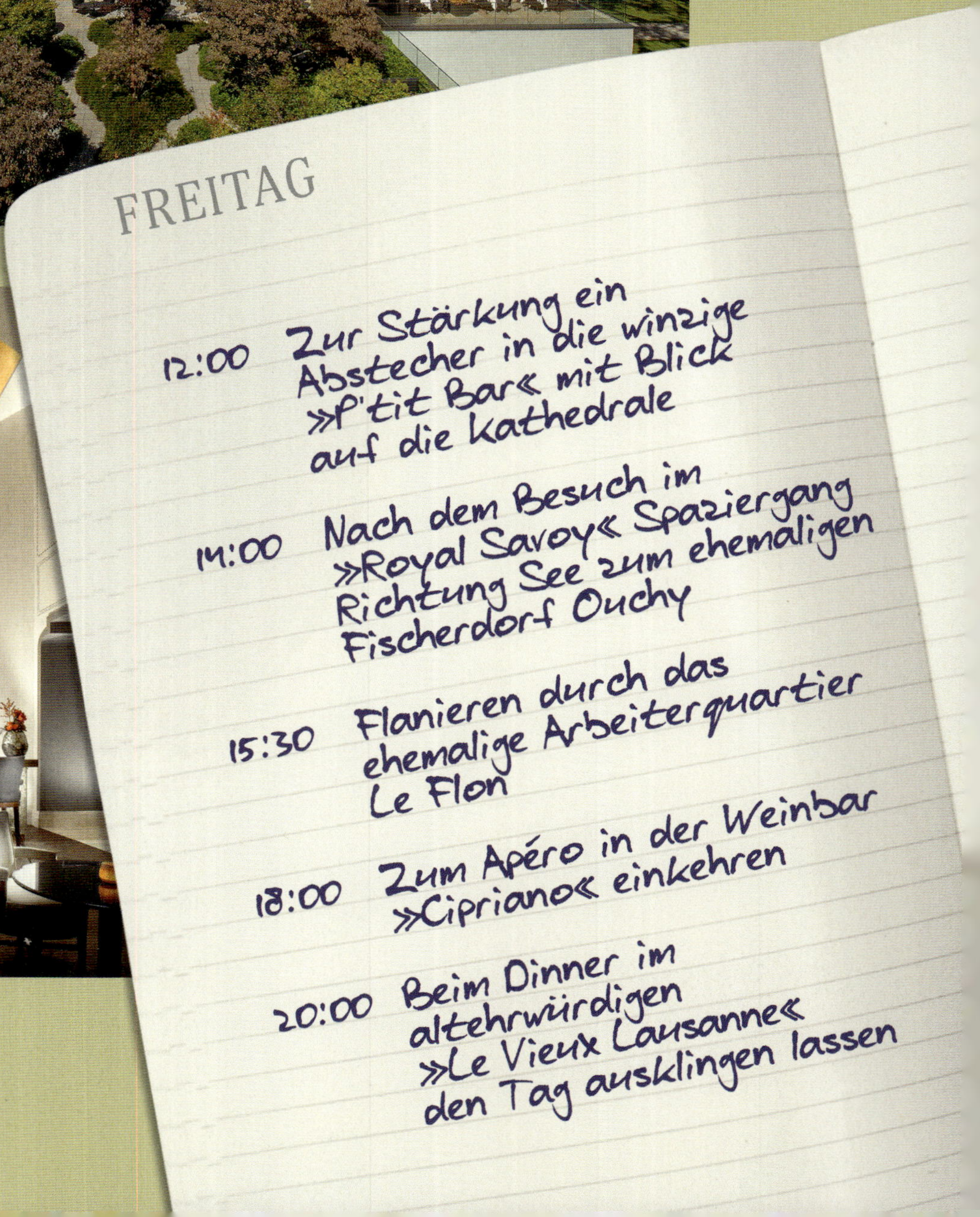

Freitag

Ein Spaziergang am See, eine Shopping-Tour durch angesagte Boutiquen und ein Apéro in der Weinbar: So entspannt beginnen wir den Trip.

Für Schweiz-Neulinge gibt es kaum eine bessere Stadt als Lausanne. Die Hauptstadt des Kantons Waadt ist mit 140.000 Einwohnern überschaubar groß und bietet eine grandiose Mischung aus Kultur, Wirtschaft und urbanem Leben. Regelmäßig wird Lausanne zu einer der lebenswertesten Städte der Welt gewählt – Grund genug, diesen Eindruck selbst zu überprüfen. Bevor wir starten, nehmen wir eine kleine Stärkung zu uns. Dafür eignet sich die »P'tit Bar«, ein winziges Café im Schatten der Kathedrale, das Salate, selbstgemachte Focaccia und Suppen anbietet. Die Kathedrale heben wir uns für später auf, wir trinken noch einen der frisch gepressten Säfte und steigen an der nahegelegenen Station Bessières in die Metro Richtung Ouchy – jeder Lausanne-Besucher bekommt ein kostenloses Ticket für die öffentlichen Verkehrsmittel. An der Haltestelle Grancy steigen wir wieder aus und spazieren Richtung See, zum ehemaligen Fischerdorf Ouchy, das längst eingemeindet wurde. Der im Volksmund Coulée verte genannte Weg führt fast bis ans Ufer und ist von wunderschönen Häusern im Jugendstil gesäumt. Zigarrenraucher können einen Stopp im »Hotel Royal Savoy« machen, um im Humidor Zigarren zu postieren – externe Gäste sind ausdrücklich zugelassen, auch Swatch-Vorstand Marc A. Hayek hat hier sein eigenes Fach. Nachdem wir einen Blick auf den Genfersee und das gegenüberliegende französische Ufer geworfen haben (die Fähre fährt eine halbe Stunde bis Evian), geht es mit der Metro wieder hinauf. Der Nachmittag gehört dem ehemaligen Arbeiterquartier Le Flon, das sich mit angesagten Boutiquen (Les Garages) und Galerien zum In-Viertel entwickelt hat. Nach der Shopping-Tour ist Zeit für einen Apéro in der Weinbar »Cipriano«. Wir beschließen den Tag mit einem Dinner im altehrwürdigen Restaurant »Le Vieux Lausanne«, das im Jahr 1795 erbaut wurde und gemütlich-urig mit viel Holz eingerichtet ist. Traditionelle bürgerliche Speisen und ein großer Weinkeller mit etwa 300 Positionen ermöglichen einen guten Einstieg in die hiesige Küche.

Anker lichten.
Bis zur gegenüberliegenden Seite nach Evian braucht die hübsche Belle-Époque-Fähre etwa dreißig Minuten.

Gemütlich-urig.
Das »Le Vieux Lausanne« gehört zu den traditionsreichsten Restaurants der Stadt. Es wurde 1795 erbaut.

Treiben lassen.
Spaziergänger an der Promenade gehören fest zum Stadtbild.

Für Flaneure.
Die Altstadt La Cité thront über Lausanne und ist über die Markttreppe erreichbar.

Samstag

Schokolade, Käse, Fondue: Den heutigen Tag widmen wir den Schweizer Spezialitäten, für die es in Lausanne beste Adressen gibt.

Gleich nach dem Aufstehen gehen wir auf den Markt. Wer mag, probiert an einem der Wagen und lässt sich für die Rückkehr etwas einvakuumieren, etwa einen der zahlreichen köstlichen Käse. Das Frühstück holen wir im Anschluss nach: Im hippen »Blackbird Café« gibt's nicht nur exzellenten Kaffee in allen Variationen, sondern auch Frühstücksvarianten für jeden Geschmack – von Eggs Benedict über Pancakes bis Porridge. Von hier ist es nur ein Katzensprung bis in die Altstadt La Cité, wo sich auch die Kathedrale befindet. Das älteste gotische Bauwerk der Schweiz lohnt unbedingt einen ausführlichen Besuch. Vom Vorplatz aus hat man einen fantastischen Blick auf die Stadt und das Umland – Lausanne überwindet innerstädtisch eine Höhendifferenz von knapp 400 Metern, wobei allerlei Brücken, Fahrstühle und die Metro helfen, diese Unterschiede zu überwinden. Für den Abstieg laufen wir die teilweise überdachte Markttreppe aus dem 12. Jahrhundert hinab und machen uns auf den Weg zur »Pinte Besson«: Käsefondue zum Mittagessen!

Notre Dame.
Die prachtvolle Kathedrale ist das älteste gotische Bauwerk der Schweiz.

Einmal bei den Schweizer Spezialitäten angelangt, machen wir gleich weiter: Die Chocolatier Durig in der Fußgängerzone hat einen Ruf weit über die Stadt hinaus. Kakao in hervorragender Qualität bildet die Grundlage für die Schokoladen und Pralinen, die allesamt handgemacht sind. Ein ausgiebiger Rundgang in dem schönen Geschäft darf nicht fehlen – auch Workshops sind hier möglich. Für weitere Mitbringsel der Region gehen wir noch kurz am La Ferme Vaudoise vorbei, wo es regionale und lokale Lebensmittel gibt.

Zum Abendessen zieht es uns in die angesagte »Brasserie de Montbenon«, die allein wegen der Acht-Meter-Kuppel absolut sehenswert ist. Auch das Essen ist gut – Probiertipp: die Felchen aus dem Genfersee. Dazu passt ein Craft Bier aus der Region.

Altehrwürdig.
Die »Brasserie de Montbenon« bietet unprätentiöse Küche an und punktet mit Blick auf See und Alpen.

SAMSTAG

9:30 Nach einem Ausflug zum Markt, im hippen »Blackbird Café« Eggs Benedict zum Frühstück bestellen

11:00 Rundgang durch die Altstadt La Cité und Besichtigung der Kathedrale

13:00 Auf ein Käsefondue in die »Pinte Besson«, danach in die »Chocolatier Durig«

18:00 In der angesagten »Brasserie de Montbenon« Felchen aus dem Genfersee probieren

Weltreise am Morgen.
Im »Blackbird Café« stehen internationale Frühstücks-Spezialitäten auf der Speisekarte, vom Müsli bis zu Pancakes und Eggs Benedict.

Nah dran. Original-Exponate bereichern das Olympische Museum.

SONNTAG

10:00 Ausgedehntes Frühstück oder Brunch im hübschen »Le Pointu«

11:30 Auf zum Olympischen Museum nahe des Seeufers und Lunch im Museumscafé »TOM«

15:00 Nochmals die Schönheit des Genfersees auf sich wirken lassen

16:00 Zum Abschluss im Grandhotel »Beau-Rivage Palace« vorbeischauen, um den Walk of Fame zu sehen

Gute Gesellschaft. Im »Beau-Rivage Palace« war schon Coco Chanel Gast.

Unser reichhaltiges Frühstück, das sich leicht zu einem Brunch ausweiten lässt, nehmen wir im hübsch eingerichteten »Le Pointu« ein, wo ein junges Publikum den Tag entspannt beginnt. Hier ist eigentlich immer etwas los: Zur Mittagspause sieht man viele Angestellte, zum Feierabend hin verwandelt sich das »Pointu« in eine Apéro-Bar. Wir bleiben nicht so lange, sondern machen uns auf zum Olympischen Museum, das nahe dem Ufer liegt und dementsprechend einen grandiosen Blick auf den See freigibt. Hier kann man sich lange aufhalten, die Ausstellungen bilden eine Vielzahl von Themen rund um die Olympischen Spiele ab. Etliche Originalexponate lassen sich anschauen, etwa die Schuhe von Jesse Owens oder historische Schlitten aus

Sonntag

Den Tag der Abreise beginnen wir mit einem reichhaltigen Frühstück, bevor es ins spannende Olympische Museum geht.

Szene-Treffpunkt. Mit einem Brunch im »Le Pointu« lässt sich der Tag gut beginnen.

Panorama-Blick. Das Museumscafé »TOM« bietet sich für den Lunch am Sonntag an.

den Frühzeiten des Bobsports. Ein Lunch im Museumscafé »TOM« rundet den Besuch ab, durchs riesige Panoramafenster kann man abermals die Schönheit des Genfersees erblicken. Den besuchen wir zum Schluss ein letztes Mal, einfach weil es Körper und Seele guttut. Wenn noch etwas Zeit bis zur Rückreise bleibt, sollte man einen Besuch im nahe gelegenen Grandhotel »Beau-Rivage Palace« dranhängen. Der Walk of Fame zeigt Fotos der prominenten Gäste, von Gorbatschow bis Sydney Pollack. Auf dem eigenen Haustierfriedhof übrigens liegt der Hund von Stammgast Coco Chanel – so viel ist trotz der legendären Schweizer Diskretion bekannt.

ROYAL SAVOY*****

Das im Herzen der historischen Stadt gelegene Hotel bietet feinste Kulinarik und ausgezeichneten Service. Wer abends das Hotel nicht mehr verlassen möchte, der ist auch im hoteleigenen Restaurant »Brasserie du Royal« gut aufgehoben. Die Skylouge lädt zu einem Aperitif oder zu einem Digestif ein. DZ ab 340 Euro.

Avenue d'Ouchy 40
1006 Lausanne
T: +41 21 6148888
royalsavoy.ch

5 Top-Hotels

Luxus in opulenten Palästen oder kleine, charmante Hotels mit familiärer Atmosphäre.

CHÂTEAU D'OUCHY****

Das Hotel lässt sich am besten mit den Worten »mein Schloss am See« beschreiben. Umgeben von der Idylle des Genfersees und einem bezaubernden Park, dient das Hotel sowohl Touristen als auch Einheimischen als romantischer Rückzugsort. Ergänzt wird das Angebot durch ein Grill-res-taurant und ein umfassendes Wellnessangebot. DZ ab 345 Euro.

Place du Port
1006 Lausanne
T: +41 21 3313232
chateaudouchy.ch

HÔTEL DES VOYAGEURS BOUTIQUE***

In einer ruhigen Seitengasse der Fußgängerzone gelegen, bietet das Art-déco-Hotel modernen Komfort und zeitgenössischen Dekor. In nur wenigen Schritten befinden Sie sich im historischen Viertel und in den Geschäftsstraßen. DZ ab 165 Euro.

Rue Grand Saint Jean
1003 Lausanne
T: +41 21 3199111
voyageurs.ch

EMPFEHLENSWERTE HOTELS IN LAUSANNE

BEAU-RIVAGE PALACE*****

Inmitten einer schönen Parkanlage am Genfersee befindet sich das Grandhotel der Extraklasse. Von hier aus hat man einen atemberaubenden Blick auf den See und auf die majestätischen französischen Alpen. Neben verschiedenen kulinarischen Angeboten, wie zum Beispiel dem Gourmetrestaurant »Anne-Sophie Pic« und einem japanischen Restaurant, lässt das Hotel auch sonst keine Wünsche offen. DZ ab 441 Euro.

Chemin de Beau-Rivage 21
1006 Lausanne
T: +41 21 6133306
brp.ch/de/home

LAUSANNE PALACE*****

Ein breites Angebot an Annehmlichkeiten und Kulinarik bietet dieses Fünf-Sterne-Haus. Neben diversen Restaurants wie dem »La Table d'Edgard« steht den Gästen auch ein breites Spa-Angebot nach einem Tag der Stadterkundung zur Verfügung. Die modern gestalteten Zimmer mit Blick auf die Stadt oder den Genfersee bieten vom kleinen bis zum großen Platzangebot alles, womit ein Hotel dieser Kategorie aufwarten kann. DZ ab 264 Euro.

Grand Chene 7–9
1002 Lausanne
T: +41 21 3313131
lausanne-palace.ch

HOTEL ANGLETERRE & RÉSIDENCE****
Das Hotel vereint Tradition und Moderne zu einem Ort der Ruhe und Gelassenheit. Die clean gestalteten Zimmer und der Spa-Bereich laden zusätzlich zur Entspannung ein. DZ ab 185 Euro.
Place du Port 11, 1006 Lausanne
T: +41 21 6133434
angleterre-residence.ch

MÖVENPICK HOTEL LAUSANNE****
Am Ufer des Genfersees gelegen, mit Blick auf die französischen Alpen und in unmittelbarer Nähe des Stadtzentrums, lässt das Hotel keine Wünsche für einen Städtetrip offen.
DZ ab 124 Euro.
Avenue de Rhodanie 4, 1007 Lausanne
T: +41 21 6127612
movenpick.com/de/europe/switzerland/lausanne/hotel-lausanne/overview

HÔTEL DE LA PAIX LAUSANNE****
Das komfortable Haus im Herzen der Stadt überzeugt mit Ausblick auf den Genfersee und die Alpen sowie mit persönlichem Service. DZ ab 117 Euro.
Avenue Benjamin-Constant 5, 1003 Lausanne
T: +41 21 3107171
hoteldelapaix.net

CARLTON LAUSANNE BOUTIQUE HÔTEL****
Das charmante, überschaubar große Hotel vereint die Eleganz der Vergangenheit und die Modernität von heute. DZ ab 100 Euro.
4 Avenue de Cour, 1007 Lausanne
T: +41 21 6130707
carltonlausanne.com

ALPHA-PALMIERS BY FASSBIND****
Moderne Architektur trifft auf wohltuendes Grün. Die kulinarische Vielfalt sorgt für einen gelungenen Aufenthalt. DZ ab 112 Euro.
Rue du Petit-Chêne 34
1003 Lausanne
T: +41 21 5555999, byfassbind.com

HOTEL CONTINENTAL LAUSANNE****
Die berühmten Sehenswürdigkeiten, das Olympische Museum und die historische Altstadt befinden sich in unmittelbarer Nähe des Hotels. Die Zimmer sind modern eingerichtet. DZ ab 96 Euro.
Place de la Gare 2, 1001 Lausanne
T: +41 21 3218800
hotelcontinental.ch

LA FLEUR DU LAC****
Das etwas außerhalb von Lausanne gelegene Hotel liegt direkt am Genfersee mit Blick auf den Mont Blanc. DZ ab 119 Euro.
Rue de Lausanne 70, 1110 Morges
T: +41 21 8115811
fleur-du-lac.ch/de

HOSTELLERIE LE PETIT MANOIR****
Das denkmalgeschützte Herrenhaus aus dem 18. Jahrhundert kombiniert Charme, Luxus und Moderne auf gelungene Art und Weise.
DZ ab 138 Euro.
Avneue Ignace-Paderewski 8, 1110 Morges
T: +41 21 8041200
lepetitmanoir.ch

HOTEL VICTORIA****
Das Nahe dem Stadtzentrum gelegene Hotel überzeugt mit geschmackvollen und einzigartig eingerichteten Zimmern und im Restaurant mit einer kleinen Speisekarte saisonaler Gerichte.
DZ ab 108 Euro.
46 Avenue de la Gare, 1001 Lausanne
T: +41 21 3420202, hotelvictoria.ch

NOVOTEL LAUSANNE BUSSIGNY****
Die modern und schlicht eingerichteten Zimmer und der Naturpool laden zum Entspannen nach einem eindrucksvollen Tag in Lausanne ein.
DZ ab 90 Euro.
35 Route de Condemine, 1030 Bussigny
T: +41 21 7035959, accorhotels.com

Familienrezept. Im zweifach besternten Restaurant von Anne-Sophie Pic serviert die Köchin hochklassig verfeinerte Rezepte, die aus ihrer Familie stammen.

Tipps und Adressen

RESTAURANTS

ANNE-SOPHIE PIC
Die mit zwei Michelin-Sternen ausgezeichnete Köchin setzt auf die Einbindung regionaler Produkte und Rezepte ihrer Familie. 75 000 Flaschen im Weinkeller lassen keine Wünsche offen.
Place du Port 17-19, 1006 Lausanne
T: +41 21 6133339, brp.ch

CAFÉ ROMAND
Wer das Ambiente traditioneller Brasserien und damit einhergehend traditionelle Gerichte liebt, der ist hier genau richtig.
Place Saint-François 2, 1003 Lausanne
T: +41 21 3126375, cafe-romand.ch

EAT ME
Die Welt auf kleinen Tellern: Serviert werden Tapas, inspiriert aus allen Teilen der Welt.
Rue Pépinet 3, 1003 Lausanne
T: +41 21 3117659, eat-me.ch

ELIGO
Im Vordergrund stehen Produkte aus der Schweiz, Frankreich und Italien, die zu einem kulinarischen Gipfeltreffen kombiniert werden.
Rue du Flon 8, 1003 Lausanne
T: +41 21 3200003, eligo-restaurant.ch

PINTE BESSON
Lausannes ältestes Lokal erfreut sich noch immer ungebrochener Beliebtheit. Die Gewölbedecke schafft Behaglichkeit, die Qualität der traditionellen Gerichte stimmt. Berühmt ist die »Pinte« insbesondere für ihr Fondue.
Rue de l'Ale 4, 1003 Lausanne
T:+41 21 3125969, pinte-besson.com

RESTAURANT VIEUX-LAUSANNE
Das urige, mit viel Holz eingerichtete Restaurant serviert traditionelle, gutbürgerliche Speisen. Der Weinkeller mit etwa 300 Positionen bietet eine variantenreiche Begleitung zum Essen.
Rue Pierre-Viret 6, 1003 Lausanne
T: +41 21 3235390
restaurant-vieux-lausanne-bar-giraf.ch

BRASSERIE DE MONTBENON
Ein junges Publikum kommt hierher, um in generöser, aber nicht protziger Umgebung gut zu essen. Unter der Acht-Meter-Kuppel sitzt man fantas-tisch, der junge, freundliche Service berät gut und kompetent.
Allée Ernest Ansermet 3
1003 Lausanne
T: +41 21 3204030
brasseriedemontbenon.ch

AU CHAT NOIR
Einfache Produkte werden nach bewährten Rezepten liebevoll zubereitet. Auf der dazu abgestimmten Dessert- und Weinkarte findet jeder Gast sein Glück.
Rue Beau-Séjour 27, 1003 Lausanne
T: +41 21 3129585

AUBERGE DU CHALET DES ENFANTS
Das im Grünen über Lausanne gelegene Restaurant setzt auf umweltfreundliche Regionalprodukte und kantonale Weine.
Route du Chalet-des-Enfants, 1052 Lausanne
T: +41 21 7844480, chaletdesenfants.ch

CAFÉ DU GRÜTLI
Kein Lausanne-Besuch ohne Grütli: Mit der Kombination aus Käsefondue und guten Weinen aus dem Waadtland hat das Lokal eine große Stammkundschaft und ist auch unter Besuchern sehr beliebt.
Rue de la Mercerie 4, 1003 Lausanne
T: +41 21 3129493, cafedugruetli.ch

BRASSERIE DU ROYAL
Traditionelle Rezepte werden modern interpretiert, dabei wird viel Wert auf lokale Zutaten gelegt.
Avenue d'Ouchy 40, 1006 Lausanne
T: +41 21 6148888, royalsavoy.ch

LA GRAPPE D'OR
In einem wunderschönen historischen Gebäude bietet das Restaurant in entspannter Atmosphäre eine sehr schmackhafte Küche nach italienschem Stil.
Rue Cheneau de Bourg 3, 1003 Lausanne
T: +41 21 3113970, la-grappe.ch

LA TABLE D'EDGARD
Das Sterne-Restaurant ist für seine raffinierte und exklusive Küche bekannt. Edgard Bovier bringt in seinen Gerichten intensive Aromen und Lieblichkeit zum Ausdruck.
Rue du Grand Chêne 7–9, 1002 Lausanne
T: +41 21 3313215, lausanne-palace.ch

LAUSANNE MOUDON
Kleines, traditionelles Restaurant, das gutbürgerliche Schweizer Küche serviert.
Rue du Tunnel 20, 1005 Lausanne
T: +41 21 3290471, lausanne-moudon.ch

LE BERCEAU DES SENS
Cédric Bourassin, der Chef des öffentlichen Restaurants der Hotelfachschule, führt seine Lehrlinge in die Kunst der französischen Küche ein – wovon man als Gast profitieren kann.
Route de Cojonnex 18, 1000 Lausanne
T: +41 21 7851221, berceau-des-sens.ch

LE P'TIT LAUSANNOIS
Hier wird Wert auf erstklassige Produkte gelegt, auf den Teller kommt eine unverfälschte und gepflegte Küche zu vernünftigen Preisen.
Rue du Tunnel 14, 1004 Lausanne
T: +41 21 3114560, leptitlausannois.ch

Selbstverwirklichung.
Edgard Bovier hat das nach ihm benannten Restaurant »La Table d'Edgard« weit nach vorn gebracht.

Aufgeweckt.
Das »Blackbird Café« überzeugt mit hippen Kaffeevariationen und internationalen Frühstücksvariationen.

CAFÉS

P'TIT BAR
Ein winziges Café im Schatten der Kathedrale, das Salate, Focaccia und Suppen anbietet.
Rue Louis-Curtat 6, 1005 Lausanne
T:+41 21 3235359

BLACKBIRD CAFÉ
Hier gibt es nicht nur hippe Kaffeevariationen in exzellenter Qualität, sondern auch internationale Frühstücksvariationen – egal ob süß oder salzig – für jeden Geschmack.
Chaneau de Bourg 1, 1003 Lausanne
T:+41 21 3237676, blackbirdcafe.ch

THE COFFEE PROJECT
Der Star in diesem Café ist die Kaffeebohne selbst. Überladene, verfälschte Kreationen findet man hier nicht, sondern alles dreht sich um den puren Geschmack.
Rue Marterey 1–3, 1005 Lausanne
T: +41 21 3114648, thecoffeeproject.ch

LE POINTU
Im hübsch eingerichteten Café mit jungem Publikum werden zu jeder Tages- oder Abendzeit gute Getränke und Speisen serviert. Beliebte Aperitif-Location.
Rue Neuve 2, 1003 Lausanne
T: +41 21 351414, le-pointu.ch

Charme der Gründerzeit.
Die »Bar 1915« im Hotel »Lausanne Palace« ist im eleganten Stil der Jahrhundertwende eingerichtet.

Drink-Klassiker.
Nur einen Steinwurf von der Kathedrale entfernt befindet sich die Bar »Le Comptoir«.

TOM CAFÉ
Das im Olympischen Museum angesiedelte Café mit Blick auf den Genfersee lädt zum Entspannen zwischen den Exponaten ein.
Quai d'Ouchy 1, 1006 Lausanne
T: +41 21 6216708
olympic.org/museum/visit/tom-cafe

BAR 1915
Die Bar erinnert mit ihrem Namen ans Gründungsjahr des »Lausanne Palace« und ist nicht nur für Kaffeepausen sehr beliebt.
Rue du Grand-Chêne 7, 1003 Lausanne
T: +41 21 3313214
lausanne-palace.ch/de/restaurants-bars/bar-1915/

TA CAVE
Die durch Crowdfunding ins Leben gerufene Weinbar ist ein ungezwungener und hipper Ort für einen Apéro.
Rue du Simplon 35, 1006 Lausanne
T: +41 21 5257707, tacave.ch

PIBAR
Keine Lust auf Wein? Die »PiBar« serviert eine Vielzahl an verschiedensten Biersorten, für jeden Geschmack etwas.
Rue du Valentin 62, 1004 Lausanne
T: +41 21 6460228, pibar.ch

BARS

CIPRIANO
Die Weinbar lädt mit ihren italienischen Spezialitäten zum allabendlichen Apéro ein.
Rue de Port-Franc 11, 1003 Lausanne
T: +41 21 5330015, cipriano-bar.ch

LE COMPTOIR
Die Bar befindet sich nur einen Steinwurf von der Kathedrale entfernt und bietet hervoragende Cocktails.
Rue de la Barre 1, 1003 Lausanne
T: +41 21 3116840, www.barlecomptoir.ch

BAR IM BEAU-RIVAGE PALACE
Die Barkeeper kreieren mit feinen Spirituosen hausgemachte und außergewöhnliche Cocktails, die mit Blick auf den Genfersee verkostet werden können.
Place du Port 17-19, 1006 Lausanne
T: +41 21 6133395
brp.ch/de/restaurants-bars/bar

Weinbar für alle.
Das »Ta Cave« wurde durch Crowdfunding finanziert und zieht viele junge Weintrinker an.

Schweizer Standard.
Lebensmittel nur aus dem Waadtland gibt es im La Ferme Vaudoise.

LA FERME VAUDOISE
Eine Fundgrube für Lebensmittel direkt aus der Region. Einkaufen und mit nach Hause nehmen!
Palace de la Palud 5, 1003 Lausanne
T: +41 21 3513555
lafermevaudoise.ch

SEHENSWERT

KATHEDRALE NOTRE-DAME
Das älteste gotische Bauwerk der Schweiz lädt zu einem ausführlichen Besuch ein. Vom Vorplatz hat man einen fantastischen Blick auf die Stadt und das Umland.

COULEÉ VERTE ZUM GENFERSEE
Der durch das ehemalige Fischerdorf Ouchy führende Weg ist von wunderschönen Häusern im Jugenstil gesäumt. Er führt durch das pittoreske Viertel fast bis zum Genfersee.

OLYMPISCHES MUSEUM
Das interaktive, vielseitige Museum und ein anschließender Besuch des Museumscafés sind ein Muss für jeden Lausanne-Besucher.
Quai d'Ouchy 1, 1006 Lausanne
T: +41 21 6246511, olympic.org/museum

LP'S BAR
Tagsüber werden hier Kaffee und Tee serviert, abends bekommt man in entspannter Atmosphäre Apéros.
Rue du Grand-Chêne 7, 1003 Lausanne
T: +41 21 3313214
lausanne-palace.ch/de/restaurants-bars/lps-bar

BAR À VINS LAUSANNE
In dieser Weinbar werden 250 Flaschenweine und mindesten 25 offene Weine angeboten – perfekt für den allabendlichen Apéro.
Rue du Petit-Chêne 11, 1003 Lausanne
T: +41 21 31245501
moevenpick-wein.com/de/movenpick-weinbar-lausanne

FEINKOST

CHOCOLATIER DURIG
Ein Besuch in der Schweiz, ohne die weltberühmte Schokolade zu probieren ist möglich, aber nicht sinnvoll. Die Schokoladenspezialitäten von hier sind weit über die Stadtgrenzen hinaus bekannt. Man kann auch Kurse buchen.
Rue Mercerie 3, 1003 Lausanne
T: +41 21 5253931, durig.ch

Fußball-Kunst.
Die Künstlerin Niki de Saint Phalle erschuf die Skulpturen, die vor dem Olympischen Museum stehen (und liegen).

Dabeisein ist alles.
Das Olympische Museum sollte man während des Lausanne-Besuchs nicht verpassen.

Alba

VON WEISSEN TRÜFFELN UND ROTEN DÄCHERN

Umgeben von einer sanften Hügellandschaft, der Langhe, liegt das beschauliche Städtchen Alba. Hier findet man viel Geschichte, hervorragendes Essen und ein bestimmtes Gefühl von Dolce Vita, das nur Italien hervorrufen kann.

Blaue Stunde. Geschichtsträchtige Häuser, die eine kleine Piazza säumen: Alba gehört zu den schönsten Städten Italiens.

6 gute Gründe für Alba

1 Die Weinberge rund um Alba: Um einen optimalen Einblick in die Welt des Barolos und Barbarescos zu bekommen, empfiehlt es sich, ein Auto zu mieten und die Winzer direkt zu besuchen. Gegebenenfalls auch gleich Weine ab Hof zu kaufen.

2 Slow Food statt Fast Food: Der Erhalt der regionalen Esskultur wird im Piemont großgeschrieben.

3 Ein Besuch des Weltkulturerbes Langhe-Roero & Monferrato. Weiche Hügellandschaften, mittelalterliche Ortschaften, pittoreske Burgen und ein Blick, der bei gutem Wetter bis zu den schneebedeckten Alpen reicht, zeichnen das Weinbaugebiet aus.

4 Wein- und Trüffeltouren: Auf diesen Wanderungen wird nicht nur Wissenswertes vermittelt, sondern es darf auch probiert werden. Die Weinberge und Kastanienwälder eignen sich auch wunderbar für Spaziergänge oder Radtouren.

5 Typische Markttage: In Alba ist jeden Samstag Markttag. Im Herzen der Stadt werden die Stände aufgebaut und Besucher können sich über jede Menge Eindrücke freuen. Von typischen italienischen Speisen über hochwertige Schuhe bis zu Kleidungsstücken und Schmuck – das Angebot ist groß.

6 La Notte Bianca delle Librerie: Die lange Nacht der Buchhandlungen findet im Mai statt. Hier haben die Buchhandlungen und Bibliotheken Albas bis Mitternacht geöffnet und es finden zahlreiche Diskussionsrunden und Lesungen, teilweise unter freiem Himmel, statt.

Savoir-vivre.
Luxus nach französischem Vorbild: das Relais & Châteaux »Castello di Guarene« nördlich von Alba.

Anreisetag für ein verlängertes Wochenende in Alba und Umgebung ist der Donnerstag. Vorschlag: mit dem Flieger nach Mailand-Malpensa und danach mit dem Mietauto nach Alba oder in ein Hotel in der Umgebung. Am Freitag geht es dann richtig los. Wir empfehlen vor allem das »Corte Gondina« in La Morra. Ein entzückendes Boutique-Hotel in einem Herrenhaus aus dem 19. Jahrhundert, rund 15 Kilometer von Alba entfernt. Oder das feudale »Castello di Guarene«, ein prunkvolles Relais & Châteaux etwas nördlich von Alba.

Den Mittagstisch nehmen wir im wunderschön gelegenen La Morra ein, und zwar entweder in der »Osteria Veglio« oder im Ristorante »Bovio«. Die Aussicht von der Terrasse – wie so oft in dieser Region – ist grandios. Ein Panorama wie aus dem Bilderbuch, hier bekommt man rasch ein Gefühl für diese einzigartige Landschaft.

Freitag

Anreisetag Donnerstag, dann vom Flughafen Mailand mit dem Mietauto nach Alba oder in ein stilvolles Relais & Châteaux in der Umgebung.

Pasta Piemontese.
Agnolotti sind typisch für das Piemont: Im Restaurant des »Castello di Guarene« werden sie entsprechend stilvoll serviert.

Urgemütlich.
Wenn es draußen kalt wird, prasselt im »Bovio« das Feuer.

Am Nachmittag fahren wir mit dem Auto nach Barolo, dem Epizentrum der berühmtesten Weine des Piemonts. Aus dieser Gegend – rund um die Stadt Alba, im magischen Dreieck zwischen Bra, Dogliani und Canelli – stammen jene Weine, die das gesamte Piemont berühmt gemacht haben und bei deren Namen Weintrinker in aller Welt feuchte Augen bekommen. Deshalb besuchen wir auch in Barolo das Barolomuseum (wimubarolo.it), es gilt als das innovativste Weinmuseum Italiens. Von Barolo geht es am Abend nach Barbaresco, dort haben wir im Ristorante »Antica Torre« einen Tisch reserviert. Es ist das Lieblingslokal von Angelo Gaja, dem populärsten Winzer Italiens. Für viele Piemont-Kenner gibt es in diesem charmanten Restaurant die besten Tajarin der Welt, aber auch die Agnolotti del plin sollte man nicht auslassen.

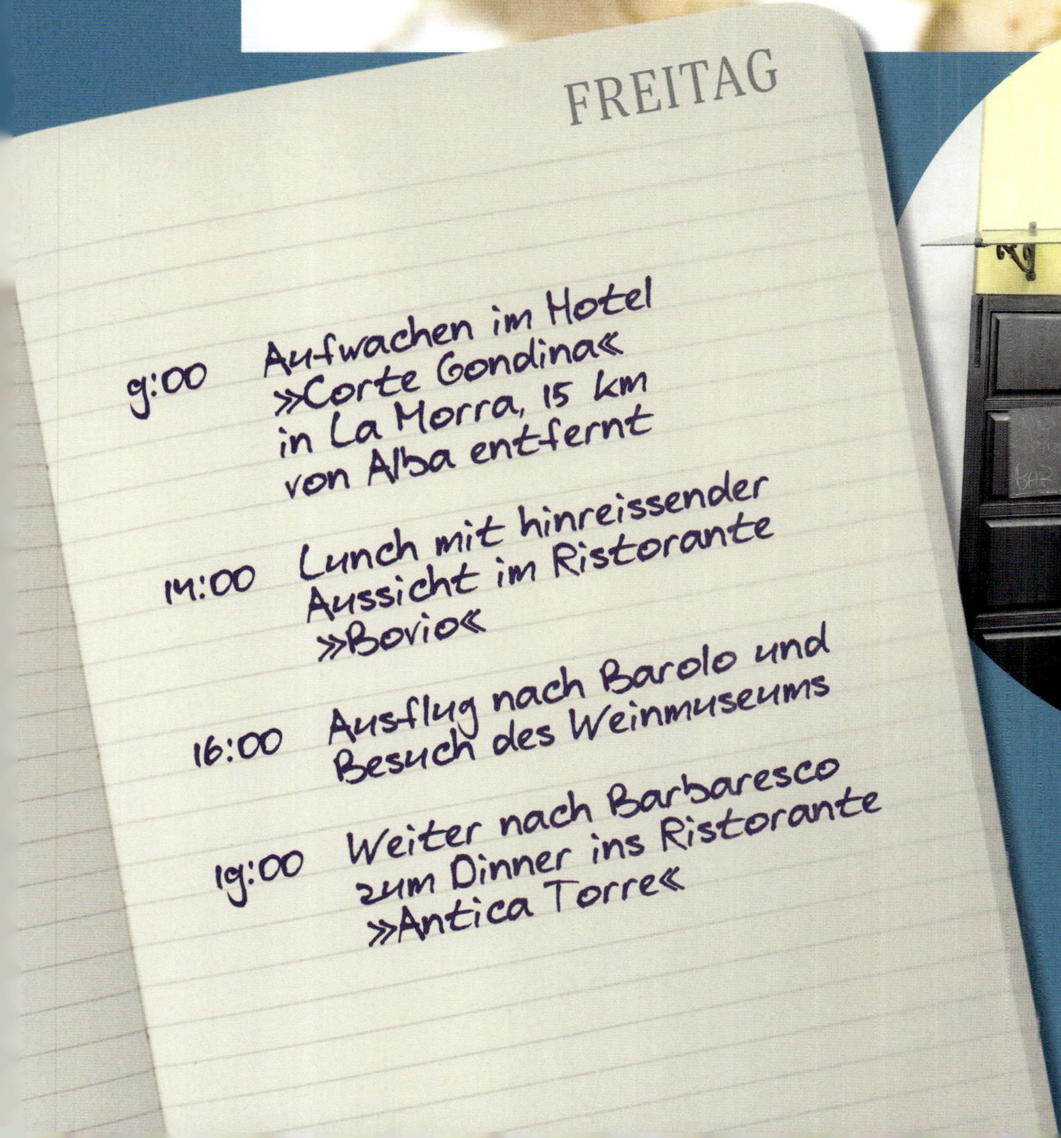

Kult-Trattoria.
Das »Antica Torre« ist das Lieblingsrestaurant von Wein-Ikone Angelo Gaja. Oben: Tajarin al tartufo bianco.

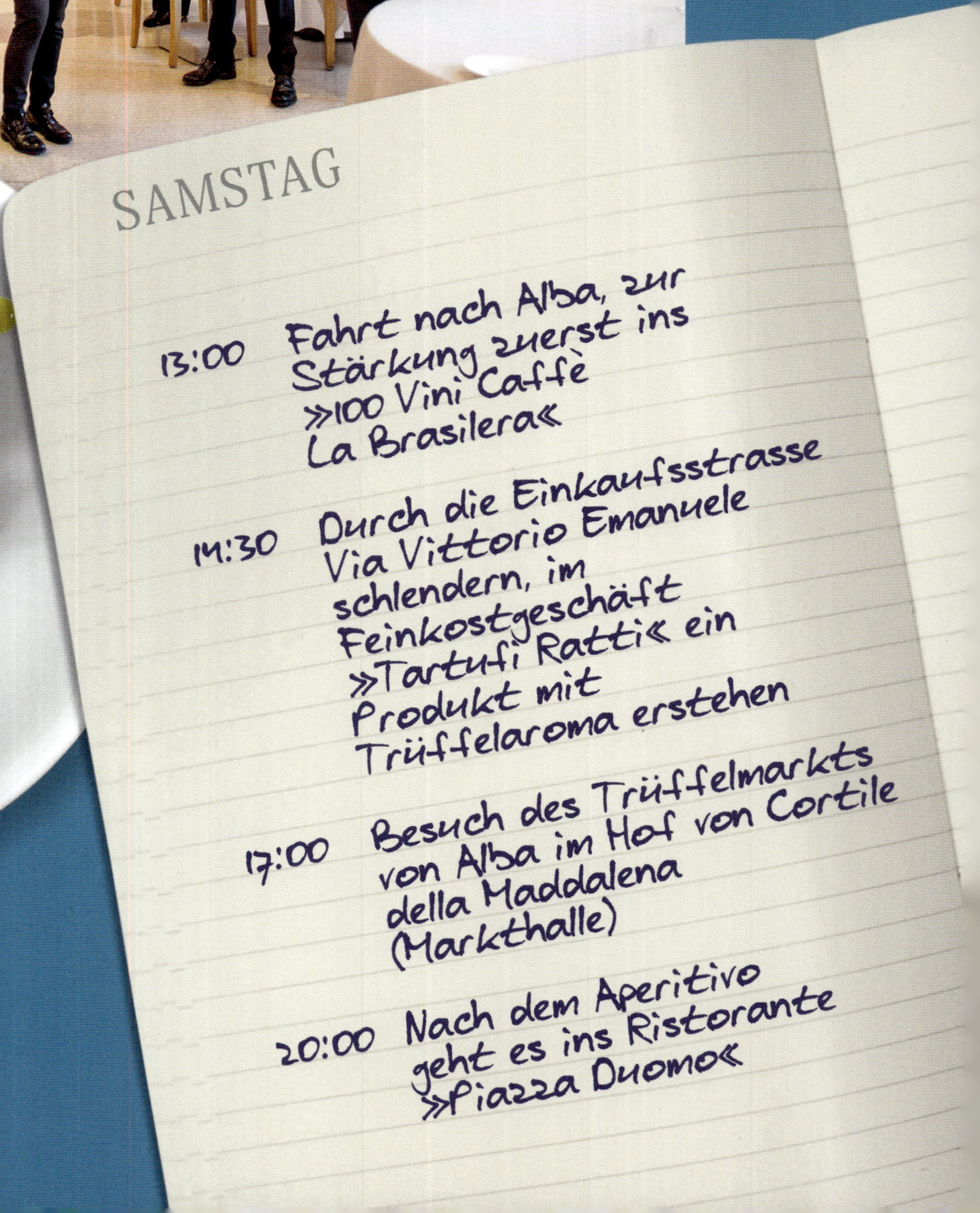

Große Oper.
Das »Piazza Duomo« in Alba mit drei Michelin-Sternen und Starkoch Enrico Crippa am Herd, ist eines der besten Restaurants Italiens. Wir empfehlen es für Samstagabend nach einem Besuch des Trüffelmarkts.

Samstag

Nach einem Besuch des Trüffelmarkts und einer Shoppingtour in Alba ist für das Abendessen große Oper angesagt: ein Dinner im Drei-Sterne-Tempel »Piazza Duomo«.

Dieser Tag ist der Stadt Alba gewidmet. Wir stärken uns zunächst im »100 Vini Caffè La Brasilera« nahe der Piazza Savona, wo reges Treiben herrscht. Im Umkreis gibt es übrigens jede Menge an Shopping-Möglichkeiten, genauer gesagt in der Via Vittorio Emanuele (Fußgängerzone) zwischen Piazza Savona und Piazza Duomo. Während der Trüffelsaison sollte man natürlich auch irgendwann den Trüffelmarkt besuchen. Auch wenn er vorwiegend von Touristen belagert wird und die Preise zuweilen unverschämt hoch sind, ist er eine Attraktion. Etwas günstiger kauft man die begehrten Knollen im Feinkostgeschäft »Tartufi Ratti«, dort gibt es auch alle erdenklichen Produkte mit Trüffelaroma.

Für das Abendessen ist große Oper angesagt. Wir dinieren im »Piazza Duomo«, mitten auf dem Domplatz von Alba. Mit drei Michelin-Sternen und im Ranking der 50 besten Restaurants der Welt an 15. Stelle zählt es zu den allerbesten kulinarischen Adressen in ganz Italien. Starkoch Enrico Crippa kocht hier in einem durch und durch außergewöhnlichen Ambiente. Ein Restaurant von kühner Ästhetik, entworfen und gestaltet von den US-amerikanischen Star-Architekten Steven Shaller und Bill Katz. Die historische Fassade blieb weitgehend erhalten, im Inneren jedoch wurde den Architekten völlig freie Hand gelassen. Das Restaurant ist auf zwei Ebenen aufgeteilt. Der untere Bereich stellt eine moderne Interpretation einer Trattoria dar, im ersten Stock befindet sich der Gourmet-Tempel. Ganz in Rosa, mit einem modernen Fresko des neapolitanischen Künstlers Francesco Clemente.

Delikatessen. Das Feinkostgeschäft »Tartufi Ratti« bietet diverse Trüffelprodukte.

Wichtiges Werkzeug. Die begehrten weißen Trüffel aus Alba werden über das Essen gehobelt.

Luxusknollen. Viele Touristen und hohe Preise am Trüffelmarkt in Alba. Dennoch ein Must-see.

Gehen wir davon aus, dass wir Sonntag am späten Nachmittag oder abends am Mailänder Flughafen sein sollten, bieten sich zwei Möglichkeiten für einen Mittagstisch an. Variante eins: Wir fahren nach Verduno, nicht allzu weit von La Morra entfernt, und essen dort in der »Trattoria dai Bercau«. Das Preis-Leistungs-Verhältnis ist in diesem gar nicht so kleinen Lokal fast unschlagbar und deshalb essen wir hier auf alle Fälle Nudeln mit darübergehobelten weißen Alba-Trüffeln. Die Kellner geizen nicht mit den edlen Knollen und die Rechnung ist dennoch verkraftbar. Nun die Variante zwei: Wir fahren nach Rocchetta Tanaro zwischen Asti und Alessandria und damit schon ein gutes Stück in Richtung Flughafen Mailand-Malpensa. Die wunderbare

Landschaftsidylle.
Piemonteser Weinberge rund um Alba.

Handgemacht.
Die Tajarin-Eiernudeln stehen auf fast jeder Karte.

Sonntag

Die großartige Trattoria »I Bologna« in Rocchetta Tanaro ist ideal für die Rückreise zum Flughafen Mailand-Malpensa. Sie liegt auf dem Weg.

Trattoria »I Bologna« ist aus verschiedenen Gründen die Anreise wert. Auch dieses Haus ist berühmt für seine Nudelgerichte, hier werden die hausgemachten Agnolotti-Teigtaschen aber nach Asti-Art zubereitet und sind deshalb ein wenig größer. Und sie sind besonders köstlich. So wie auch das Tatar von den sogenannten Fassona-Rindern. Neben den Weinen ist diese Rinderrasse der ganze Stolz der Piemontesen, es gibt sie tatsächlich nur im Piemont. Egal welche Stücke auch immer verarbeitet werden: Sie sind eine wirklich besondere Delikatesse. Abschließend spazieren wir noch einmal durch die Ortschaft.

Zeitreise.
Die roten Dächer und mittelalterlichen Türme sind typisch für Alba.

SONNTAG

12:00 Wir machen uns auf den Weg nach Rocchetta Tanaro in der Provinz Asti

13:00 In der grossartigen Trattoria »I Bologna« noch einmal piemontesische Küche geniessen

15:00 Zum Abschied ein kleiner Spaziergang durch die Ortschaft

Fatto in casa.
Die Trattoria »I Bologna« in Rocchetta Tanaro: berühmt für selbstgemachte Teigwaren.

5 Top-Hotels

Nach gutem Essen sollst du ruhen ... wenn möglich komfortabel und mit bestem Blick auf die Hügel um Alba.

HOTEL LANGHE****

In einem restaurierten Bauernhaus trifft man auf italienische Herzlichkeit. Der bezaubernde Garten mit Pool und gemütliche Zimmer sorgen für feinstes Wohlbefinden. DZ ab 95 Euro.

Strada Profonda 21
12051 Alba
T: +39 0173 366933
hotellanghe.it

ALBA HOTEL****

Zimmer in modernem, puritanischem Stil. Kein weiter Weg zur nächsten Enoteca mit vorzüglichen Weinen aus der Region – sie befindet sich im Haus. DZ ab 70 Euro.

Corso Asti 5
12051 Alba
T: +39 0173 361472
albahotelcn.it

HOTEL CALISSANO****

In der Nähe der Piazza Ferrero empfängt das »Hotel Calissano« seine Gäste mit komfortablen Zimmern und Suiten. Eleganter Aufenthalt all'italiana. DZ ab 150 Euro.

Via Pola 8
12051 Alba
T: +39 0173 364855
hotelcalissano.com

I CASTELLI****

Komfortables Businesshotel, nur wenige Minuten vom historischen Zentrum der Stadt entfernt gelegen. »I Castelli«, das zum Hotel gehörige Restaurant auf der Panoramaterrasse, bietet einen tollen Blick über Alba. DZ ab 110 Euro.

Viale Torino 14
12051 Alba
T: +39 0173 361978
hotel-icastelli.com

HOTEL CASA PAVESI****

Wunderschönes ehemaliges Herrenhaus mit viel Liebe zum Detail innen und außen. Cappuccino und Brioche genießt man morgens auf der Terrasse mit zauberhaftem Blick auf sanfte Weinlandschaft. DZ ab 128 Euro.

Via IV Novembre 11/A
12060 Grinzane Cavour
T: +39 0173 231149
hotelcasapavesi.it/de/index.html

CASTELLO DI GUARENE (RELAIS & CHÂTEAUX)*****

Luxuriöses Fünf-Sterne-Hotel mit acht großen, nach historischen Charakteren benannten Zimmern im französischen Stil. Das Restaurant serviert gehobene regionale Küche, dazu werden erlesene Weine gereicht. DZ ab 350 Euro.
Via Alessandro Roero, 2, 12050 Guarene
T: +39 0173 441332, castellodiguarene.com

RELAIS SAN MAURIZIO*****

Das luxuriöse Hotel befindet sich in einem von alten Weinbergen umgebenen Kloster aus dem 17. Jahrhundert. Die eleganten Zimmer beeindrucken und im vom Guide Michelin ausgezeichneten Restaurant speist man vorzüglich. DZ ab 520 Euro.
Località San Maurizio 39
12058 Santo Stefano Belbo
T: +39 0141 841900, relaissanmaurizio.it

CORTE GONDINA***

Dieses edle Boutique-Hotel in einem Herrenhaus aus dem 19. Jahrhundert verfügt über stilvolle, individuell gestaltete Zimmer, ein Spa und einen saisonal geöffneten Außenpool. DZ ab 145 Euro.
Via Roma 100, 12064 La Morra
T: +39 0173 509781, cortegondina.it

VILLA BECCARIS****

Wunderschöne Villa aus dem 18. Jahrhundert, umgeben von den Alpen, mit Blick auf die Hügel von Barolo. Alle 23 Zimmer blicken auf den Privatpark, den Pool und Sonnenterrassen. DZ ab 200 Euro.
Via Bava Beccaris 1, 12065 Monforte d'Alba
T: +39 0173 78158, villabeccaris.com

RELAIS VILLA D'AMELIA****

Das stilvolle Hotel liegt in einem 2,8 Hektar großen Anwesen aus dem 18. Jahrhundert. Die eleganten Zimmer sind anspruchsvoll und modern eingerichtet, das Restaurant und ein Bistro sorgen für kulinarische Genüsse. DZ ab 273 Euro.
Località Manera, 1, 12050 Benevello
T: +39 0173 529225, villadamelia.com

LE CASE DEI CONTI MIRAFIORE****

Vier modern eingerichtete Boutique-Hotels inmitten der Weinberge auf dem renommierten Weingut Fontanafredda. Die historischen Kelleranlagen mit den prächtigen Gewölben sind ein Muss für Weinkenner. DZ ab 1[illegible]4 Euro.
Via Alba, 12050 Serralunga d'Alba
T: +39 0173 626670, hotelcasedeiconti.it

ANTICO PODERE TOTA VIRGINIA

Ein ehemaliger Bauernhof in den Hügeln des Barolo. Tolles Weinangebot und hervorragende Küche.
DZ ab 150 Euro.
Località Baudana 69
12050 Serralunga d'Alba
T: +39 0173 613026, totavirginia.eu

CASTELLO DI SANTA VITTORIA****

Das Hotel befindet sich innerhalb einer Burganlage aus dem 15. Jahrhundert. Toller Blick auf die Landschaft, selbst vom Pool aus. DZ ab 95 Euro.
Via Cagna 4, 12069 Santa Vittoria d'Alba
T: +39 0172 478198
hotelsantavittoria.com

CA' DEL LUPO****

Schönes, modern ausgestattetes Hotel, zwölf Kilometer von Alba entfernt. DZ ab 105 Euro.
Via Ballerina 14/16, 12050 Montelupo Albese
T: +39 0173 617045, cadellupo.it

CASTELLO DI SINIO

Kleines, luxuriöses Schlosshotel, im Jahr 1142 von den Marchesi Del Carretto erbaut und somit eines der ältesten Schlösser des Barolo. Romantischer, mit vielen Blumen und Steinfiguren eingerichteter Garten mit toller Poollandschaft. Der hauseigene Concierge-Service organisiert Tastings auf den Weingütern und gastronomische Touren. DZ ab 195 Euro.
Vicolo del Castello 12050 Sinio
T: +39 0173 263889
hotelcastellodisinio.com

Essen unter der Stadt. Im »stile piemontese« der alten Kellergewölbe werden im »Enoclub« traditionell geprägte, für die Region typische Speisen aufgetischt.

Tipps und Adressen

RESTAURANTS

RISTORANTE BOVIO
In lässig-elegantem Ambiente genießt man traditionelle Gerichte aus dem Piemont mit Panoramablick auf die Weinberge und Langhe-Burgen. Große Weinkarte mit über 1000 lokalen und nationalen Labels.
Via Alba, 17, 12064 La Morra
T: +39 0173 590303, ristorantebovio.it

PIAZZA DUOMO
In seinem Drei-Sterne-Restaurant stellt der piemontesische Starkoch Enrico Crippa regionale Aromen in den Mittelpunkt. Die akribische Art der Zubereitung und die Ästhetik sind aber ganz im japanischen Stil gehalten.
Piazza Risorgimento, 4, 12051 Alba
T: +39 0173 366167, piazzaduomoalba.it

FILIPPO – OSTE IN ALBARETTO
Traditionell und einfach wie zu Hause lautet das Credo von Filippo Giaccone, der in seiner vom Vater Cesare übernommenen Osteria in herzlich-familiärer Atmosphäre regionale Köstlichkeiten auf die Teller zaubert. Im Sommer speist man draußen mit Blick auf die Langhe. Reservierungen werden vorausgesetzt.
Via Umberto 12, 12050 Albaretto della Torre
T: +39 338 8871155, filippogiaccone.com

OSTERIA DELL' ARCO
Auf der Piazza Savona befindet sich im hübschen Hof der Nummer 5 diese nette Osteria. Ursprünglich nur Weinstube, bietet das Lokal nun auch regionale Gerichte in moderner Zubereitung.
Piazza Savona, 5, 12051 Alba
T: +39 0173 363974, osteriadellarco.it

LOCANDA DEL PILONE
Inmitten von Weinbergen liegt die schmucke »Locanda del Pilone«. Von charmantem Landhausstil umgeben, verwöhnt man den Gaumen mit Kreationen der Spitzenklasse des jungen Chefs Federico Gallo. Der Ausblick – das sollte man nicht unerwähnt lassen – ist auch atemberaubend schön.
Società Agricola Boroli
Strada della Cicchetta 34
Loc. Madonna di Como, 12051 Alba
T: +39 0173 366616, locandadelpilone.com

TRATTORIA I BOLOGNA
Die wohl besten Agnolotti der Umgebung findet man in dieser schön gelegenen Trattoria mit ihrer traditionellen Küche aus hochwertigen regionalen Zutaten.
Via Nicola Sardi, 4, 14030 Rocchetta Tanaro
T: +39 0141 644600, trattoriaibologna.it

VINOTECA CENTRO STORICO
Nette Osteria im Zentrum von Serralunga. Alessio »Ciccio« Cighetti serviert tolles, klassisches Essen mit dazupassenden Weinen aus der Region.
Via Roma, 6, 12050 Serralunga d'Alba
T: +39 0173 613203

APE WINE BAR
Piemontesische Speisen und Weine, serviert in freundlichem, stilvollem Ambiente. Unkomplizierte Bar mit ausgezeichneter Küche.
Piazza Risorgimento 3, 12051 Alba
T: +39 0173 363453

L'INEDITO VIGIN MUDEST
In der Altstadt von Alba genießt man hier moderne Interpretationen klassischer piemontesischer Gerichte, umrahmt von einem harmonischen Ambiente.
Via Vernazza 11, 12051 Alba
T: +39 0173 441701, lineditoviginmudest.it

TRATTORIA DAI BERCAU
Rustikale Trattoria, deren kreative und dennoch traditionsreiche Menüs Gaumen und Augen gleichermaßen überzeugen. Tolles Preis-Leistungs-Verhältnis.
Via Beato Valfrè 13, 12060 Verduno
T: +39 0172 470243, bercau.it

Keulen de luxe. In der kleinen, feiner »Vinoteca Centro Storico« gerät man schnell ins Schwärmen. Regionale Küche vom Feinsten

TRATTORIA ANTICA TORRE
In der kleinen Trattoria werden die bekannten Gerichte der Langhe serviert. Ein besonderes Highlight sind die Tajarin, die typischen dünnen Eierteig-Bandnudeln, und die Agnolotti del plin.
Via Torino 64, 12050 Barbaresco
T: +39 0173 635170, anticatorrebarbaresco.com

LA PIOLA
Im »La Piola« hat man sich der Einfachheit verschrieben. Dies spiegelt sich sowohl in den vorzüglichen, für die Region typischen Gerichten als auch in der Inneneinrichtung wider.
Piazza Risorgimento 4, 12051 Alba
T: +39 0173 442800, lapiola-alba.it

OSTERIA VEGLIO
Die jungen Inhaber der Osteria pflegen die Traditionen der piemontesischen Küche und überzeugen mit Leidenschaft und Gastlichkeit. Bei schönem Wetter speist man auf der Terrasse mit Blick auf die Weinberge.
Frazione Annunziata 9, 12064 La Morra
T: +39 0173 509341, osteriaveglio.it

LAROSSA RISTORANTE
Elegant und behaglich-modern ist das Restaurant von Chef Andrea Larossa. In seinen erstklassigen Kreationen findet sich zweierlei: zum einen die Huldigung an die traditionell piemontesische Küche, zum anderen die Freude an der Kreativität.
Via Don Giacomo Alberione 10/D, 12051 Alba
T: +39 0173 060639, ristorantelarossa.it

VENTUNO.1
Die modern-kreative Küche vereint Geschmäcker aus dem Süden mit jenen des Nordens. Zutaten aus dem Meer kommen genauso auf den Tisch wie regionale Trüffelgerichte. In der dazugehörigen Bottega findet man ausgewählte Produkte aus allen Ecken Italiens.
Küche Via Cuneo 8/A, 12051 Alba
T: +39 0173 290787, ventunopuntouno.it

ENOCLUB
Im historischen Stadtkern von Alba in einem Weinkeller Trüffelpasta essen – der »Enoclub« lässt keine Wünsche offen, wenn es um typisch piemontesische (aber nicht nur) Gerichte und Weine geht.
Piazza Michele Ferrero 4, 12051 Alba
T: +39 0173 33994, caffeumberto.it/enoclub

DULCIS VITIS
Hauptdarsteller auf der hiesigen Speisekarte ist der Tartufo bianco d'Alba. Chefkoch Bruno sieht sich als »chef della natura«: Er setzt auf Natur und unverfälschten Geschmack. Und das merkt man bei jedem Bissen! Köstliche Gerichte, begleitet von genauso köstlichen Weinen.
Via Urbano Rattazzi 7, 12051 Alba
T: +39 0173 364633, dulcisvitis.it

OSTERIA LALIBERA
Modernes Bistro, perfekt für entspanntes Mittagessen in der Stadt. Die Gerichte orientieren sich an der traditionellen piemontesischen Küche und wechseln saisonal.
Via Elvio Pertinace 24, 12051 Alba
T: +39 0173 293155, lalibera.com

OSTERIA DEL VICOLETTO
Diese Osteria gilt als eine Institution in Alba. Köstliche, kunstvoll inszenierte Gerichte kommen in modernem, authentischem Ambiente auf den Tisch.
Via Bertero 6, 12051 Alba
T: +39 0173 363196, osteriadelvicoletto.com

Vom Einfachen das Beste. Schlichtes Essen, schlichte Einrichtung: Im »La Piola« steht bodenständige Küche aus besten Zutaten im Fokus.

CAFÉS

100 VINI CAFFÈ LA BRASILERA
Gemütliche Café-Bar im südlichen Teil des historischen Stadtzentrums von Alba. Wegen seiner soliden italienischen Küche auch gut für einen Lunch geeignet.
Via Roma 2, 12051 Alba
T: +39 0173 065937

CAFFÈ DELL'ELFO
Stimmungsvolle kleine Café-Bar direkt neben dem Caffè Italia. Sehenswert sind die Gewölbe und Holzdecken mit den rustikalen Balken. Am Samstagabend ein beliebter Treff für junge Menschen.
Corso Italia 2, 12051 Alba
T: +39 0173 440821

CAFFÈ SAVONA
Gemütliches Café direkt an der quirligen Piazza Savona, für Shoppingtouren strategisch günstig am Anfang der Haupteinkaufstraße gelegen. Gute hausgemachte Kuchen und Kaffeespezialitäten.
Piazza Savona 2, 12051 Alba
T: +39 0173 441497

CAFFÈ TEATRO
Croissants, Crostate und Biscotti schmecken im »Caffè Teatro« ebenso wie die Tramezzini und Panini. Die Ortsansässigen gehen auch gerne auf einen Aperitivo nach dem Büro in die gemütliche Café-Bar im Herzen der Altstadt von Alba.
Via Calissano Teobaldo 6, 12051 Alba
T: +39 0173 363045, caffeteatroalba.weebly.com

CAFFÈ DOLCE AMARO
Café und Bäckerei, direkt neben dem Bahnhof gelegen. Neben den Kaffeespezialitäten ist das »Dolce Amaro« für seine köstlichen Croissants, Brioches, Ricotta-Törtchen und andere süße Köstlichkeiten bekannt.
Corso Fratelli Bandiera 17/B, 12051 Alba
T: +39 0173 35017, facebook.com/dolceamaroalba/

Innehalten.
Nach einem Besuch im »Caffè Savona« ist man bestens gestärkt für die anschließende Einkaufstour.

CAFFÈ ITALIA
Typische italienische Café-Bar in unmittelbarer Nähe der Kirche Tempio San Paolo, perfekt für Frühstück, Brunch oder Mittagessen geeignet. Auch Vegetarier und Veganer kommen hier auf ihre Kosten, denn es werden alle Kaffeespezialitäten auch mit Soja- oder Reismilch serviert.
Corso Italia 6/B, 12051 Alba
T: +39 339 7343430

It's Gintime.
Das stimmungsvolle Licht macht Lust auf Drinks im »Hemingway«.

BARS

VOGLIA DI VINO LOCANDA
»Voglia di Vino« heißt »Lust auf Wein«, und dieser kann man in der Weinbar mit Küche – und seit Oktober 2018 auch mit drei Zimmern – nach Herzenslust frönen. Das Restaurant ist in den ehemaligen Ställen des mittelalterlichen Gebäudes untergebracht.
Via Elvio Pertinace 7, 12051 Alba
T: +39 0173 363404, lavogliadivino.com

HEMINGWAY
Es ist zwar nicht Hemingways Lieblingsbar »El Floridita« in Havanna, einen gepflegten Daiquiri bekommt man aber auch im »Cocktail Restaurant Hemingway« im Zentrum von Alba. Sehenswert ist der in stimmungsvolles Farblicht getauchte Bartresen.
Via Mandelli 3, 12051 Alba
T: +39 0173 366096, hemingwayalba.com/de

VINOTECA LA SACRESTIA
Egal ob Sie Barolo oder Barbaresco lieben, den Arneis oder Nebbiolo bevorzugen, oder ob Sie sich einen Dolcetto als Digestif gönnen möchten: In der »Vinoteca la Sacrestia« bekommen Sie die besten Weine der Region, von renommierten Herstellern wie etwa Oddero, Pio Cesare, Deltetto, Rocche dei Manzoni und Pecchenino.
Piazza Rossetti 6, 12051 Alba
T: +39 0173 363927, vinotecalasacrestia.it

ROBERTO SAROTTO
Der Point of Sale des bekannten Weinguts Roberto Sarotto, der über 50 Hektar Weingärten in Barolo, Barbaresco, Neviglie und Gavi bewirtschaftet. Seine Weine werden regelmäßig mit internationalen Awards ausgezeichnet.
Piazza Michele Ferrero 3/A, 12051 Alba
T: +39 0173 364955, robertosarotto.com

RISIÈ SHOP & TASTING BAR
Eine ausgezeichnete Auswahl lokaler Weine und kleiner Speisen bietet die »Risiè Tasting Bar«. Und einen feinen Espresso, falls man beim Barolo ein wenig zu tief ins Glas geguckt haben sollte.
Piazza Michele Ferrero 5, 12051 Alba
T: +39 0173 362482

FUORI CITABIUNDA
Rotweinmetropole Alba hin oder her: In diesem Pub kommen auch Biergenießer auf ihre Kosten. Birrifico!
Via Carlo Biglino 1/A, 12051 Alba
T: +39 377 5383970, birrificiocitabiunda.it

FEINKOST & MEHR

TARTUFI RATTI ELIO
Die weltberühmten weißen Trüffeln des Piemont können hier ebenso erstanden werden wie die typischen regionalen, mit dem Edelpilz aromatisierten Produkte, vom getrüffelten Risottoreis bis zum Toma d'Alba-Käse aus Ziegen- und Schafmilch.
Via Vittorio Emanuele 18, 12051 Alba
T: +39 0173 440540, tartufiratti.com

PASTA FRESCA GASTRONOMIA PRIMO
Ein Paradies für Nudelfreunde! Im »Pasta Fresca Gastronomia Primo« gibt es die beste frische Pasta der Region. Spaghetti, Canneloni, Ravioli und Tortellini mit leckeren Füllungen wie etwa Lamm mit Wein, Ricotta und Spinat, Kürbis und natürlich mit Trüffeln!
Corso Langhe 24, 12051 Alba
T: +39 0173 441010
primo-pastafresca.com

ENOTECA REGIONALE DEL BAROLO
Der König der Rotweine wird hier zelebriert und jedem Besucher nähergebracht: Die besten Barolos von 217 Weingütern der Region werden hier zur Verkostung und natürlich auch zum Verkauf angeboten.
Piazza Falletti 1, 12060 Barolo
T: +39 0173 56277, enotecadelbarolo.it

Ode an den Barolo.
In dem historischen Gebäude befindet sich die »Enoteca Regionale del Barolo«. Hier widmet man sich voll und ganz dem königlichen Rotwein.

Weißes Gold.
Alba ist die Hauptstadt der weißen Trüffel. Während des Trüffelmarkts im Herbst liegt feiner Geruch über der ganzen Stadt.

SEHENSWERT

TRÜFFELMARKT
Der bekannteste Trüffelmarkt der Welt: Von Oktober bis November lockt die Trüffelmesse »Fiera Nazionale del Tartufo Bianco d'Alba« die internationale Gastronomieszene sowie Besucher aus aller Welt an. Für Prachtexemplare werden auf der Auktion hunderttausende Euro erzielt, der Erlös wird gemeinnützigen Organisationen gespendet.
Via Vittorio Emanuele 19, 12051 Alba
T: +39 0173 36105, fieradeltartufo.org

VIA VITTORIO EMANUELE
Die Fußgängerzone führt von der Piazza Savona in die Altstadt mit ihren verwinkelten Gassen und den aus dem Mittelalter stammenden Geschlechtertürmen. Sie ist die bekannteste Einkaufsstraße und Flaniermeile der Stadt, die nicht nur Boutiquen, Bars, Cafés, Restaurants zu bieten hat, sondern auch auffallend viele Feinkostläden.

CASA FONTANA
Mittelalterlicher Stadtpalast mit einem berühmten Terrakottafries, auf dem tanzende Edelleute und Hofdamen nebst Musikanten und Blumengirlanden zu sehen sind.
Via Vittorio Emanuele 11, 12051 Alba

München

REIZVOLLE STADT DER GEGENSÄTZE

Reich in vielerlei Hinsicht, weltoffen und trotzdem beschaulich: München steht ganz weit oben, was die Lebensqualität angeht. Gourmets werden hier nach allen Regeln der Kunst verwöhnt.

Grandezza.
An Selbstbewusstsein hat es der bayerischen Landeshauptstadt noch nie gemangelt, wie auch das neugotische Rathaus zeigt.

6 gute Gründe für München

1 Die Stadt an der Isar legt einerseits viel Wert auf Tradition und zeigt sich andererseits überaus zeitgemäß. Dies spiegelt sich auch in der Architektur der Stadt wider. Die Mischung aus Gestern und Heute macht einen Teil von Münchens Anziehungskraft aus.

2 Hervorragende Restaurants findet man hier zuhauf, etliche Gasthäuser ringen um die Gunst des Publikums. Die einzige Frage, die sich Genießer stellen müssen, lautet: Wohin zuerst?

3 Kultur wird hier großgeschrieben – Münchens Museen können sich sehen lassen. An Sonntagen zahlt man in vielen Museen nur einen Euro Eintritt.

4 Münchner genießen ihr Leben auch draußen! Erholung im Grünen holt man sich im Englischen Garten, an einem der nahegelegenen Seen außerhalb der Stadtgrenze oder im Naturschutzgebiet Allacher Forst. Parks, Wälder und Berge – andere müssen für diese Idylle in den Urlaub fahren.

5 Die Oktoberfest-Stadt München ist für ihre einzigartige Biergartenkultur bekannt. Biergärten laden dazu ein, entspannte Stunden unter Kastanien zu verbringen. So geht Lebensfreude!

6 Es gibt einen Grund, warum München als nördlichste Stadt Italiens gilt: Die Mischung aus Stilbewusstsein, Kulinarik und Design übt einen Sog aus, dem sich auch Besucher kaum entziehen können.

Genuss am Morgen.
Das »Mandarin Oriental« ist für gutes Frühstück auf der Dachterrasse bekannt.

Freitag

Vom berühmten Glockenspiel am Marienplatz über den Besuch im »Dallmayr Delikatessenhaus« bis hin zum genussvollen Abschluss des Tages im Restaurant »Broeding«.

Viele Wege führen in die bayerische Landeshauptstadt, jedoch sollte man sich bewusst sein, dass die Anreise per Flieger eine rund 45-minütige Fahrt mit der wenig attraktiven S-Bahn nach sich zieht, bevor man das Stadtzentrum erreicht. Eine Alternative wäre der klimatisierte Express Bus, der Besucher ebenfalls in den Kern der weiß-blauen Metropole chauffiert, zum Hauptbahnhof. Wer sportlich ist und nur wenig Gepäck dabeihat, macht im Anschluss einen schönen Spaziergang, vorbei am berühmten Karlsplatz, der in München nur »Stachus« heißt, bis zu unserem Wochenendrefugium mit dem Namen »Andaz«, einem neuen Lifestyle-Luxus-Hotel, das zur Hyatt-Gruppe gehört. Zeitgenössisches Design steht hier im Vordergrund und wird nicht zuletzt über naturbelassene Holzböden und handgefertigte Sofas transportiert. Luxus und Lässigkeit schließen einander nicht aus! Eine passende Alternative ist das »Mandarin Oriental« mit einem Restaurantableger des japanischen Starkochs Nobu.

Nach einer kurzen Verschnaufpause nehmen wir uns vor, das Stadtzentrum zu erkunden. Der Marienplatz mit seinem berühmten Rathaus inklusive des noch berühmteren Glockenspiels liegt nur wenige Gehminuten entfernt. Wichtig: Seien Sie um kurz vor 17 Uhr da (von März bis Oktober, ansonsten stets um 11 und 12 Uhr), um das Spiel der 43 Glocken pünktlich mitzubekommen. Für den anschließenden Vorabendsnack ist es nicht weit bis zum »Café Glockenspiel«. Hier kann man bei hervorragenden Torten aus der hauseigenen Konditorei den Ausblick über die Stadt und den Marienplatz genießen, während in München langsam die »blaue Stunde« anbricht.

Nach einem kleinen Stadtbummel und einem etwaigen Besuch des legendären Viktualienmarkts oder des »Dallmayr Delikatessenhauses« (Tipp: im dazugehörigen Gourmetrestaurant »Alois« kann man bei Christoph Kunz nicht nur abends, sondern auch mittags auf Zwei-Sterne-Niveau speisen) setzen wir uns in die Straßenbahn, in München Tram genannt, und machen uns auf in den Stadtteil Neuhausen. Hier befindet sich in der Schulstraße das »Broeding«, lange ein Geheimtipp in Münchner Feinschmeckerkreisen, das ausschließlich österreichische Weine in seinen Kellern lagert, darunter auch die absolute Spitzenklasse. Vom täglich wechselnden Sechs-Gänge-Menü war schon die »New York Times« begeistert, eine Reservierung empfiehlt sich insbesondere am Wochenende.

Essen wie die Stars im »Matsuhisa Munich«.
Die japanisch-peruanische Küche von Starkoch Nobu Matsuhisa hat viele Fans: Er gilt mit seinen Restaurants als Liebling der Stars.

Gelebte Tradition.
Beim »Dallmayr« bekommt man neben diversen sortenreinen Kaffees auch Feinkost aus aller Welt.

Kulinarische Balance. Im Restaurant »Broeding« stehen ausgefeilte Gänge wie gebratene Entenbrust mit rotem Rettich und Portulak auf der Karte.

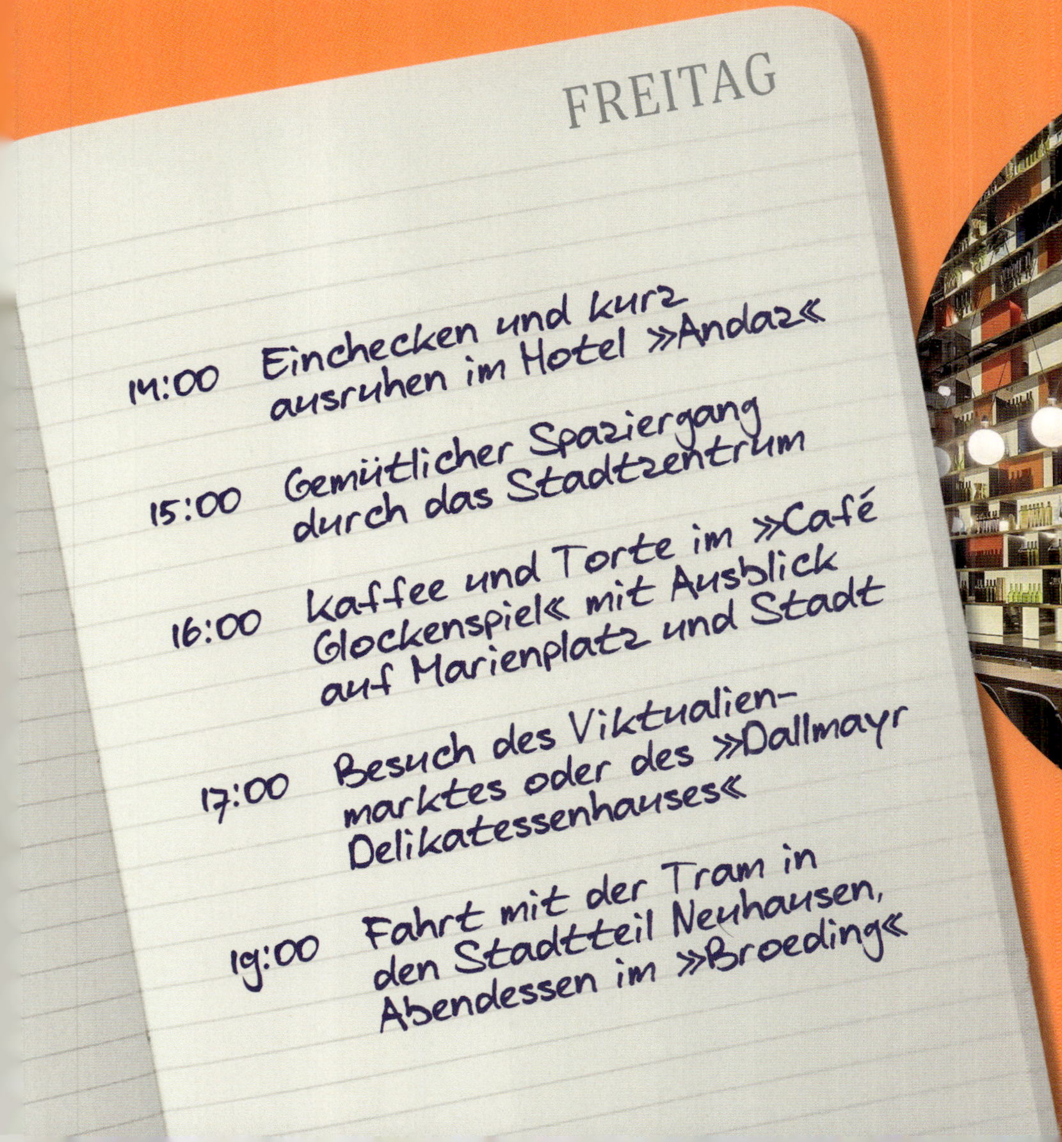

Hoch hinaus. Die Rooftop-Bar »M'Uniqo« im Hotel »Andaz« zählt zu Münchens neuen Hotspots. Im 12. Stock genießt man exzellent gemixte Drinks.

Ikone.
Das »Tantris« in Schwabing hat Gourmetgeschichte geschrieben. Auch die Einrichtung ist spektakulär.

Tellerkunstwerk.
Hans Haas, Küchenchef im »Tantris«, sprüht noch immer vor Ideen. Für 2020 hat er seinen Abschied angekündigt.

SAMSTAG

9:30 Frühstück im »Cotidiano« am Gärtnerplatz mit toller Sicht aufs Staatstheater

11:00 Flanieren durch das Glockenbachviertel mit hippen Läden und Cafés

12:30 Besuch im Museum Lenbachhaus und Lunch auf der Terrasse des Restaurants »Ella«

15:00 Stopp im »Feinkost Käfer«, danach Einkaufstour

19:00 Dinner im Drei-Sterner »Atelier«, anschliessend Cocktails in der »Distillers Bar«

Samstag

Am Samstag haben wir nach unserer Shoppingtour die Qual der Wahl zwischen den beiden Topadressen: dem »Tantris« in Schwabing und dem »Atelier« im »Bayerischen Hof«.

Den Samstag beginnen wir mit einem Frühstück mit Blick auf einen der schönsten Plätze der Stadt: im »Cotidiano« am Gärtnerplatz, von wo man das aufwendig renovierte Staatstheater bestaunen kann. Danach bummeln wir ein wenig durch das hippe Glockenbachviertel, das sich westlich des Gärtnerplatzes erstreckt und Cafés, Boutiquen und Einrichtungsläden beherbergt. Anschließend geht es weiter in das Museumsviertel in der Maxvorstadt. Die Pinakothek der Moderne ist dabei ein besonders lohnendes Ausflugsziel: Neben einer beeindruckenden Architektur glänzt der Bau aus Sichtbeton mit einer umfassenden Sammlung moderner Kunst und wechselnden Ausstellungen zu einer Vielzahl von Themen.

Unseren Mittagssnack nehmen wir auf der Terrasse des Restaurants »Ella« ein, das einem nicht minder sehenswerten Museum, dem Lenbachhaus, angeschlossen ist und einen tollen Blick auf die prunkvolle Architektur des Königsplatzes freigibt. Anschließend geht es zu »Feinkost Käfer« – ein gutes Mitbringsel aus dem Stammhaus in der Prinzregentenstraße (mit angeschlossenem Restaurant, der »Käfer-Schänke«) sind die Weißwürste in der Dose.

Nach diesem Souvenir-Stopp geht es weiter Richtung Einkaufsmeile Nummer eins, der Kaufingerstraße. Im Nobelkaufhaus »Oberpollinger« präsentieren sich neben bekannten Luxuslabels auch edle Schreibwaren, Designobjekte und Reisegepäck.

Fixpunkt.
Die »Käfer-Schänke« ist nicht nur für Münchens Bewohner eine Institution.

Guter Anschluss.
Die Spirituosen für die Drinks in der »Distillers Bar« kommen direkt aus der Brennerei nebenan.

Wir brechen nach der kurzen Erholungspause wieder auf und machen uns auf zum Tempel der Münchner Kulinarik (der zugleich auch für Design-Fans ein Muss ist): Das »Tantris« im Stadtteil Schwabing, das 1971 eröffnet wurde, zählt zu den besten Restaurants der Republik. Hier ist deutsche Genussgeschichte geschrieben worden, zunächst von Pionier Eckart Witzigmann, dann von Heinz Winkler und schließlich von Hans Haas. Mit einer beeindruckenden Konstanz werden hier Gourmets beglückt – seit 1974 bekam das Haus immer mindestens zwei Sterne. Für Dezember 2020 hat Haas seinen Abschied angekündigt, er geht in Rente. Man sollte sich also beeilen, um noch einmal in den Genuss seiner Kochkünste und des legendären Weinkellers (rund 35.000 Flaschen) zu kommen.

Kulinarische Nummer eins in München ist heute aber das »Atelier« von Jan Hartwig im Luxushotel »Bayerischer Hof«, das erstmals seit Witzigmanns Wirken wieder drei Michelin-Sterne in die Isar-Metropole holen konnte. Drei Jahre brauchte Hartwig, um sich auf den Olymp der Spitzenküche zu kochen. Stationen bei anderen Topköchen der Republik, darunter Sven Elverfeld (»Aqua«, Wolfsburg), dürften dabei geholfen haben. Seinen Kochstil kann man nicht verallgemeinern, auf eine Stilrichtung lässt er sich nicht festnageln. Die Virtuosität seiner Küche ist jedenfalls atemberaubend.

Für den Ausklang eines lebhaften Tages geht es in die »Distillers Bar«, wo die Cocktails mit Spirituosen aus der angeschlossenen Brennerei kreiert werden. Besonders zu empfehlen: der »Monaco Mule«. Wer Lust auf Bar-Hopping hat, sollte im Anschluss weiter in die »Goldene Bar« ziehen, die äußerst repräsentativ im Haus der Kunst zu finden ist. Mit Klaus St. Rainer ist hier einer der besten Barkeeper Deutschlands für die Drinks verantwortlich.

Die Münchner Gastro-Szene trifft man zu späterer Stunde in der »Grapes Weinbar« im Zentrum. Bis zwei Uhr nachts bekommt man hier erlesene Weine (und sogar noch warme Küche). Ausdauer wird belohnt!

Bayerische Folklore. Ein Muss während des Besuchs: Wirtshauskost im »Schneider Bräuhaus«.

Am letzten Tag wird es dann doch noch typisch bayerisch: Beim traditionellen Weißwurst-Frühstück im »Schneider Bräuhaus« im Tal kommt ein Hauch von Volksfeststimmung auf, was auch an der Blaskapelle in Tracht liegen könnte (nur sonntagvormittags). Jedoch ist solch ein fleischiges Frühstück nichts für Langschläfer: Die Würste werden nur bis zwölf Uhr serviert. Typisch bayerisch ist auch das »Nürnberger Bratwurst Glöckl am Dom«, das im vergangenen Jahr seinen 125. Geburtstag feierte. Das deftige Frühstück verlangt nach ein wenig Bewegung, die wir nach einer kurzen Tramfahrt im riesigen Park des Schlosses Nymphenburg finden. Hier war einst der Rückzugsort der Wittelsbacher im Sommer, noch heute bewohnen Abkömmlinge des adligen Geschlechts Teile des riesigen Schlossrondells.

Sonntag

Weißwurst-Frühstück, lustwandeln im Schlosspark Nymphenburg und eine Stippvisite im beschaulichen Hackerviertel beschließen das Wochenende in der bayerischen Hauptstadt.

Völkerverständigung. Beliebter Treffpunkt und Wahrzeichen im Englischen Garten: Rund um den Chinesischen Turm trifft man sich gern auf ein Helles.

Große Dimensionen. Schloss Nymphenburg: Prunk und Pomp der Wittelsbacher.

Auf dem Rückweg legen wir einen kurzen Stopp im Café »Schreibwaren am Schloss« ein, wo hervorragende Kuchen und eine lohnenswerte heiße Schokolade serviert werden. Unsere verbleibenden Stunden in der bayerischen Landeshauptstadt verbringen wir mit Schlendern durch das sogenannte Hackenviertel rund um die Sendlinger Straße. Hier bekommt man in der Damenstiftstraße oder der Hackenstraße einen Eindruck davon, wie es in München zu mittelalterlichen Zeiten ausgesehen haben muss. Nicht unerwähnt darf der Englische Garten bleiben mit seinen Biergärten und nach Frischluft hungernden Münchnern. Im Alten Botanischen Garten im Herzen der Stadt verbringen wir unter schattigen Kastanienbäumen die letzten Momente unseres Aufenthalts und lassen ein stimmiges Wochenende gemütlich ausklingen.

SONNTAG

9:00 Bayerisches Weisswurst-Frühstück im »Schneider Bräuhaus«

10:00 Fahrt mit der Tram zum Schloss Nymphenburg

13:00 Am Rückweg eine Kaffeepause im »Schreibwaren am Schloss« einlegen

14:00 Durch das Hackenviertel schlendern, sich in einen Biergarten im Englischen Garten setzen und mit einem Abschiedsbier auf München anstossen

Soulfood.
Einen Spezialitätenteller mit Nürnbergern, Krustenbraten und Knödeln sollte man sich nicht entgehen lassen.

5 Top-Hotels

Royal übernachten in einem ehemaligen Postamt – nur eine von vielen Möglichkeiten in München.

LOUIS HOTEL***

Das Designhotel direkt am Viktualienmarkt bietet anspruchsvolle Kulinarik, ein grandioses Frühstück und eine schöne Terrasse auf dem Dach. DZ ab 215 Euro.

Viktualienmarkt 6
80331 München
T: +49 89 41119080
louis-hotel.com

SOFITEL MUNICH BAYERPOST***

Im einstigen Königlich Bayerischen Postamt trifft historische Eleganz auf zeitgenössisches Design. DZ ab 243 Euro.

Bayerstraße 12
80335 München
T: +49 89 599480
sofitel-munich.com/de

ANDAZ MÜNCHEN SCHWABINGER TOR

Ein Lifestyle-Hotel für alle, die lässigen Luxus mögen. Zentral gelegen, erfrischend eingerichtet – das kürzlich neu eröffnete Haus, das zur Hyatt- Gruppe gehört, trifft den Zeitgeist. DZ ab 220 Euro.

Leopoldstraße 170
80804 München
T: +49 89 9042191234
hyatt.com/de-DE/home

EMPFEHLENSWERTE HOTELS IN MÜNCHEN

MANDARIN ORIENTAL*****

Hier erwarten die Gäste elegant eingerichtete Zimmer und kulinarische Highlights von Kult-Koch Nobu im hauseigenen Restaurant »Matsuhisa«, das meist gut besucht ist. DZ ab 600 Euro.

Neuturmstraße 1
80331 München
T: +49 89 290980
mandarinoriental.de/munich

BAYERISCHER HOF*****

Das Luxushotel ist bei Regierungschefs aus aller Welt beliebt. Im Drei-Sterne-Restaurant »Atelier« schwingt Küchenchef Jan Hartwig das Zepter. Eine der besten Adressen der bayerischen Hauptstadt. DZ ab 315 Euro.

Promenadeplatz 2–6
80333 München
T: +49 89 21200
bayerischerhof.de

VIER JAHRESZEITEN KEMPINSKI*****
In einer der teuersten Straßen Münchens findet sich das bewährte Luxushotel, in dessen Restaurant »Schwarzreiter« Deutschlands jüngste Sterneköchin Maike Menzel arbeitet. DZ ab 390 Euro.
Maximilianstraße 17, 80539 München
T: +49 89 21250, kempinski.com

THE CHARLES HOTEL*****
Höchst stilvoll residieren lässt es sich in diesem zentral gelegenen Luxushotel, während man den Blick auf den Alten Botanischen Garten genießt. DZ ab 370 Euro.
Sophienstraße 28, 80333 München
T: +49 89 5445550
roccofortehotels.com/de

LE MÉRIDIEN MÜNCHEN*****
Großzügige, moderne Zimmer, lässiges Flair und ein schöner grüner Innenhof versprechen stilvolles Wohlfühlen. DZ ab 170 Euro.
Bayerstraße 41, 80335 München
T: +49 89 24220
marriott.de/hotels/travel/mucmd-le-meridien-munich

RUBY LILLY****
Das »Ruby Lilly« setzt ganz auf schnörkellosen Stil und unprätentiöse Coolness. Modernes Wohnen im hippen Universitätsviertel der Maxvorstadt. DZ ab 276 Euro.
Dachauer Straße 37, 80335 München
T: +49 89 954570820, ruby-hotels.com

25HOURS THE ROYAL BAVARIAN****
Die schön designten Räume – von der Dienstbotenkammer bis zur Pfauen-Suite – empfangen die Gäste mit einem Augenzwinkern und strahlen Münchner Lebensfreude aus. DZ ab 139 Euro.
Bahnhofsplatz 1, 80335 München
T: +49 89 9040010
25hours-hotels.com/hotels/muenchen/the-royal-bavarian

THE FLUSHING MEADOWS
In den stylischen Zimmern mit wunderschönen Farbkompositionen fühlt man sich sofort wohl. Von der Rooftop-Bar hat man einen tollen Blick auf die City. DZ ab 165 Euro.
Fraunhoferstraße 32, 80469 München
T: +49 89 55279170
flushingmeadowshotel.com

PLATZL HOTEL****
Das familiengeführte Hotel mitten in der Altstadt kombiniert bayerische Gemütlichkeit mit hohem Komfort. Zum Hotel gehört die urige Gastwirtschaft »Ayinger«. DZ ab 200 Euro.
Sparkassenstraße 10, 80331 München
T: +49 89 237030, platzl.de

HOTEL MARIANDL
Authentisches Münchner Belle-Époque-Flair in einer um 1900 erbauten Jugendstil-Villa. In der charmanten Atmosphäre begibt man sich auf Zeitreise und fühlt sich wie in einem Roman von Marcel Proust. DZ ab 94 Euro.
Goethestraße 51, 80336 München
T: +49 89 5529100, mariandl.com

H'OTELLO B'01****
Von dezentem Design und ruhigen Farben umgeben, lässt es sich hier zwischen Altstadt und Isar stilvoll wohnen. DZ ab 145 Euro.
Baaderstraße 1, 80469 München
T: +49 89 45831200
hotello.de/b01-muenchen

HOTEL OPÉRA****
Geschmackvoll und individuell eingerichtete Zimmer und einen wunderschönen Arkadengarten genießt man in diesem eindrucksvollen Stadtpalais. Die Affinität zu Kunst und Design ist unverkennbar. DZ ab 210 Euro.
St. Anna-Straße 10, 80538 München
T: +49 89 2104940, hotel-opera.de

Im Scheinwerferlicht. Zwei-Sterne-Koch Bobby Bräuer inszeniert im »EssZimmer« der BMW Welt seine komplexe Spitzenküche.

Tipps und Adressen

RESTAURANTS

BROEDING
Gehobene Küche und ausschließlich österreichische Weine bietet das Team um Gottfried Wallisch in sehr intimem Ambiente. Unbedingt zeitig reservieren.
Schulstraße 9, 80634 München
T: +49 89 164238, broeding.de

ESSZIMMER
Unter dem Dach der BMW Welt, dem beliebtesten touristischen Ziel Bayerns, serviert Bobby Bräuer in seinem »EssZimmer« feinste Zwei-Sterne-Küche.
Am Olympiapark 1, 80809 München
T: +49 89 358991814
feinkost-kaefer.de/esszimmer-muenchen

TANTRIS
Seit 28 Jahren unter der Leitung von Hans Haas, zählt das »Tantris« in Schwabing zu den Topadressen für Haute Cuisine in München.
Johann-Fichte-Straße 7, 80805 München
T: +49 89 3619590, tantris.de

LANDERSDORFER & INNERHOFER
Restaurant, Vinothek und Feinkost in einem. In jeder Kategorie in der absoluten Oberliga.
Hackenstraße 6–8, 80331 München
T: +49 89 26018637, landersdorferundinnerhofer.de

SPEZLWIRTSCHAFT
Das traditionelle Gasthaus liegt direkt hinter dem Marienplatz im 1264 erbauten Wirtshaus. Das Publikum ist vornehmlich jünger, das Flair rustikal.
Ledererstraße 3, 80331 München
T: +49 89 23232973, spezlwirtschaft.me

BRASSERIE COLETTE
Klassiker der französischen Küche in neuer Interpretation kommen bei Tim Raue auf den Teller. Hier schwebt französische Joie de vivre in der Luft.
Klenzestraße 72, 80469 München
T: +49 89 23002555, brasseriecolette.de

LES DEUX
Neben den Kreationen auf dem Teller kann man auch das elegante Interieur der Brasserie bestaunen. Französische Haute Cuisine von ihrer besten Seite.
Maffeistraße 3/A, 80333 München
T: +49 89 710407373, lesdeux-muc.de

ELLA
Gehobene, fantasievolle italienische Küche im Lenbachhaus. Der moderne Museumsbau ist stilvoll mit Onyx und Edelholz eingerichtet.
Luisenstraße 33, 80333 München
T: +49 89 70088177, ella-lenbachhaus.com

KÄFER-SCHÄNKE
Kein München-Besuch ohne Käfer. Die »Käfer-Schänke« ist eine Münchner Institution, hier bekommt man durchgehend warme Küche und feine Weine. Für Gourmets immer ein lohnendes Ziel.
Prinzregentenstraße 73, 81675 München
T: +49 89 4168247 feinkost-kaefer.de/schaenke

SOPHIA'S RESTAURANT
Inspiriert vom nahegelegenen Alten Botanischen Garten sind die Gerichte in »Sophia's Restaurant«, so kommen sie mit viel Grün daher. Feines Speisen im »The Charles Hotel«.
Sophienstraße 28, 80333 München
T: +49 89 5445551200, roccofortehotels.com/hotels-and-resorts/the-charles-hotel/restaurants-and-bars/sophias-restaurant-bar

ALOIS
Klein und sehr fein ist das Restaurant im Haus des Traditionsunternehmens »Dallmayr«. Fine Dining auf Zwei-Sterne-Niveau mit origineller Einrichtung. Special: Rabatt für unter Dreißigjährige – ein Tisch ist immer für junge Gourmets reserviert.
Dienerstraße 14–15, 80331 München
T: +49 89 2135100
dallmayr.com/at/delikatessenhaus/restaurant

ACETAIA
In tollem Jugendstil-Ambiente wünscht man sich hier buon appetito. Klassische italienische Feinschmecker-Kochkunst.
Nymphenburgerstraße 215, 80639 München
T: +49 89 13929077, restaurant-acetaia.de

SCHNEIDER BRÄUHAUS
Das frühere »Weisse Bräuhaus« ist in ganz München bekannt. Nicht nur wegen seines Weißbiers »Schneider Weisse«. Die klassische, traditionelle Küche ist bei Touristen wie Einheimischen gefragt.
Tal 7, 80331 München
T: +49 89 2901380, schneider-brauhaus.de

DER DANTLER
Bayerisches Deli, wo Patron Jochen Kreppel nach New Yorker Vorbild exzellente Produkte aus Bayern nicht nur zum Mitnehmen anbietet, sondern auch zu kreativen Gerichten verarbeitet.
Werinherstraße 15, 81541 München
T: +49 89 39292689, derdantler.de

NINE O FIVE MÜNCHEN
Pizza essen wie Gott in Italien, noch dazu mit bestem Wein, kann man auch in Bayern. Die Münchner Version der neapolitanischen Pizza ist authentisch und sucht ihresgleichen. Bei der umfassenden Weinkarte hat man die Qual der Wahl.
Herzogstraße 29, 80803 München
T: +49 89 54849556
nineofive.de/muenchen-herzogenstrasse

NÜRNBERGER BRATWURST GLÖCKL AM DOM
Das »Bratwurst Glöckl« ist seit 125 Jahren die Mutter aller Wirtshäuser in München. Die berühmten Rostbratwürstl werden – wie es sich gehört – über offenem Buchenholzfeuer gegrillt.
Frauenplatz 9, 80331 München
T: +49 89 2919450, bratwurst-gloeckl.de

Inspirierend.
Im »Ella« genießt man italienische Gerichte mit Blick auf die Propyläen.

SHOWROOM
Erstklassiges Gourmetrestaurant mit kreativer Küche und cooler Atmosphäre. Auf dem Teller landen Kunstwerke mit Überraschungseffekt.
Lilienstraße 6, 81669 München
T: +49 89 44429082, showroom-restaurant.de

SCHAPEAU
Als fantastische Kombination erweisen sich bayerisch angehauchte Küche und das Interieur im Jugendstil.
Tal 41, 80331 München
T: +49 89 24234400, schapeau.de

ATELIER
In Münchens einzigem Drei-Sterner kommen wahre Kunstwerke auf die Teller. Man merkt sofort, Küchenchef Jan Hartwig beherrscht die Kunst des Verwöhnens.
Promenadenplatz 2-6, 80333 München
T: +49 89 21200, bayerischerhof.de

SCHUMANN'S BAR AM HOFGARTEN
Eigentlich eine Restaurant-Bar mit allem, was das Herz begehrt. Schumann's ist eine Münchner Institution am schönen Hofgarten.
Odeonsplatz 6-7, 80539 München
T: +49 89 229060, schumanns.de

GEISELS WERNECKHOF
Tohru Nakamura ist ein Star am Gastronomiehimmel. Spuren der beiden Kulturen des Zwei-Sterne-Kochs – die deutsche und die japanische – findet man in seinen finessenreichen, aromatischen Gerichten wieder.
Werneckstraße 11, 80802 München
T: +49 89 38879568, geisels-werneckhof.de

Gourmetparadies.
Halber Hummer oder Entenleber, Kaviar oder Austern: Die »Käfer-Schänke« macht Genießer froh.

CAFÉS

SCHREIBWAREN AM SCHLOSS CAFÉ & BAR
Das äußerlich unauffällige Café liegt nahe dem Nymphenburger Schloss. Der kleine Biergarten lädt im Sommer zum Verweilen ein.
Südliche Auffahrtsallee 78, 80639 München
T: +49 89 66663074
schreibwarenamschloss.eatbu.com

CAFÉ GLOCKENSPIEL
Die großartige Kuchenkarte und ein toller Blick über den Marienplatz locken tagsüber ins »Glockenspiel«. Abends ist die Küche des Restaurants lang geöffnet.
Marienplatz 28, 80331 München
T: +49 89 264256, cafe-glockenspiel.de

COTIDIANO
Das Café am Gärtnerplatz überzeugt mit einer großen Karte für Frühstück, Brunch und Lunch.
Gärtnerplatz 6, 80469 München
T: +49 89 242078610, cotidiano.de

VICTORIAN HOUSE
Very British Tee trinken kann man im »Victorian House« am Viktualienmarkt. Scones mit Clotted Cream dazu und das anglophile Glück ist perfekt. Mehrere Standorte.
Frauenstraße 14, 80469 München
T: +49 89 25546947, victorianhouse.de

JAHRESZEITEN LOBBY
Afternoon Tea in edler Wohnzimmeratmosphäre einnehmen kann man auch im Hotel »Vier Jahreszeiten«. Aus der hauseigenen Pâtisserie kann man sich kleine Kunstwerke dazu servieren lassen. Für externe Gäste ist eine Tischreservierung nur für den Afternoon Tea möglich.
Maximilianstraße 17, 80539 München
T: +49 89 21251745, kempinski.com

Süßer Start in den Tag.
In zentraler Lage am Gärtnerplatz frühstückt man im »Cotidiano«. Nicht nur die Tartelettes überzeugen.

PÂTISSERIE AMANDINE
Französisches Feingebäck vom Croissant bis zur Tarte au citron. Alles schmeckt köstlich wie in Frankreich.
Bergmannstraße 44, 80339 München
T: +49 89 51009637, patisserie-amandine.de

CAFÉ LUITPOLD
Seit seiner Eröffnung im Jahr 1888 ist das »Café Luitpold« mit seinen prächtigen Räumen ein klassisches Münchner Kaffeehaus. Spezialitäten des Hauses sind Torten, Pralinen und andere Süßwaren. Zur Geschichte der Kaffeehauskultur befindet sich im Luitpoldblock auch das kleinste Museum der Stadt.
Briennerstr. 11, 80333 München
T: +49 89 242875-0, cafe-luitpold.de

CAFÉ MAELU
Fast zu schön, um verspeist zu werden, sind die essbaren Kunstwerke – Törtchen, Macarons, Pralinen und mehr – im Café »Maelu«. Alle, die gehobene Backkunst lieben, sind hier an der richtigen Adresse.
Theatinerstraße 32, 80333 München
T: +49 89 24292597, maelu.de

Sonnige Aussichten.
Die Münchner mögen das »Café Glockenspiel« für den Blick auf den Marienplatz. Und für gute Kuchen.

BARS

DISTILLERS BAR
Bar mit großen Kupferkesseln und Cocktails aus hauseigener Brennerei. Spannende Getränkekarte.
Occamstraße 2, 80802 München
T: +49 89 336900, distillersbar.de

LUMP, STEIN UND KÜCHENMEISTER
Neue Weinbar, die nur fränkische Weine und viele fränkische Speisen anbietet. Mit Garten.
Alter Hof 3, 80331 München
T: +49 89 70 950 086, lump-die-weinbar.de

GOLDENE BAR
Die Bar im Haus der Kunst zählt zu den besten der Republik, Klaus St. Rainer mixt exzellente Drinks.
Prinzregentenstraße 1, 80538 München
T: +49 89 54 804 777, goldenebar.de

SCHUMANN'S LES FLEURS DU MAL
Die Zweitbar im ersten Stock der »Schumann's Bar« macht insbesondere Whisky-Kenner glücklich. Den Baum für den Tresen suchte Schumann selbst aus.
Odeonsplatz 6-7, 80539 München
T: +49 89 229060, schumanns.de

GRAPES WEINBAR
Die sehr gut sortierte Weinbar ist ein Paradies für Weinliebhaber und wird ebenso gern von Münchner Sommeliers und Köchen frequentiert.
Ledererstraße 8, 80331 München
T: +49 89 242249504, grapes-weinbar.de

JULIET ROSE
In dieser edlen Bar steht die Rose im Fokus. Bei köstlichen Getränken und aufregenden Speisen kann man das Interieur bestaunen.
Rosenheimerstraße 15, 81667 München
T: +49 89 48048717, julietrosebar.com/de

ZEPHYR
Die preisgekrönten Cocktails sind genauso originell wie ihre Namen andeuten und schmecken großartig. Die Atmosphäre ist ungezwungen lässig.
Baaderstraße 68, 80469 München
T: +49 171 3284040, zephyr-bar.de

Große Gemälde.
Das Lenbachhaus zeigt die Werke vieler bedeutender Künstler des Expressionismus.

FEINKOST

FEINKOST KÄFER
Ein Fixpunkt für alle Feinschmecker und Genießer. Die Auswahl an Delikatessen in diesem Feinkostladen macht es einem wirklich nicht leicht.
Prinzregentenstraße 73, 81675 München
T: +49 89 41680, feinkost-kaefer.de

DALLMAYR DELIKATESSENHAUS
Noch eine Adresse, die man keinesfalls auslassen sollte. Sobald man das Delikatessenhaus mit seinen vielen Abteilungen betritt, muss man sich etwas Feines gönnen. Ein Genusserlebnis par excellence!
Dienerstraße 14-15, 80331 München
T: +49 89 21350
dallmayr.com/at/delikatessenhaus

TERRA DI TARTUFI
Die wunderbare Welt der edlen Knolle. Frische, ausgewählte Trüffelsorten aus verschiedenen Ursprungsregionen sowie ausgezeichnete Trüffelprodukte bietet »Terra di Tartufi«.
Westendstraße 125, 80339
T: +49 89 99933296, terraditartufi.de

POMEROY & WINTERBOTTOM
Das anglophile Herz findet hier alles, was es begehrt: nämlich all things British – von englischem Whisky über Biscuits und Tee bis hin zum englischen Picknickkorb.
Brienner Straße 55, 80333 München
T: +49 89 2016901
pomeroy-winterbottom.com

Künstlerisch wertvoll.
Die »Goldene Bar« im Haus der Kunst besticht mit hochklassigen Cocktails.

SEHENSWERT

DIE PINAKOTHEKEN
Herumschlendern und Betrachten von Kunst empfiehlt sich in den Münchner Pinakotheken: Alte Pinakothek (Kunst vom Mittelalter bis Rokoko), Neue Pinakothek (zeitgenössische Kunst von Goya bis Van Gogh), Pinakothek der Moderne (vier Museen zu Kunst, Grafik, Architektur und Design). Ein-Euro-Tag am Sonntag.
Barer Straße 27, 29 & 40, 80799 München
pinakotheken.de

ENGLISCHER GARTEN
Im riesigen Englischen Garten kann man fast alles machen: sich sonnen, in der Isar baden, im Biergarten sitzen und sich erholen.
englischer-garten-muenchen.info

SCHLOSS NYMPHENBURG
Bayerische Schlösser sind einen Besuch allemal wert. Das Schloss Nymphenburg mit seiner prächtigen Parkanlage lädt zum Spazieren und Verweilen ein.
Schloss Nymphenburg, 80638 München
T: +49 89 179080, schloss-nymphenburg.de

LENBACHHAUS
Das Kunstmuseum stellt bedeutende Werke zeitgenössischer Kunst zur Schau. Klee und Jawlensky lassen sich hier genauso bewundern wie Werke von Franz Marc.
Luisenstraße 33, 80333 Müchen
T: +49 89 23332029, lenbachhaus.de

PETERSKIRCHE
Für alle, die Städte gerne von oben betrachten, empfiehlt sich ein Besuch des Petersturms in der Peterskirche (von allen »Alter Peter« genannt). Es bietet sich ein herrlicher Ausblick über die Stadt.
Rindermarkt 1, 80331 München

VIKTUALIENMARKT
Der traditionsreiche Viktualienmarkt ist der größte und bekannteste Markt der Stadt. Zur Stärkung kann man am Würstelstand stehen bleiben, deftig bayerisch lunchen, am Bäckerstandl eine Brezn probieren ... das Angebot ist riesig!
Viktualienmarkt 3, 80331 München
viktualienmarkt-muenchen.de

Istanbul

BUNTE GENUSS-PALETTE AM BOSPORUS

Farbenpracht.
Die Süleymaniye Moschee wurde im Auftrag von Suleyman dem Prächtigen erbaut und ist eines der stolzesten Bauwerke Istanbuls.

Türkisch für Anfänger: Die moderne Metropole hat weit mehr zu bieten als Kebap – Menschen aus dem ganzen Land brachten ihre Küchen mit: von den Küsten des Mittelmeeres und der des Schwarzen Meeres bis in die kaukasischen Berge.

6 gute Gründe für Istanbul

1 Ob Europa oder Asien: Mit einer Schifffahrt durch das Marmarameer können beide Kontinente besucht werden.

2 Die Stadt bietet viel mehr als nur gegrilltes Fleisch vom Spieß: Ob klassisch traditionell oder Sterneküche – hier jauchzt jeder Gaumen.

3 Das breit gefächerte Kulturangebot: von Moscheen über Museen und Galerien bis hin zu Hamams. Zu jeder Tageszeit können die diversesten kulturellen Angebote der pulsierenden Stadt genutzt werden.

4 Ein Märchen aus 1001 Nacht: Die Architektur und das orientalische Flair ziehen einen in den Bann.

5 Egal ob Gewürz-Shopping am Basar, Vintage-Shopping in einer Boutique oder Luxus-Shopping von türkischen oder internationalen Designern – Istanbul hat alles.

6 Ein Dorado für Foto-Fans: Im alten Stadtzentrum gibt es wohl kaum ein Gebäude, das man nicht bildlich festhalten möchte. Highlights sind die Hagia Sophia, die Cisterna Basilica oder der Topkapi Palast.

Vom Feinsten.
In der »Karaköy Lokantası« wird seit vielen Jahrzehnten auf höchstem Niveau gegrillt.

FREITAG

12:00 Lunch in der »Karaköy Lokantası«: Grillkunst vom Feinsten

15:00 Auf einen Chai nach Kadıköy – auf der Fähre dorthin die Prachtbauten am Bosporus fotografieren

17:00 Einen Kebap im »Çiya Sofrası« probieren – angeblich der beste der Stadt

22:00 Auf einen Absacker in die Barstrasse Istanbuls, die Kadife

Freitag

Nach dem morgendlichen Besuch der Hagia Sophia belohnen Sie sich zu Mittag und am Abend mit traditionellen Köstlichkeiten aus unterschiedlichen Teilen der Türkei.

Das Fressen kommt zwar vor der Moral, aber nach dem Sightseeing. Istanbul hat einige fantastische Bauwerke zu bieten. Weil das leider auch andere Menschen wissen, wird es bei den Hauptattraktionen am Wochenende sehr schnell sehr voll – wir reisen daher am besten am Donnerstagabend an und erledigen die wichtigsten Besichtigungen schon am Freitagvormittag: etwa die Hagia Sophia und die Blaue Moschee. Wer schnell ist, kann nachher noch einen Blick in das beeindruckende Teppichmuseum werfen.

Rund um berühmte Sehenswürdigkeiten isst man selten gut – wir spazieren zum Lunch daher am besten den Hügel von der Hagia Sophia hinunter und über die Brücke nach Karaköy. Auf der anderen Seite des Goldenen Horns werden wir mit osmanischer Grillkunst belohnt: richtig gute Spieße in der »Karaköy Lokantası«, einem legendären, alteingesessenen Grillrestaurant. Wer nicht ganz so weit gehen mag: Im Ägyptischen Basar bieten einige Händler sehr schmackhafte, über Kohlen gegrillte Hühnerflügel an. Wenn man dort ist: nicht die unscheinbare Rüstem-Pascha-Moschee verpassen. Sie ist mit einigen der schönsten Fliesen der osmanischen Welt dekoriert.

Wir holen uns wieder Hunger im Großen Basar. Sobald wir genug von dem hektischen Treiben haben, steigen wir in eine Fähre nach Kadıköy, dem hippen Bezirk auf der asiatischen Seite der Stadt. Bei einem Chai, einem türkischen Tee, können wir vom Deck den Blick auf all die Prachtbauten entlang des Bosporus genießen.

Nur wenige Schritte vom Hafen entfernt, wartet eines von Istanbuls legendärsten Restaurants auf uns: Im »Çiya Sofrası« werden saisonale Speisen aus allen türkischen Provinzen serviert, und die Kebaps zählen zu den allerbesten der Stadt. Der Besitzer des Lokals ist so essensvernarrt, dass er ein eigenes kulinarisches Magazin herausgibt. Freitagnacht ist übrigens eine wunderbare Zeit, um in Karaköy am Bosporus-Ufer spazieren zu gehen oder in der Kadife-Straße, der Barstraße Kadıköys, noch einen (oder viele) Drinks zu nehmen.

Touristen-Attraktion.
Der Große Basar ist heute mehr wegen seiner Architektur als wegen seiner Geschäfte interessant.

Wilder Mix.
In den Töpfen des »Çiya Sofrası« finden sich ungewöhnliche, fast vergessene Gerichte aus den türkischen Provinzen – immer frisch und aus saisonalen Zutaten gekocht.

Snack-Time.
Das »Tadal Meze Evi« ist ein perfekter Zwischestopp beim Shoppen. Legendär sind die gefüllten Weinblätter, die es dort gibt.

Samstag

Ein Tag der Gegensätze: Nach dem Shopping gibt's zu Mittag rustikale Hausmannskost und Mezze vom Kaukasus, am Abend speisen wir dann in einem der besten Restaurants der Welt.

Nach der Pflicht folgt heute die Kür – der Tag ist ganz dem Genuss gewidmet. Wir halten uns beim Frühstück zurück und fahren dann in den Stadtteil Beşiktaş – am besten mit dem Boot, dann können wir vom Wasser aus in aller Ruhe den pompösen Nationalpalast, den Sitz des Sultans im 19. Jahrhundert, bewundern. Wir gehen an Land und kosten uns durch das Angebot von »7–8 Hasanpaşa Fırını«, einer der besten Bäckereien der Stadt. Vor allem die Tahinli Çörek, eine Art Briocheschnecke mit süßer Sesampaste, ist umwerfend. Während wir sie essen, erkunden wir um die Ecke den kleinen Fischmarkt und seine moderne Architektur.

Jetzt ist Shopping angesagt: Zu Fuß geht es in wenigen Minuten hinauf in den Bezirk Nişantaşı, einen von Istanbuls schicksten Shopping-Bezirke. In den Boutiquen hier gibt es alles, von Vintage-Ray-Ban-Sonnenbrillen bis hin zu Kleidern junger türkischer Designer. Dazwischen drängen sich Galerien und Cafés. Wen der Hunger plagt: Nur wenige Minuten vom Shopping District entfernt liegt die alte armenisch-griechische Nachbarschaft.

Im kleinen Familienrestaurant »Ben-u Sen« kocht die Mama höchstpersönlich armenische Hausmannskost, die man sich in der offenen Küche direkt aus den Töpfen aussuchen kann. Wem das zu rustikal ist: Bei »Tadal Meze Evi«, einem der bekanntesten Mezze-Shops der Stadt, gibt es himmlische Snacks, etwa die legendären gefüllten Weinblätter. Überessen ist jedoch keine gute Idee! Um die Ecke wartet nämlich »Göreme Muhallebicisi«, einer der berühmtesten Milchreis-Shops der Stadt.

Jetzt haben wir uns eine Pause verdient – glücklicherweise ist die türkische Badekultur genauso berühmt wie das Essen. Im Kılıç Ali Paşa Hamamı entspannen wir am Nachmittag wie einst der Sultan. Abends steht dann kulinarische Hochkultur auf dem Programm: Im »Mikla«, Istanbuls einzigem Restaurant auf der »World's 50«-Bestenliste, serviert Mehmet Gürs minimalistische, anatolisch inspirierte Küche mit atemberaubendem Blick über die Stadt.

Turm der Freude.
Die Istanbuler lieben Milchreispudding. Einen der besten der Stadt gibt's im »Göreme Muhallebicisi«.

Shopping de luxe.
Im Nişantaşı Center gibt es alles: Edel-Boutiquen, Vintage-Shops und junge, türkische Labels.

SAMSTAG

10:00 Ein schnelles Frühstück in der Bäckerei »7-8 Hasanpaşa Fırını«, weil: Ein leerer Magen shoppt nicht gerne ;-)

10:30 Den Bezirk Nişantaşı erkunden und eine Vintage-Ray-Ban kaufen!

12:30 Mittagessen bei »Ben-u Sen«

16:00 Wellnessen im Kılıç Ali Paşa Hamamı

20:30 Dinner im »Mikla«

Kochkunst. Mit seiner kreativen türkischen Küche hat sich das »Mikla« unter Mehmet Gürs (o.) einen Platz auf der »The World's 50 Best Restaurants«-Liste gesichert.

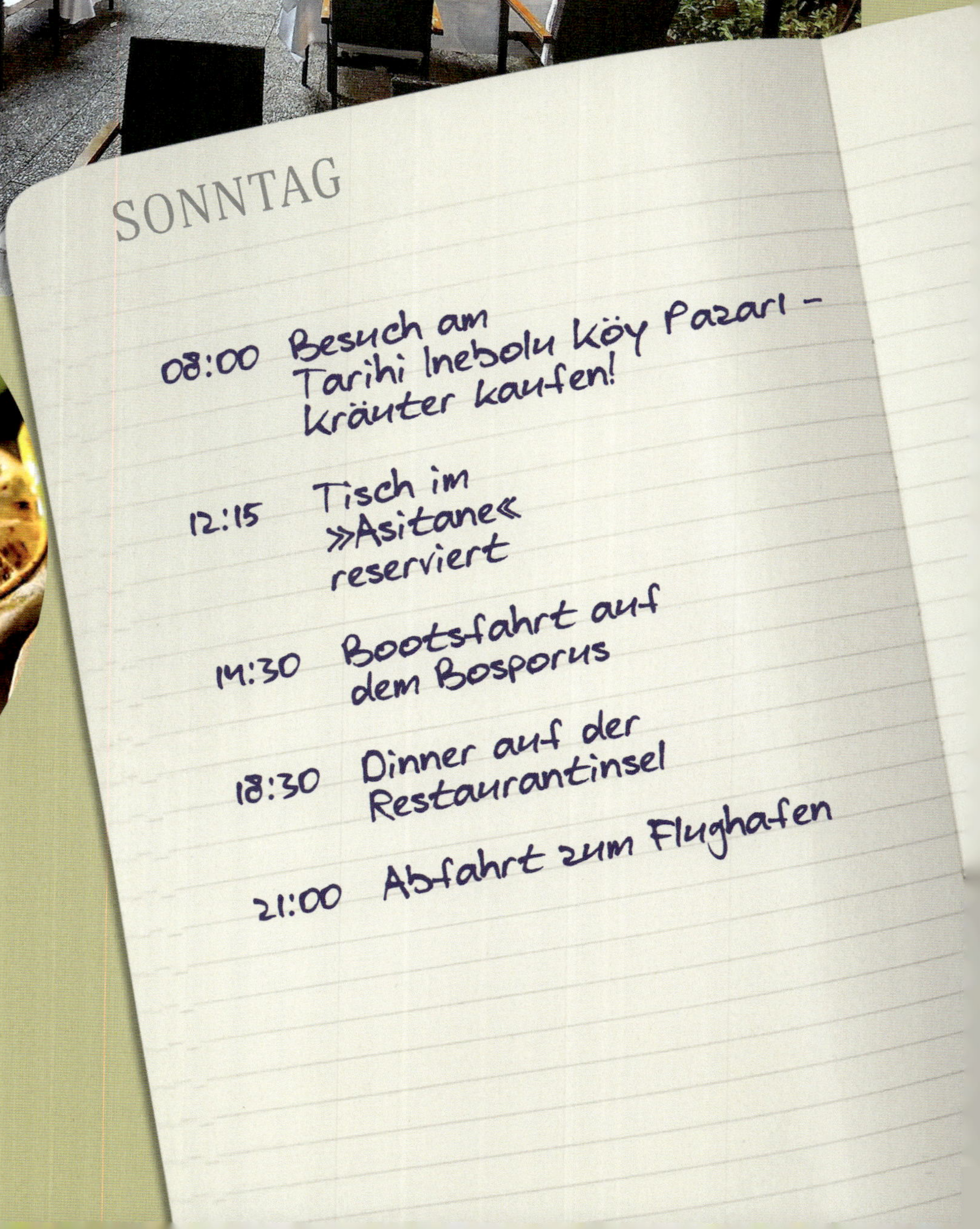

Königlich.
Das »Asitane« gleich neben dem Chora-Museum hat sich auf alte osmanische Palastküche spezialisiert.

Sonntag

Genießen wie in 1001 Nacht: Heute warten alte osmanische Palastküche und ein wilder Markt mit Köstlichkeiten vom Schwarzen Meer.

Pittoresk. In Balat gibt es historisch bunte Häuser und viele kleine Geschäfte und Cafés.

Jeden Sonntagmorgen findet der Tarihi Inebolu Köy Pazarı statt, ein Markt, auf dem Bauern aus der Schwarzmeer-Region ihre Produkte verkaufen. Die Stände gehen über von frischen Kräutern, wilden Pilzen, ganzen Hühnern und dottergelben Butterbergen. Sollten wir erst abends oder sogar erst am Montag nach Hause fliegen, ist ein Besuch hier eine wunderbare Gelegenheit, türkische Produkte kennenzulernen.

Sonst fahren wir gleich nach dem Frühstück nach Balat, einem der pittoreskesten Bezirke Istanbuls. Zur Abwechslung steigen wir wieder mal ins Boot oder in den Bus, fahren eine halbe Stunde das Goldene Horn entlang und schlendern durch die Gassen mit den historischen bunten Häusern und den vielen kleine Geschäften und Cafés. Etwas oberhalb des Zentrums, auf einem Hügel, können wir die Chora-Kirche besichtigen, ein orthodoxer Sakralbau, der mit einigen der ältesten und schönsten byzantinischen Fresken geschmückt ist.

Direkt neben der Kirche wartet dann das »Asitane«, ein berühmtes Restaurant mit hübschem Garten, das sich auf altosmanische Gerichte spezialisiert hat, die am Hof des Sultans serviert wurden. Bei manchen Speisen wird auf der Karte sogar angegeben, aus welchem Jahr das Rezept stammt. Wer es einfacher und schneller möchte, kann unten, nahe dem Wasser, bei »Köfteci Arnavut« essen, einer der besten Adressen der Stadt für herzhafte Köfte und Linsensuppe.

Wer noch eine Nacht bleibt, kann den Trip im »Kız Kulesi« ausklingen lassen. Die Lage des gehobenen Restaurants auf einer winzigen Insel mitten im Bosporus, unweit der Mündung des Goldenen Horns, ist einzigartig.

Romantik-Dinner. Auf der Romantikinsel mitten im Bosporus.

5 Top-Hotels

Zwei Kontinente, zwei Welten: Von opulenten Luxus-Hotels mit Geschichte und modernen Wellness-Oasen.

FOUR SEASONS HOTEL ISTANBUL AT SULTANAHMET*****

Prunkvolles 5-Sterne-Haus mit exklusiver Dachterrasse. Das zu einem Hotel umgebaute Gefängnis vereint originale türkische Handwerkskunst mit luxuriösen Unterkünften. DZ ab 340 Euro.

Tevkifhane Sokak No. 1
34122 Istanbul
T: +90 212 4023000
fourseasons.com

SOHO HOUSE ISTANBUL*****

Stilvoll opulentes Luxusdomizil in Beyoğlu. Neben einem Restaurant im Innenhof lockt das Hotel auch mit einem Spa, Fitnessraum und Hamam. Die geschmackvoll und modern eingerichteten Zimmer bieten für jeden Geschmack etwas. Das Restaurant »Cecconi's« serviert seinen Gästen modern-klassische italienische Köstlichkeiten. Keine 300 Meter vom Hotel entfernt befindet sich die Einkaufsmeile Istiklâl Caddesi, die mit Restaurants, Cafés, Geschäften und Kunstgalerien bestickt. DZ ab 200 Euro.

Evliya Çelebi Mahallesi
34430 Istanbul
T: +90 212 3777100
sohohouseistanbul.com

ÇIRAĞAN PALACE KEMPINSKI ISTANBUL*****

Luxus-Wohlfühlresort (mit beheiztem Pool) mitten in der Stadt. Das Hotel vereint royale ottomanische Baukunst und Luxus pur. Für die Anreise gibt es drei Optionen: klassisch mit dem Auto (Taxi), mit der Yacht oder mit dem Helikopter. DZ mit Meerblick ab 360 Euro.

Ciragan Caddesi 32
34349 Istanbul
T: +90 212 3264646
kempinski.com

RAFFLES ISTANBUL*****

Designhotel mit modernem Flair und Blick auf Istanbuls Sykline. Die beiden Restaurants des Hotels bieten sowohl zeitgenössische türkische als auch klassische mediterrane Gerichte Zudem stehen den Gästen als auch den Einheimischen mehrere Bars und auch eine Patisserie mit verlockenden Backwaren sowie Tee und Kaffee zur Verfügung. DZ ab 300 Euro.

Zorlu Center
34340 Istanbul
T: +90 212 9240200
raffles.com

THE ST. REGIS ISTANBUL*****

Das durch Art Deco-Einflüsse geprägte Hotel liegt im Herzen des Nişantaşı-Bezirkes. Hier werden Luxus und zeitlose Eleganz für den nationalen oder internationalen Kosmopoliten vereint. Den Gästen stehen abends zwei verschiedene Restaurants zur Verfügung: Zum einen jenes unter der Patronanz von Star-Koch Wolfgang Puck, zum anderen die »St. Regis Brasserie«, die moderne internationale Küche mit türkischen Einflüssen kombiniert. DZ ab 360 Euro.

Mim Kemal Oke Cad. No. 35
34367 Istanbul
T: +90 212 3680000
marriott.com

CVK PARK BOSPHORUS HOTEL ISTANBUL*****
Großräumiges Hotel, welches das zeitlose, elegante Erbe der Stadt mit Einflüssen der Moderne kombiniert. DZ ab 225 Euro.
Gümüssuyu Mah Inönü Cad. No. 8
34437 Istanbul
T: +90 212 3778888
cvkhotelsandresorts.com

SHANGRI-LA BOSPHORUS*****
Das in den 1930er-Jahren erbaute Hotel befindet sich im europäischen Teil Istanbuls. Vier Restaurants und eine Bar bieten den Gästen ein großes kulinarisches Angebot. DZ ab 315 Euro.
Sinanpasa Mah, Hayrettin Iskelesi Sok. No. 1
34353 Istanbul
T: +90 212 2758888, shangri-la.com

SWISSÔTEL THE BOSPHORUS ISTANBUL*****
Das in einem 263 000 m² großen Garten gelegene Hotel ist wahrlich eine Ruheoase mitten in der Stadt, denn erstklassige Einkaufsmöglichkeiten und abends das lebhafte Nachtleben befinden sich in unmittelbarer Nähe. DZ ab 202 Euro.
Visnezade Mah. Acisu Sok. No. 19, Istanbul
T: +90 212 3261100, swissotel.de

THE RITZ-CARLTON, ISTANBUL AT THE BOSPHORUS*****
Das »Ritz-Carlton« in Istanbul verbindet modernes Design mit Elementen aus der langen Tradition des Osmanischen Reichs. DZ ab 276 Euro.
Suzer Plaza, Askerocagi Caddessi, No. 6
34367 Istanbul
T: +90 212 3344444, ritzcarlton.com

ADELMAR HOTEL ISTANBUL****
Das 2017 mit nur 35 Zimmern eröffnete Hotel befindet sich im Zentrum von Istanbul, unweit des Taksim Platzes und der U-Bahn-Station Osmanbey. DZ ab 185 Euro.
Bozkurt Mah. Dolapdere Cad. No. 217
34375 Istanbul
T: +90 212 2326162, adelmarhotel.com

THE SULTANHAN ISTANBUL****
Das im Herzen des Sultanahmet-Bezirks gelegene Hotel befindet sich in unmittelbarer Gehnähe der Blauen Moschee, der Hagia Sophia und dem Großen Basar. DZ ab 167 Euro.
Piyer Loti Cad. No. 7, Sultanahmet, 34122 Istanbul
T: +90 212 5163232, hotelsultanhan.com

TAKSIM SQUARE HOTEL****
Wie der Name verspricht, befindet sich das Hotel im pulsierenden Herz der Stadt, dem Taksim Platz. DZ ab 166 Euro.
Gümüssuyu Mh, Siraselviler Cd. No. 7, 34437 Istanbul
T: +90 212 2926440, hoteltaksimsquare.com

PARK HYATT ISTANBUL-MACKA PALAS*****
Dieses 5-Sterne-Hotel mit luxuriösen Unterkünften und Einrichtungen befindet sich im derzeit besonders angesagten Wohn- und Einkaufsviertel Nişantaşı. DZ ab 191 Euro.
Tesvikiye, Bronz Sokak No. 4, Sisli, 34367 Istanbul
T: +90 212 3151234, hyatt.com

RADISSON BLU BOSPHORUS HOTEL*****
Direkt am Ufer des Bosporus im pulsierenden Stadtviertel Ortaköy liegt das Hotel der Radisson Blu-Gruppe. Durch die gute öffentliche Verkehrsanbindung können zahlreiche Sehenswürdigkeiten besucht werden. DZ ab 155 Euro.
Ciragan Cad. 46, 34349 Istanbul
T: +90 212 3101500, radissonblu.com

WYNDHAM GRAND ISTANBUL LEVENT*****
Durch die sehr gute öffentliche Verkehrsanbindung (mit direktem Zugang zur U-Bahn-Station) und dem sehr großzügigen Wellnessbereich bietet das Hotel die perfekte Mischung aus City-Trip und Wellnessurlaub. DZ ab 189 Euro.
Esentepe Mah. Büyükdere Cad. No. 177-183
34394 Istanbul
T: +90 212 441608
wyndhamgrandlevent.com

Dinner mit Aussicht. Das Restaurant »Safran« im »Hotel Intercontinental« bietet Top-Ambiente mit einem herrlichen Blick über die Stadt.

Tipps und Adressen

RESTAURANTS

ASITANE
Das Restaurant hat sich auf altosmanische Küche spezialisiert. Es werden spezielle Dinner-Wochen angeboten, die unter verschiedenen Mottos wie zum Beispiel Fisch und Seefood im Ottomanischen Palast stattfinden.
Kariye Camii Sokak No. 6, 34240 Istanbul
T: +90 212 6357997, asitanerestaurant.com

SIRAZ
Kleines, mit nur acht Tisch ausgestattetes, gemütliches Bistro in der schicken und ruhigen Wohngegend Kadıköy im asiatischen Teil der Stadt. Es wird eine große Variation an griechischen und ägäischen Mezzes angeboten.
Sarraf Ali Sokak 7A, 34710 Istanbul
T: +90 532 4533145

KARAKÖY LOKANTASI
Alteingesessenes, legendäres Grilllokal in Karaköy, wo sich zu Mittag Bankiers um einen Tisch bemühen. Der Star des Menüs ist Hünkar begendi, eine im Ganzen am Grill gegarte Melanzani, die anschließend geschält und püriert und mit Milch und Käse verfeinert wird. Dazu werden rosa gebratene Lammkoteletts serviert. Abends ist eine Reservierung dringend anzuraten, zu Mittag herrscht das First-Come-First-Serve-Prinzip.
Kemankes Cad. 37 A, 34425 Istanbul
T: +90 212 2924455, karakoylokantasi.com

ÇIYA KEBAB
Der schönste Markt liegt im Stadtteil Kadıköy, mittendrin befinden sich drei »Çiya«-Lokale. Es gibt Salate aus frischen Kräutern und Kebaps frisch aus dem Ofen. Lecker sind auch die Desserts. Kein Alkoholausschank.
Caferağa Mah. Güneşlibahçe Sk. 43/A, Kadıköy 34710 Istanbul
T: +90 21633630-13, ciya.com.tr

ECE 9
Türkische Hausmannskost, frisch und fein. Inhaberin Ece kocht mit großer Leidenschaft in dem charmanten Lokal. Man darf nicht zu spät kommen, denn die Chefin kauft nicht auf Vorrat ein. Und wenn alle Waren aufgebraucht sind, schließt sie die Küche.
Oteller Sokok 9, Tepebaşi-Beyoğlu, 34437 Istanbul
T: +90 212 2457428

AGATHA RESTAURANT IM HOTEL PERA PALACE
Es wird ein Mix aus französischer, italienischer und türkischer Küche in einem musealen Ambiente serviert. Die Gästeliste des Restaurants reicht von Ernest Hemingway bis zu Agatha Christie.
Mesrutiyet Caddesi No. 52, 34460 Istanbul
T: +90 212 37740000
perapalace.com/agatha-restaurant.html

MIKLA
In dem Dachrestaurant im »Marmara Hotel« passt alles zusammen: Paläste und Moscheen zum Greifen nah, exquisite Kreationen mit starker Betonung auf fangfrischem Fisch und Gemüse.
Meşrutiyet Caddesi 167/185, Beyoğlu, 34430 Istanbul
T: +90 212 2935656,www.miklarestaurant.com

LEB-I DERYA
Eines der besten Rooftop-Restaurants der Stadt. Die Küche vereint anatolische und rumelianische Einflüsse und holt diese in die Moderne.
Sahkulu Mah., Kumbaraci Yks. No. 57, 34425 Istanbul
T: +90 212 2924455, lebiderya.com

BEN U SEN
Armenisches Nachbarschaftslokal: Die Mutter kocht in der offenen Küche. Der Name des Lokals heißt übersetzt «Ich und Du«, welcher perfekt zu der familiären Atmosphäre des Lokals passt.
Baruthane Caddesi No 37, 34375 Istanbul

GÖREME MUHALLBICISI
Berühmt für den wahrscheinlich besten Sütlaç der Stadt.
Cumhuriyet Mah., Feriköy Firin Sk. No.9, 34380 Istanbul
T: +90 212 2969292, goremeмuhallebicisi.com

Japan in Istanbul.
Auch Istanbul hat sein »Zuma«: Hervorragende japanische Gerichte können bei bester Aussicht genossen werden.

ÇIYA SOFRASI
Legendäres Lokal, in dem der Vielfalt der türkischen Küche gehuldigt wird.
Günesli Bahce Sk. No. 43, 34710 Istanbul
T: +90 216 3303190, ciya.com.tr

KANTIN
Ideal für die Lunchpause beim Einkaufsbummel. Besitzerin Şemsa Denizsel steht selbst am Herd und bereitet Einfaches mit Qualitätsprodukten und viel Sorgfalt zu.
Akkavak Sokağı 30, Nişantaşı, 34365 Istanbul
T: +90 212 2193114

KIZ KULESI
Wöchentlich wechselndes Dinner-Menü mit romantischer Live-Musik und spektakulärem Ausblick über den Bosporus. Angesiedelt ist das Restaurant auf einer kleinen Insel.
Salacak/Üsküdar, 34668 Istanbul
T: +90 216 3424747, kizkulesi.com.tr

ULUS 29
Eine der besten Adressen der Stadt. Das perfekte Ambiente und die traumhafte Aussicht runden das kulinarische Erlebnis ab.
A. Adnan Saygun Caddesi, No. 71, 34340 Istanbul
T: +90 212 3582929, ulus29.com

ZUMA
Ableger des trendigen Top- Asiaten. Die moderne Interpretation japanischer Gerichte sorgt in der Stadt am Bosporus für Aufsehen.
Istinye Park No. 461, 34460 Istanbul
T: +90 212 2362296
zumarestaurant.com/locations/istanbul

HAMDI RESTAURANT
Legendäres Kebaprestaurant neben dem Ägyptischen Basar. Von der Dachterrasse bietet sich ein spektakulärer Blick über den Bosporus. Mezze und Kebap sind empfehlenswert!
Thamus Caddesi Kalçin Sokak No. 11, 34110 Istanbul
T: +90 533 6588011, hamdi.com.tr

SPAGO
Das im »St. Regis« gelegene Restaurant des gebürtigen Kärntners Wolfgang Puck serviert saisonale Menüs gepaart mit exzellentem Service, modernem Design und einem wunderbaren Blick von der Dachterrasse über den Bosporus.
Mim Kemal Oke Cad. No. 35, 34367 Istanbul
T: +90 212 3680808
spago.thestregisistanbul.com

BALIKCI SABAHATTIN
Etwas versteckt nahe der Blauen Moschee verbirgt sich das sympathische Fischlokal. Spezialität sind diverse Fischsalate und Turbot (Steinbutt). Viel Lokalkolorit und ein netter Garten!
Seyit Hasan Kuyu Sok. No. 1, 34122 Istanbul
T: +90 212 4581824, balikcisabahattin.com

RESTAURANT SAFRAN
IM HOTEL INTERCONTINENTAL
Das Restaurant befindet sich im Herzen Istanbuls. Aus der Küche kommen türkische und osmanische Gerichte mit modernen Akzenten. Es herrscht ein gediegenes Ambiente
Asker Ocagi Cad. No. 1, Taksim, 34437 Istanbul
T: +90 212 3684444,
istanbul.intercontinental.com

5.KAT RESTAURANT
Das Restaurant überzeugt mit einer romantischen Atmosphäre inklusive malerischem Ausblick auf den Bosporus. Regelmäßige Live-Konzerte sorgen für die musikalische Untermalung der türkischen Küche.
Soganci Sokak No. 3, 34427 Istanbul
T: +90 212 2933774, 5kat.com

Austrian Connection.
Im »Spago« von Wolfgang Puck im »St. Regis« werden vor allem saisonale Menüs serviert.

Gute Aussichten. So atemberaubend der Blick im »360 Istanbul«, so fein sind auch die Drinks an der Bar.

CAFÉS

HAFIZ MUSTAFA 1864
Eine traditionelle, alteingesessene, beliebte Konditorei. Serviert werden neben traditionellem türkischem Kaffee auch Süßspeisen aller Art.
Hocapasa Mahallesi Muradiye Caddesi 51
34080 Istanbul
T: +90 212 5276654, hafizmustafa.com

SUSAM
Ein gemütliches Kaffeehaus, das neben einer großen Auswahl an Getränken auch Speisen für den kleinen Hunger anbietet.
Susam Sokak No. 11, 34433 Istanbul
T: +90 212 2515995

KAHVE 6
Angeboten wird eine reichhaltige Frühstücksvariation, wobei der Fokus auf biologischen Zutaten liegt. Vegetarische und vegane Gerichte sind auch verfügbar.
Anahtar Sokak No. 13, 34425 Istanbul
T: +90 212 2930849

PIERRE LOTI CAFE
Der perfekte Ort, um einen Kaffee und den Ausblick über das goldene Horn zu genießen.
Gumussuyu Balmumcu Sk. 1, 34050 Istanbul
T: +90 212 4971313, pierrelotitepesi.com

MANDABATMAZ
Ein Kaffeehaus, wie es im Buche steht, denn außer türkischem Mokka wird hier nur noch Wasser serviert. Ein Lokal, welches sowohl bei Jung und Alt als auch bei Einheimischen und Touristen beliebt ist.
Olivia Gecidi No. 1A, Beyoglu, 34430 Istanbul
T: +90 212 2437737, mandabatmaz.com.tr

BARS

MITTE
Eine sehr gute und moderne Mischung aus Restaurant und Bar. Namensgebend für das Lokal ist der ehemalige Berliner Wohnbezirk Mitte, in dem der Besitzer einige Zeit gelebt hat.
Necatibey Caddesi No. 66A, Beyoglu
34425 Istanbul
T: +90 543 6276362, mittekarakoy.com.tr

Hafiz Mustafa 1864. Wer Süßes ganz besonders süß haben will, ist in der Türkei richtig. Und in dieser Konditorei noch viel richtiger.

EFENDI
Eine Bar mit ungewöhnlichem Design und einem Barkeeper, der sich auf krautige Klassiker spezialisiert hat.
Haci Emin Efendi Sok. No: 28, 34365 Istanbul

ALEXANDRA
Sehr schöne klassische Bar mit kurzer, knackiger Karte und höchster Qualität.
Bebek Arnavutkoy Cad. 50, 34345 Istanbul
T: +90 2122875848

360ISTANBUL
Gute Drinks, feine Küche und der vielleicht schönste Sonnenuntergang der Stadt.
Istiklal Cad. No. 8 D: 163
34433 Istanbul
T: +90 2122511042, 360istanbul.com

GEYIK
Hier werden einige der besten Cocktails der Stadt serviert. Sowohl bei Einheimischen als auch Touristen beliebt. Tagsüber wird hier Kaffee angeboten.
Akarsu Yokusu Sokak No. 22A
34433 Istanbul
T: +90 532 7730013, geyikcoffee.com

MORETENDERS' COCKTAIL CRIB
In dieser Bar werden innovative Cocktails in einer kleinen, stilvollen Location angeboten.
Asmalimescit Mh. Mueyyet Sk. No. 5
34000 Istanbul
T: +90 555 8896955

ARKAODA
Junge, moderne und entspannte Bar auf der Kadife-Straße. Fast täglich wird der Abend musikalisch durch Live-DJs untermalt.
Kadife Sokak No. 18A, 34710 Istanbul
T: +90 216 4180277, arkaoda.com

Bier einmal anders.
Im »Vefa Bozacisi« wird Boza, das leicht alkoholische und süßlich schmeckende Bier der Türkei, stilecht serviert.

SHISHA BARS/ -LOUNGES

CORLULU ALI PASA MEDRESESI
Eine traditionelle, charaktervolle Shisha-Lounge in einem versteckten Hinterhof, in der kein Alkohol serviert wird. Es kann aus verschiedenen Geschmacksrichtungen für die Shisha und einer kleinen Getränkekarte gewählt werden. Das Ambiente lädt zum Entspannen vom Trubel der Stadt ein.
Yeniçeriler Cad. 38, 34120 Istanbul
T: +90 212 5192341

HARAB'BE CAFE
Einheimische Bar und Kaffeehaus, welches neben alkoholischen Getränken aller Art auch Shishas anbietet. Das Lokal überzeugt auch durch sein gastfreundliches und hilfsbereites Personal.
Ticarethane Sk. No. 4B, 34122 Istanbul
T: +90 212 5222930

FEINKOST

VEFA BOZACISI
Hier wird Boza serviert wie vor hundert Jahren.
Vefa Cad. No. 66, 34134 Istanbul
T: +90 2125194922
vefa.com.tr

TARIHI INEBOLU KÖY PAZARI
Sonntäglicher Markt, auf dem Bauern vom Schwarzen Meer ihre Produkte verkaufen.
Donanma Cad., 34440 Istanbul

7–8 HASANPAŞA FIRINI
Legendäre Istanbuler Bäckerei in Beşiktaş.
Şehit. Asım Cad. No. 12, 34353 Istanbul
T: +90 2122619766

TADAL MEZE EVI
Alteingesessenes armenisches Deli.
Ergenekon Cad. 29/A, 34375 Istanbul
T: +90 2122968378

SEHENSWERT

HAGIA SOPHIA
Die um 537 n. Chr. byzantinisch konzipierte Kirche ist ein Beispiel für die vielen kulturellen und historischen Einflüsse der Stadt. Das Bauwerk wurde 1453 in eine Moschee und 1935 in ein Museum umgewandelt.
Sultan Ahmet, Ayasofya Meydanı, 34122 Istanbul

CISTERNA BASILICA
Der von Kaiser Justinian konzipierte antike Wasserspeicher befindet sich in der Nähe der Hagia Sophia. Die Sehenswürdigkeit diente bereits in James Bond-Filmen und der Romanverfilmung »Inferno« von Dan Brown als Kulisse.
Alemdar, Yerebatan Caddesi 1/3, 34410 Istanbul

HALI MÜZESI
Das Teppichmuseum ist ein Kleinod, in dem man der Touristen rund um die Hagia Sophia entkommen kann. Es werden sowohl Teppiche aus dem Iran und dem Kaukasus wie auch riesige Gebetsteppiche aus der Blauen Moschee ausgestellt.
Soguk Çesme Sk., 34122 Istanbul

ISTANBUL ARKEOLOJI MÜZESI
Wer das Archäologische Museum in Istanbul besuchen möchte, benötigt vor allem eins: Zeit. Denn das weitläufige und auf mehrere Gebäude aufgeteilte Museum bietet die größte Sammlung an archäologischen Schätzen aus dem ehemaligen byzantinischen und konstantinischen Reich.
Osam Hamdi Bey Yokuşu Sokak, 34122 Istanbul

KAPALI ÇARSI
Der Große Basar in der Altstadt Istanbuls ist heutzutage eher für seine Architektur als für die vielen verschiedenen Marktstände interessant.
Eminounu, 34126 Istanbul

Glitzerwelten.
Klimbim, wohin das Auge reicht: Im Großen Basar kann man gut und gerne auch einen Tag verbringen.

Moskau

DIE GROSSE UNBEKANNTE EUROPAS

Moskau erschließt man sich am besten kulinarisch. Wie viele Seelen in der Brust dieser Stadt wohnen, das erfahren Besucher vor allem, wenn sie Zunge und Gaumen Reiseführer sein lassen.

Kontraste. Kapital und Kommunismus, Eleganz und Elend, Zarenchic und Zukunft: Moskau schafft sich jeder in seinem eigenen Kopf.

1 Die Architekturlandschaft Moskaus ist vielseitig: Pompöse Gebäude wie die Basilius-Kathedrale im Zuckerbäckerstil gehören genauso zum Stadtbild wie die symmetrischen Bauten des sozialistischen Klassizismus oder moderne Wolkenkratzer.

2 Moskau ist eine geschichtsträchtige Stadt. Sowohl die Einflüsse der Kaiserzeit als auch der Sowjetzeit sehen und spüren die Besucher auf Schritt und Tritt.

3 Klassische, traditionelle russische Gerichte wie die Rote-Bete-Suppe Borschtsch, Blinis oder Teigtaschen sollte man sich genauso wenig entgehen lassen wie die Kreationen der »Nouvelle Vague« der russischen Küche.

6 gute Gründe für Moskau

4 Kulturaffine werden in Museen wie etwa in den Tretjakow-Galerien fündig, gehen ins Theater oder in die Oper. Moskau ist übrigens auch die Geburtsstadt großer russischer Schriftsteller wie Puschkin, Dostojewski und Pasternak (Doktor Schiwago).

5 Die Stadt ist berühmt für ihr Metro-Netz, das mehr als 200 Stationen umfasst. Eine Fahrt in dem unterirdischen Labyrinth ist jedoch etwas Besonderes, denn jede Station ist ein eigenes Museum.

6 Wer in der 11,9 Millionen-Einwohner-Stadt eine Verschnaufpause im Grünen sucht, kann sich in einen der vielen Parks oder ans Ufer der Moskwa begeben und dort Kraft für den nächsten Programmpunkt tanken.

Geschichtsträchtig.
Im »Café Pushkin« speist man wie russische Aristokraten Anfang des 19. Jahrhunderts. Wodka zum Essen gehört hier zum guten Ton.

Viele Gesichter.
Von Tradition bis New Wave – Russlands Küche bietet viele Kontraste, genau wie die Hauptstadt selbst.

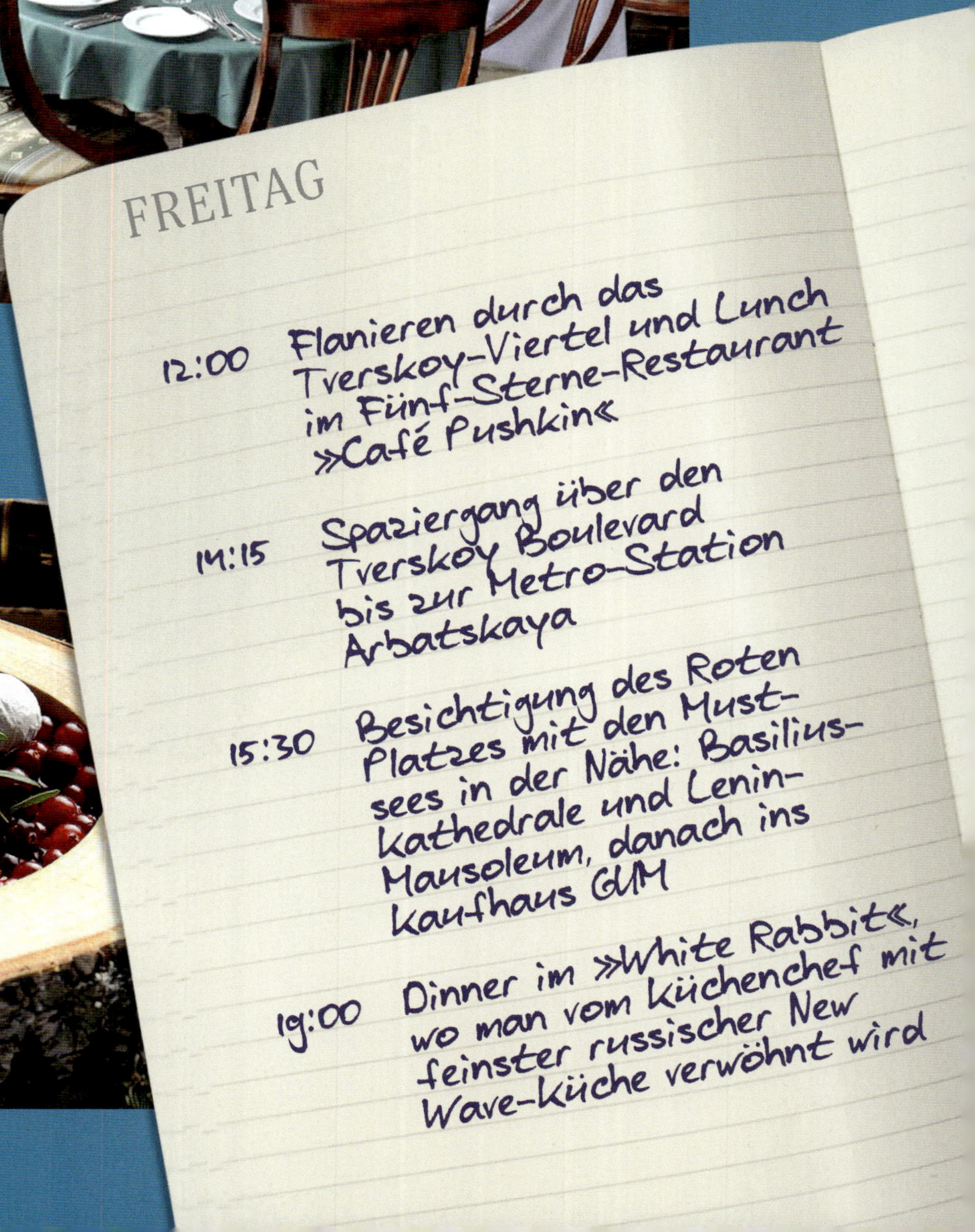

Freitag

In seinem Mausoleum am Roten Platz liegt Lenin für alle Zeit konserviert in der Auslage – gegenüber, im Warenhaus GUM, Prada und Gucci.

»Moskau«, sagte der russische Schriftsteller Wiktor Jerofejew einmal so treffend in einem Interview, »gibt es im Grunde gar nicht. Paris existiert, London existiert. Moskau aber schafft sich jeder in seinem eigenen Kopf.« Wer Moskauer Boden betritt, weiß sofort, wovon Jerofejew spricht. Moskau macht die allermeisten zunächst einmal ratlos. Was zum Vorteil all jener gerät, die sich Orte am liebsten kulinarisch erschließen. Wie viele Seelen in der Brust dieser Stadt wohnen, das erfährt man am besten, wenn man Zunge und Gaumen Reiseführer sein lässt. Mit der kulinarischen Erdung beginnen wir bei einem Mittagessen im Fünf-Sterne-Restaurant »Café Pushkin«. Dort kann man beinahe rund um die Uhr wie russische Aristokraten Anfang des 19. Jahrhunderts speisen. Die Klassiker – Blinis mit schwarzem Kaviar, kräftigen Borschtsch oder die gefüllten Teigtaschen Pelmeni – bekommt man im »Café Pushkin« stilecht mit präsowjetischem Akzent serviert.

Nach einem kurzen Verdauungsspaziergang über den Tverskoy Boulevard steigen wir bei der Station Arbatskaya nicht ins Taxi, sondern in die Metro – für sich schon eine Sehenswürdigkeit.

Luxus-Tempel.
Zu Sowjetzeiten hat man sich im GUM um Strümpfe gestritten, heute lässt man hier den Rubel rollen.

Es geht Richtung Roter Platz. Die Basilius-Kathedrale mit ihren Zuckerhauben ist das Wahrzeichen der Stadt. Dass man zu ihrer Rechten den für alle Ewigkeit konservierten Lenin besichtigen und zu ihrer Linken im Kaufhaus GUM den Rubel rollen lassen kann, bringt Moskaus Spannungsverhältnis gut auf den Punkt.

Am Abend flüchten wir uns in Wladimir Muchins »White Rabbit«, das inzwischen zu den weltbesten Restaurants zählt. Neben innovativem Fine Dining erwartet die Gäste hier ein toller Ausblick auf Moskau. Am besten bestellt man das Tasting Menu für 10.000 Rubel (etwa 140 Euro) und lässt sich beweisen, wie gut sich Lardo mit Seeigel und Roter Rübe verstehen. Wer es danach noch zum Ballett ins Bolschoi-Theater schafft, fällt ins Bett, wie ein Tourist ins Bett fallen sollte: mit schweren Beinen, vollem Magen und großer Lust auf mehr.

Vom Feinsten.
Wladimir Muchins »White Rabbit« zählt inzwischen zu den weltbesten Lokalen. Neben Fine Dining genießt man hier einen großartigen Ausblick auf Moskau.

Fine Dining.
Im Restaurant »Turandot« zeigt sich eindrucksvoll, was man in Russland unter Extravaganz versteht.

Dass Kitsch in Russland eine nicht zu verachtende ästhetische Kategorie ist, erfährt man bei einem Frühstück im »Dr. Zhivago«. Die Brasserie mit Ausblick auf den Kreml ist so üppig dekoriert wie ihre Süßspeisen. Mit vollem Magen geht man am besten zu Feinkost Eliseevskiy. Die Moskauer Preise sind für so manch einen schwer verdaulich, aber einen Besuch ist der Markt der Moskauer Oberschicht allemal wert. Wenn auch nur zu Studienzwecken.

Samstag

Der rustikale Georgier »Chito-Ra« ist der beste Moskaus: Melanzani mit Granatapfel und Nüssen oder Teigtaschen mit Lamm und flüssigem Käse.

Na zdorov'ye!
Jeder Digestif ist in Moskau genau genommen schon wieder ein Aperitif. Für beide geht man am besten in die Bar »Noor«.

Wer sich mittags beim rustikal gehaltenen Georgier »Chito-Ra« nicht schon in den Vorspeisen verliert (ein Anfängerfehler), der kapituliert spätestens bei den deftigen Chatschapuri. Das sind Teigfladen, gefüllt mit heißem, flüssigem Käse, auf dessen Oberfläche ein Spiegelei schwimmt. In Georgien nur eine Zwischenmahlzeit, überall sonst eine, die einen mit Käsefäden am Kinn dramatisch schwören lässt, man wolle nie wieder etwas zu essen anrühren.

Am Abend kehren wir im »Turandot« ein. Ein Größenwahnsinn von einem Restaurant, dessen (geheime) Entstehungskosten wahrscheinlich Moskauer Stadtgespräch bis in alle Ewigkeit sein werden. Das Interieur des Lokals zeigt eindrucksvoll, was man in Russland unter Extravaganz versteht. Küchenchef Dimitry Eremeev vereint auf seiner Karte China, Japan und Frankreich auf höchstem Niveau. Unweit davon lädt die Bar »Noor« auf einen Absacker, der sich sehen lassen kann.

Üppig.
Beim Frühstück im »Dr. Zhivago« ist prunkvoller Kitsch allgegenwärtig.

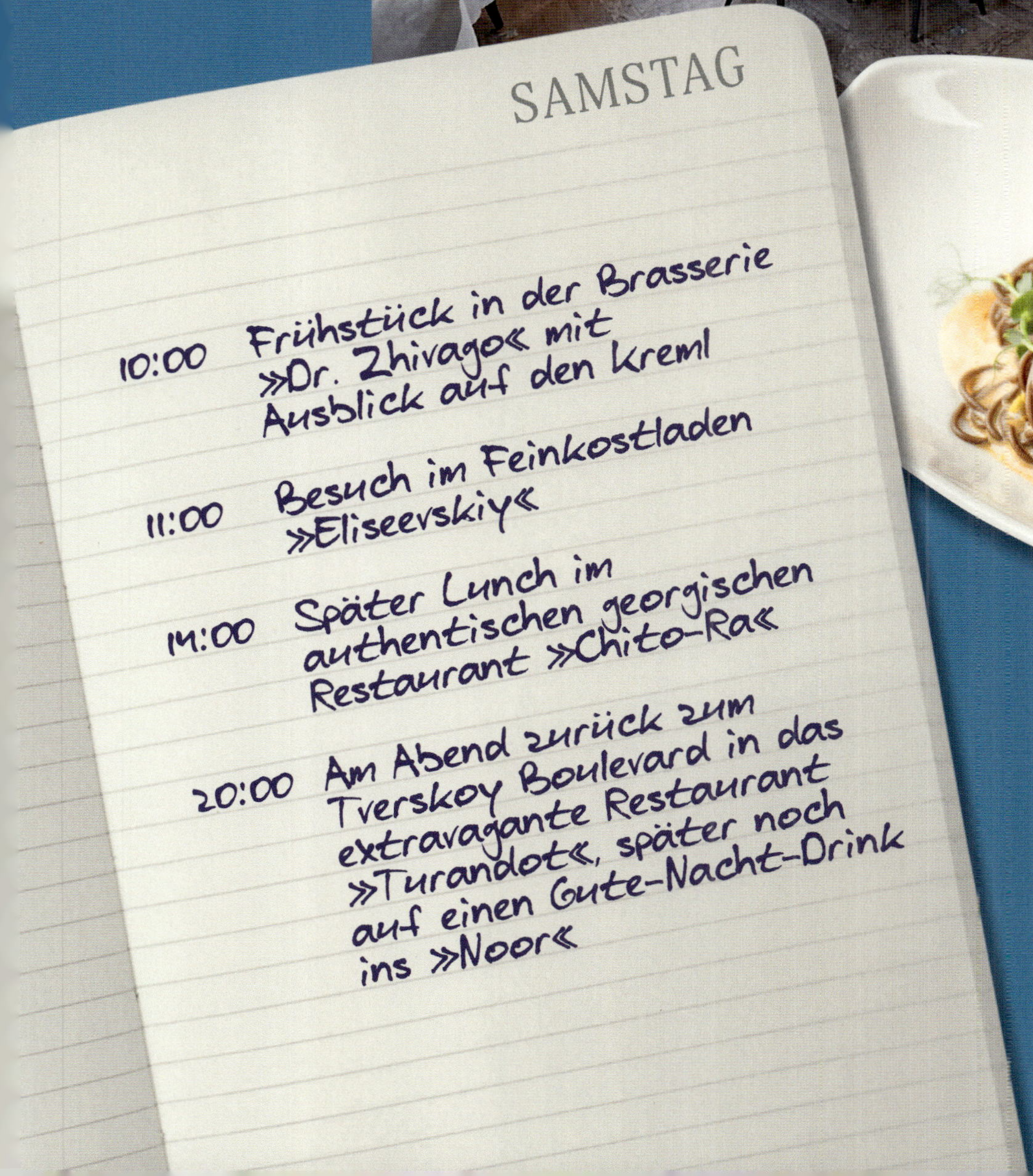

Feinkost à la Russland.
Mittags bekommt man im »Dr. Zhivago« Speisen wie roten Kaviar und Lachs auf Buchweizennudeln.

Beste Aussichten.
Die Dachterrasse der Bar »Strelka« bietet bei gutem Wetter einen Ausblick auf die Moskwa. An kalten Tagen ist das Diner im Erdgeschoss genauso gemütlich.

Augenschmaus.
Bei den kunstvoll inszenierten Gerichten isst auch das Auge mit.

SONNTAG

11:00 Spätes Frühstück in der Bar »Strelka« Dachterrasse mit Aussicht auf die Moskwa

14:00 Eine Runde Petanque, gemütliches Herumschlendern oder moderne Kunst? Der neu gestaltete Gorki-Park bietet viele Möglichkeiten

16:00 In der Neuen Tretjakow-GalerieWerke von Kandinsky & Co. betrachten

19:00 Zum Abschluss noch einmal russische Spezialitäten geniessen, als wäre man bei einer Moskauer Oma zu Besuch: im Restaurant »Mari Vanna«

Der perfekte Sonntagmorgen beginnt mit einem späten Frühstück in der Bar »Strelka«. Wenn das Wetter schön ist, kann man auf der Dachterrasse mit Blick auf die Moskwa erste Sommersprossen sammeln. Oder man macht es sich unten im Diner mit Eggs Benedict und Zitronenwaffeln gemütlich. Der Gorki-Park lädt direkt vor der Tür zu einem ausgiebigen Spaziergang ein. Vor einigen Jahren wurde der Park einem gewaltigen Make-over unterzogen und ist seither eine grüne Erholungsoase, die ihresgleichen sucht. Man kann hier Stunden verbringen, Petanque spielen und Tretboot fahren, eislaufen, im Hochseilgarten klettern – oder einfach zwischen den Bäumen entlangschlendern und die Moskauer an ihrem liebsten Ort beobachten.

Im Herzen des Parks liegt das Garage Museum of Contemporary Art. Das von Rem Koolhaas entworfene Gebäude beherbergt wechselnde Schauen moderner Kunst und

Gemütlich.
Das nostalgisch-verspielte »Mari Vanna«.

Sonntag

Im »Mari Vanna« speist man wie im Wohnzimmer einer Moskauer Oma, mit einer guten Auswahl an Kaviar, Bœuf Stroganoff, Pirogi und Pelmeni.

Besungen & geliebt.
Der Gorki-Park ist eine grüne Erholungsoase, die ihresgleichen sucht.

zeigt neben großen Namen wie Jeff Koons und Cindy Sherman immer wieder auch kleinere Entdeckungen. Nicht minder sehenswert sind die Tretjakow-Galerien. Besonders die Neue Tretjakow-Galerie ist einen Besuch unbedingt wert. Neben Malewitsch und Kandinsky hängen hier auch Werke des Sozialistischen Realismus.

Um das Wochenende gemütlich ausklingen zu lassen, ist das nostalgisch-verspielte Restaurant »Mari Vanna« der ideale Ort. Das Lokal liegt gleich bei den Patriarchenteichen, dem historischen Künstlerviertel der Stadt. Hier speist man wie im Wohnzimmer einer Moskauer Oma, mit einer guten Auswahl an Kaviar, Bœuf Stroganoff, Pirogi und Pelmeni. Und mit einem heißen Borschtsch im Magen lässt es sich dann auch leichter »Do svidánija« sagen: »Auf Wiedersehen!«

5 Top-Hotels

Zimmer mit Ausblick und purer Luxus in opulenten Palästen mitten im Zentrum.

STANDART HOTEL MOSCOW*****

Boutique-Hotel mit Top-Interieur, Blick auf den Puschkin-Platz und einem Michelin-Chef in der Küche. 20 Minuten zu Fuß zum Roten Platz. DZ ab 135 Euro.

Strastnoy Boulevard, 2
125009 Moskau
T: +7 495 587 77 31 (Reservierungen)
standarthotel.com/en

HOTEL METROPOL*****

Fünf-Sterne-Hotel mit Jugendstilambiente im Frühstückssaal und drei Restaurants. Hier wohnten schon George Bernard Shaw, Michael Jackson und Klaus Mann. DZ ab 155 Euro.

Teatralniy Proezd, 2
109012 Moskau
T: +7 495 2660170
metropol-moscow.ru

FOUR SEASONS*****

Eines der besten Hotels Moskaus. Toller Ausblick auf den Manege-Platz. DZ ab 389 Euro.

Ulitsa Okhotny Ryad, 2
109012 Moskau
T: +7 499 2777100
fourseasons.com/moscow

THE RITZ-CARLTON MOSKOW*****

In unmittelbarer Nähe zum Roten Platz liegt das »The Ritz-Carlton Moskow«. Die großzügigen Zimmer sind ein Traum, die Cocktailbar ist eine der spannendsten der Stadt, mit tollem Blick auf den Kreml. DZ ab 605 Euro.

Tverskaya ulitsa 3
Moskau, 125009
T: +7 495 2258888
ritzcarlton.com

HOTEL NATIONAL – A LUXURY COLLECTION HOTEL IN MOSCOW*****

Die Zimmer sind in zarenhaftem Stil ausgestattet und ermöglichen luxuriöses Wohnen im Herzen der Stadt. DZ ab 251 Euro.

15/1, Mokhovaya ulitsa
125009 Moskau
T: +7 495 2587000
national.moscow-hotels.org/de

MOSCOW MARRIOTT GRAND HOTEL*****
Das Hotel liegt direkt an der Twerskaja-Straße und zwischen zwei Metro-Stationen, der Rote Platz und weitere Sehenswürdigkeiten sind zu Fuß erreichbar. Es beherbergt zwei Restaurants mit internationaler Küche. DZ ab 167 Euro.
Tverskaya ulitsa 26/1, 125009 Moskau
T: +7 495 9370000, marriott.de

CURIO CHEKHOFF HOTEL*****
Dieses Hotel vereint moderne Ausstattung und traditionelles Flair und bietet einen eleganten Aufenthalt in einem Gebäude aus dem 19. Jahrhundert. Auch der Schriftsteller Anton Tschechow war hier schon gerne zu Gast. DZ ab 194 Euro.
Ulitsa Malaya Dmitrovka 11, 127006 Moskau
T: +7 495 9807000
curiocollection3.hilton.com/en

LOTTE HOTEL MOSCOW*****
Luxuriöse, großzügige Zimmer, die Nähe zu Rotem Platz, Neuem Arbat und dem Bolschoi-Theater, die zentrale Lage inmitten des Einkaufs- und Finanzviertels Moskaus – all das ist Hotel Lotte! DZ ab 294 Euro.
Novinskyi Boulevard 8, 121099 Moskau
T: +7 495 7451000
lottehotel.com/moscow-hotel/en.html

RADISSON COLLECTION HOTEL*****
Die Design-Zimmer des Radisson Collection Hotels strahlen um die Wette. Nähe zur Moskwa und dem Arbat. DZ ab 140 Euro.
Kutuzovskiy Prospekt 2/1, 121248 Moskau
T: +7 495 2295555, radissonhotels.com

INTERCONTINENTAL MOSCOW*****
Ein exquisites Hotel an der Twerskaja-Straße. Der Kreml ist in wenigen Minuten zu Fuß erreichbar, auch zum Bolschoi-Theater hat man es nicht weit. Die Zimmer sind ein Stilmix aus modern und traditionell anmutendem russischen Chic. DZ ab 144 Euro.
Tverskaya ulitsa 22, 125009 Moskau
T: +7 495 7878837, intercontinental.com

ARARAT PARK HYATT MOSCOW*****
Die Lage des Hotels könnte besser nicht sein. Sowohl Sehenswürdigkeiten als auch Shoppingmöglichkeiten findet man in nächster Nähe. Für Wohlbefinden auf höchster Stufe sorgen die in einzigartigem Stil eingerichteten Zimmer mit wunderbarem Ausblick auf die Umgebung. DZ ab 474 Euro.
Neglinnaya ulitsa 4, 109012 Moskau
T: +7 495 7831234 hyatt.com/de

HOTEL BALTSCHUG KEMPINSKI*****
Das wunderschöne, 1898 erbaute Gebäude liegt an der Moskwa und hat eine atemberaubende Aussicht auf den Kreml und die Basilius-Kathedrale. Das Angebot des Hotels spielt für Gäste alle Stücke. DZ ab 237 Euro.
Ulitsa Balchug 1, 115035 Moskau
T: +7 495 2872000
kempinski.com/de/moscow/hotel-baltschug/

RADISSON BLU OLYMPIYSKIY*****
Schlichte, stylische Eleganz, Aussicht über die Dächer von Moskau und Toplage – eine ausgezeichnete Kombination. DZ ab 134 Euro.
Samarskaya ultisa 1, 129110 Moskau
T: +7 495 2217777, radissonhotels.com

HOTEL SAVOY*****
Wer sich nach nostalgischem Zarenchic sehnt, ist im Hotel Savoy richtig. Traditionelle Einrichtung und prunkvolles Flair im Zentrum von Moskau. DZ ab 181 Euro.
Ulitsa Rozhdestvenska 3/6, 109012 Moskau
T: +7 495 6208500 eng.savoy.ru

THE ST. REGIS MOSCOW NIKOLSKAYA*****
Großzügige Zimmer mit opulenter Einrichtung. Der Rote Platz & Co. sind spazierend in nur wenigen Minuten erreichbar. DZ ab 274 Euro.
St. Nikolskaya 12, 109012 Moskau
T: +7 495 9677776, mariott.de

Over the top. Das schicke »Ruski« ist einer der Hotspots der Stadt. Auf 354 Metern Höhe kann man Wodka in der Eiskammer trinken.

Tipps und Adressen

RESTAURANTS & CAFÉS

WHITE RABBIT
Küchenchef Wladimir Muchin gilt als Vorreiter der kulinarischen »New Wave« in Russland und sein Restaurant »White Rabbit« zählt inzwischen zu den weltbesten. Innovatives Fine Dining mit einem gigantischen Ausblick auf Moskau.
Smolenskaya Square 3, 16. Stock, 121099 Moskau
T: +7 495 7826262, whiterabbitmoscow.ru

CAFÉ PUSHKIN
Beinahe rund um die Uhr lässt sich hier wie ein rus- sischer Aristokrat Anfang des 19. Jahrhunderts speisen. Die Klassiker der russischen Küche bekommt man stilecht mit präsowjetischem Akzent serviert. Ein Wodka zum Essen gehört hier zum guten Ton.
Tverskoy Boulevard 26A, 125009 Moskau
T: +7 495 7390033, cafe-pushkin.ru

TURANDOT
Ein Größenwahnsinn von einem Restaurant, dessen (geheime) Entstehungskosten wahrscheinlich bis in alle Ewigkeit Moskauer Stadtgespräch sein werden. Küchenchef Dimitry Eremeev vereint auf seiner Karte China, Japan und Frankreich auf höchstem Niveau.
Tverskoy Boulevard 26, 125009 Moskau
T: +7 495 1263290, turandot-palace.ru

CHITO-RA
Ein Besuch beim rustikalen Georgier lässt einen mit Käsefäden am Kinn dramatisch schwören, man wolle nie wieder etwas zu essen anrühren – bevor man nachts im Bett schon wieder vom nächsten Chatschapuri träumt. Ein Moskauer Liebling.
Ulitsa Kazakova 10/2, 105064 Moskau
T: +7 499 2657876, chito-ra.ru

BJÖRN
Nordisch! Das ist wohl der erste Begriff, der einem zu diesem Restaurant in den Sinn kommt – und das ist das »Björn« schließlich auch. Die neue nordische Küche besticht durch ihre typisch skandinavische Einfachheit, in angenehmem Ambiente. Skandinavien mitten in Moskau!
Ulitsa Pyatnitskaya 3, 115035 Moskau
T: +7 495 9539059, bjorn.rest/en

OBLOMOV
Das Restaurant ist nach einer Romanfigur Iwan Gontscharows benannt und das spürt der Gast hier auch. Auf zwei Stockwerken genießt man in heimelig-historischer Atmosphäre dieses ruhigen Restaurants klassisch russische Gerichte.
1-Y Monetchikovskiy Pereulok 5, 115054 Moskau
T: +7 495 9536828, restoblomov.ru

MARI VANNA
In diesem nostalgisch-verspielten Restaurant speist man wie im Wohnzimmer einer Moskauer Oma, mit einer guten Auswahl an Kaviar, Bœuf Stroganoff, Pirogi und Pelmeni. Und natürlich Borschtsch!
Spiridonyevskiy Pereulok 10a, 123104 Moskau
T: +7 495 6506500, marivanna.ru

SELFIE
Das Interieur des Moskauer Architekten Valery Lizunov und der Panoramablick auf den Gartenring gehören zu den optischen Besonderheiten des »Selfie«, genauso wie das vorzügliche Essen, das u. a. von zwei Starköchen zubereitet wird. Einen davon – Wladimir Muchin – kennen wir bereits.
Novinsky Boulevard 31, 123242 Moskau
T: +7 495 9958503, selfiemoscow.ru/en

RUSKI
Einer der Hotspots der Stadt ist das schicke Restaurant »Ruski«. Auf 354 Metern das wahrscheinlich höchstgelegene Restaurant Europas. Grandiose Aussicht und Top-Weinkarte. Besonders zu empfehlen: ein Glas Wodka in der Eiskammer.
1-Y Krasnogvardeyskiy Proyezd 21, 123317 Moskau
T: +7 495 7777111, ruski.354group.com

Design-Adresse.
Das »Selfie« am Novinsky Boulevard wurde von Star-Architekt Valery Lizunov designed.

STORIES
In gemütlichem, stilvollem Ambiente zwischen köstlich zubereiteten Austern und weiteren fantastischen Gerichten wählen. Dazu ein feiner Wein, danach ein Dessert – ein Fest für den Gaumen und fürs Auge!
Kotelnicheskaya Embankment 1/15, 109240 Moskau
T: +7 495 9153500, stories-rest.ru

DR. ZHIVAGO
Russian kitsch! Die Brasserie mit Ausblick auf den Kreml ist mindestens so üppig dekoriert wie ihre Süßspeisen. Die ausladende Frühstückskarte hat aber auch allerhand Eierspeisen, Blinis und Kaviar zu bieten.
Ulitsa Mokhovaya 15/1, 125009 Moskau
T: +7 499 9220100, drzhivago.ru

YURA RESTAURANT
In einem modernen Interieur mit skandinavischen Farbtönen und bezaubernder Aussicht auf der Terrasse werden russische, internationale und europäische Köstlichkeiten auf dem Teller kunstvoll in Szene gesetzt. Im »StandArt Hotel«.
Strastnoi Boulevard 2, 125009 Moskau
T: +7 495 5877725
standarthotel.com/en/restaurants-and-bars

COMMUNITY
Auf den ersten Blick könnte man dieses Restaurant glatt mit etwas anderem verwechseln – mit einem Lesezimmer vielleicht? Verschiedene Räume mit verschiedenen Atmosphären: Teezimmer mit Bücherregal, Lounge und Bar zeigen sich allesamt in lässigem Design.
Kosmodamianskaya naberezhnaya 2, 115035 Moskau
T: +7 499 8110811, communitymoscow.ru

BELUGA
Im zweiten Stock des »Hotel National« befindet sich das Restaurant »Beluga«. Hier kann man luxuriös essen wie in einem russischen Märchen (zum Beispiel eine der zahlreichen Kaviarvarianten). Das wunderschöne Interieur und der Blick auf den Roten Platz tragen zum Genuss bei.
Mokhovaya Street 15/1/1 (2. Stock), 125009 Moskau
T: +7 495 9010336, belugamoscow.ru/en

Schwelgerisch.
Im »Turandot« serviert Küchenchef Dimitry Eremeev feine Gerichte aus China, Japan und Frankreich.

BOLSHOI
Unweit vom Bolschoi-Theater befindet sich das gleichnamige Restaurant. Speisen in großzügigen Räumen mit Stuckdecken. Auch für Vegetarier hat die Speisekarte einiges zu bieten.
Petrovka ulitsa 3/6, 125009 Moskau
T: +7 495 7898652
en.novikovgroup.ru/restaurants/bolshoi

BOSCO CAFÉ
Im Kaufhaus GUM befindet sich das »Bosco Café«, das zugleich auch Restaurant und Patisserie ist. Hier kann man entweder zum Lunch oder zu Kaffee und etwas Süßem drinnen oder auf der Terrasse verweilen und die authentisch russische Atmosphäre auf sich wirken lassen.
Roter Platz 3, 109012 Moskau
T: +7 495 6203182, gumrussia.com/cafe/bosco-cafe

VOGUE CAFÉ
Schick speisen im vom Magazin »VOGUE« inspirierten Café, vielleicht vor oder nach einem Besuch im Bolschoi-Theater.
Kuznetskiy Most 7/9, 107031 Moskau
T: +7 495 6231701
en.novikovgroup.ru/restaurants/vogue-cafe

LA BOTTEGA SICILIANA
Sizilianisch essen mitten in Moskau? Warum nicht! Der Küchenchef, seine rechte Hand und der Pizzaiolo stammen allesamt aus Italien. Ein Teil des Restaurants ist ein Café.
Ulitsa Okhotny Ryad 2, 125009 Moskau
T: +7 495 6600383, bottega-siciliana.com/en

MATRYOSHKA RESTAURANT
In gemütlichem Ambiente kann man traditionelle oder moderne russische Küche, ein Gläschen Wein oder ein Frühstück genießen.
Kutuzovsky Ave. 2/1, 121248 Moskau
T: +7 495 1260753, matryoshka-rest.ru/en

Sweet, but easy.
Der Name ist Programm: In der »Less Sugar«-Bar werden Drinks mit Honig oder Sirup versüßt.

ERWIN
Das »Erwin« ist ein feines, modern designtes Fischlokal. Kaviar und Austern gehören zu den Hauptakteuren auf der Speisekarte.
Kutuzovsky Ave 2/1, 121248 Moskau
T: +7 495 7850222, rekamoreokean.ru/en/restoran

CAFÉ KRANZLER
Tagsüber ein Café, abends eine gemütliche Bar im Hotel »Baltschug Kempinski«.
Ulitsa Balchug 1, 115035 Moskau
T: +7 495 2872008
kempinski.com/de/moscow/hotel-baltschug/dining/cafe-kranzler

BRASSERIE MOST
Kristallluster klimpern über den Köpfen, während man in dieser wunderschönen Brasserie im Art Nouveau-Stil das Menu du jour wählt. Passend, dass das Bolschoi-Theater gleich in der Nähe ist.
Ulitsa Kuznetskiy Most 6/3, 125009 Moskau
T: +7 495 6600706, brasseriemost.ru

SEMIFREDDO
Der Name verrät es bereits: Es handelt sich um ein italienisches Lokal und zwar um eines des renommierten sizilianischen Chefs Nino Graziano. Moderne und klassische Atmosphäre.
Ulitsa Timura Frunze 11, 119021 Moskau
T: +7 495 1815555, semifreddo-restaurant.com/en

CUTFISH
Ein fancy Sushi-Bistro: Japanische Geschmäcker fusionieren mit europäischen.
Bolshoi Kozikhinskiy Pereulok 17, 123001 Moskau
T: +7 926 9367876, cutfishbistro.ru

LA MARÉE
In diesem Restaurant dreht sich alles um Fisch!
Petrovka ulitsa 28, 127051 Moskau
T: +7 495 6940930, lamaree.ru/en

O2 LOUNGE
Das preisgekrönte Restaurant befindet sich im Hotel »Ritz-Carlton«. Der Blick über die Stadt ist atemberaubend.
Tverskaya ulitsa 3, 125009 Moskau
T: +7 495 2258181, o2loungerestaurant.com

SAVVA
Im »Hotel Metropol« speist man in prächtiger Atmosphäre im »SAVVA«. Zur Spezialität des Hauses gehören auch Cocktails.
Teatralniy Proezd, 2, 109012 Moskau
T: +7 495 2660170, metropol-moscow.ru

VANIL RESTAURANT
Das stilvolle »Vanil« liegt in der Nähe des Puschkin-Museums und serviert ausgezeichnete Speisen und Getränke.
Ostozhenka ultisa 1/9, 119034 Moskau
T: +7 495 6371082, vanil.ru

BABEL
Das »Babel« ist eine Hommage an den russischen Schriftsteller Isaak Babel (»Geschichten aus Odessa«) und erzählt durch dessen Speisen von Babels Heimatort Odessa.
Nikolochepovskiy preulok 6/2, 121099 Moskau
T: +7 499 1106660, babel.msk.ru/en

Sanfte Töne.
Coole Cocktailbar: In der »Mendeleev Bar« regieren unter der Woche Klaviermusik und Jazz, am Wochenende spielt ein DJ.

BARS

NOOR
Die Bar »Noor« serviert anständige Drinks in hippem Ambiente. Im selben Haus befindet sich die kleine aber feine Avantgarde-Bühne Stanislavsky Electrotheatre.
Ulitsa Tverskaya 23/12, 103050 Moskau
T: +7 903 1367686, noorbar.com

STRELKA
Die Bar »Strelka« ist zu jeder Tageszeit einen Besuch wert. Der Ausblick von der Dachterrasse auf die Moskwa ist traumhaft, das Diner schön gemütlich. Im Sommer gibt es im dazugehörigen Strelka Institute spannende Vorträge und Panels.
Bersenevskaya Naberezhnaya 14/5
119072 Moskau
T: +7 495 7717416, strelka.com/en/bar

LESS SUGAR BAR
In dieser Bar ist der Name Programm. Klassische Cocktails werden hier nicht gezuckert, sondern mit Honig oder Sirups gesüßt serviert, umrahmt von farbenfrohem Interieur mit klaren Linien.
Malaya Bronnaya St. 24/4, 123104 Moskau
T: +7 499 3943511

MENDELEEV BAR
Eine coole Cocktailbar mit Live-Klavierabenden und Jazzkonzerten unter der Woche und DJ-Programm am Wochenende.
Petrovka 20/1, 107031 Moskau
T: +7 495 6253385, mendeleevbar.ru

MOLOKO BAR
In der stilvoll gediegenen Bar »Moloko« verweilt man gerne länger für einen Cocktail oder zwei.
Ulitsa Bol'shaya Dmitrovka 7/5
125009 Moskau
T: +7 495 6920309

Wie schmeckt Moskau?
Das kann man am besten bei einem Besuch des hippen »Danilovsky Market« herausfinden.

FEINKOST

DANILOVSKY MARKET
Ein Hotspot des jungen, hippen Moskaus. Hier kann man einmal um die Welt speisen, vor allem aber die aus der Sowjetzeit stammende Vielfalt der russischen Küche erforschen und erschmecken.
Mytnaya Ulitsa 74, 115191 Moskau
T: +7 495 1201801

FEINKOST ELISEEVSKIY
Ein Feinkostladen, in dem man entweder die Architektur und die feilgebotenen Waren bestaunen kann oder die Moskauerinnen in ihren Pelzmänteln.
Ulitsa Tverskaya 14, 125009 Moskau
T: +7 495 6504643, eliseevskiy.ru/e_history.htm

SEHENSWERT

BASILIUS-KATHEDRALE
Eine der wohl farbenprächtigsten Kathedralen ist die Basilius-Kathedrale, die auch das Wahrzeichen der Stadt ist. Das Gebäude wurde im 16. Jahrhundert erbaut und steht im Zentrum Moskaus auf dem Roten Platz. Täglich lässt sich die Kathedrale als eine der bedeutendsten Sehenswürdigkeiten Moskaus von Besuchern aus aller Welt bewundern.
Roter Platz, 109012 Moskau

ALEXANDERGARTEN
Der Alexandergarten wurde zu Beginn des 19. Jahrhunderts nach den Plänen des russisch-italienischen Architekten Joseph Bové angelegt. Die Parkanlage grenzt an den Roten Platz und an den Kreml im historischen Zentrum Moskaus. Im Alexandergarten befindet sich auch das weltbekannte Grabmal des unbekannten Soldaten.
119072 Moskau

Entspannungszone. Der Alexandergarten grenzt an den Roten Platz und den Kreml.

ZENTRUM FÜR FOTOGRAFIE BRÜDER LUMIÈRE
Die Galerie ist nach den beiden Erfindern des Kinos, den französischen Brüdern Lumière aus Lyon, benannt und legt ihren Schwerpunkt auf sowjetische Fotografie.
Bolotnaya Emb. 3/1, 119072 Moskau
T: +7 495 228 98 78, DW 112 oder 123
lumierephoto.ru/en/

BOLSCHOI-THEATER
Das Bolschoi-Gebäude öffnete 1856 erstmals seine Türen im historischen Viertel. Es zählt zu den bedeutendsten Theatern für Oper und Ballett in Russland und ist ein Symbol der russischen Kultur. Wenn der Tag im stilvollen Zuschauersaal des Bolschoi-Theaters endet, war es jedenfalls ein gelungener.
Teatralnaya Square 1, 125009 Moskau
T: +7 495 4555555, bolshoi.ru/en

TRETJAKOW-GALERIEN
Die Staatliche Tretjakow-Galerie beherbergt Russlands umfangreichste Kunstsammlung. Meisterwerke russischer Künstler vom 11. bis zum 20. Jahrhundert sind darin ausgestellt. Die Neue Tretjakow-Galerie im Gorki-Park zeigt russische Kunst ab 1910: von Malewitsch bis Chagall sowie Werke der Avantgarde und des Sozialistischen Realismus.
Hauptgebäude:
Lavrushinsky Ln. 10, 119017 Moskau
T: +7 495 9570727, tretyakovgallery.ru/de
Neue Tretjakow-Galerie:
Krymsky Val 10, 119049 Moskau
tretyakovgallery.ru/en/for-visitors/museums/novaya-tretyakovka

Oslo ist eine der am schnellsten wachsenden und spannendsten Städte Europas. Rund 680.000 Menschen leben in der Metropole am Fjord, die neben reichlich Natur und Kultur auch überraschende kulinarische Highlights zu bieten hat.

Wo das Geld wohnt. Die zwölf modernen Hochhäuser in Bjørvika sollen an einen Strichcode erinnern: Im früheren Hafenviertel arbeiten heute insbesondere Banker.

Oslo

DIE RASTLOSE STADT IM NORDEN

6 gute Gründe für Oslo

1 Gelassenheit, Purismus und Optimismus prägen den Lebensstil der Skandinavier. Das macht sie zu unglaublich liebenswerten Gastgebern.

2 Der Fjord direkt vor der Haustüre sorgt dafür, dass Fisch-Fans voll auf ihre Kosten kommen. Er stellt nicht nur die Versorgung der Sterneküchen mit frischen Austern und Hummer sicher, sondern liefert auch den asiatisch inspirierten Fusions-Küchen fangfrische Zutaten.

3 Städte im hohen Norden werden in Zeiten der Klimaerwärmung für Aufenthalte im Sommer immer attraktiver. Frischluftzufuhr vom Wasser inklusive!

4 Mit der von Renzo Piano entworfenen Oper und dem Hochhauskomplex Barcode im Stadtteil Bjørvika hat Oslo nicht nur seine Skyline ins 21. Jahrhundert katapultiert. Die norwegische Hauptstadt wurde damit auch ein lohnendes Reiseziel für alle Fans moderner Architektur. Eine puristische, geradlinige Formensprache liegt den Skandinaviern im Blut!

5 Der weltweite Boom der Nordic Cuisine hat schließlich auch Oslo erfasst. Die aus der französischen Nouvelle Cuisine hervorgegangene internationale Spitzenküche geht erstaunlich gut mit der lokalen Gastronomie mit Schwerpunkt auf Fisch und Meeresfrüchten zusammen.

6 Die Oslofjorde und ihre Inseln, die salzige Luft und idyllische Hafenpromenaden lassen sofort Ferienstimmung aufkommen – ein reizvoller Kontrast zum pulsierenden Stadtleben mit seinen Kulturangeboten!

Inspirierend. Der Ausblick im Ekebergparken brachte schon den Maler Edvard Munch auf Ideen.

Freitag

Gänge-Marathon im Drei-Sterne-Restaurant, modernes Design und Munch im Wald – bereits unser erster Tag ist voller Highlights.

Selbst in der Innenstadt verliert man sie nie aus den Augen: die magischen Fjorde, vorgelagerten Inseln, Berge und tiefen Wälder. Die einzigartige Natur und das Friluftsliv, das Leben im Freien, sind für die Norweger Teil ihrer Identität. Und so wurde sogar ihre Osloer Oper einem treibenden Eisberg nachempfunden. Das preisgekrönte Gebäude liegt direkt an der Hafenpromenade, die neun Kilometer am Fjordufer entlangführt. Das ehemalige Werft- und Industriegelände war jahrelang gesperrt, mittlerweile haben sich die Osloer aber den Zugang zu ihrem geliebten Meer zurückerobert.

Bevor wir diesen Bau genauer erkunden, schlendern wir aber zunächst im Viertel Bjørvika auf den Barcode zu. Die zwölf modernen Hochhäuser sollen an einen Strichcode erinnern. Wo einst Hafenarbeiter schufteten, tummeln sich nun Banker und Businessleute. Wir spazieren weiter über eine Brücke und erreichen das Restaurant »Maaemo«. Der nordische Name bedeutet Mutter Erde, und von ihr schöpft der dänische Starkoch Esben Holmboe Bang seine Zutaten und seine Kreativität.

Seit 2016 trägt das »Maaemo« drei Michelin-Sterne. Das Konzept ist klar: Es gibt nur ein Menü mit 20 raffinierten Gängen aus saisonalen und lokalen Produkten wie frischen Jakobsmuscheln, Austern-Emulsion oder mit Sanddorn-Creme drapierten Macarons, dazu werden harmonisch abgestimmte internationale Weine oder lokale Säfte serviert.

Das kulinarische Abenteuer dauert bis zu fünf Stunden. Wer mittags einen der acht begehrten Tische bucht, kann danach berauscht die Stadt erkunden. Wir fahren mit der Tram wenige Stationen hinauf zum Ekebergparken. Seit 1889 nutzen die Osloer diesen öffentlichen Park zur Erholung. Die Aussicht inspirierte auch Edvard Munch, der hier blutrote Sonnenuntergänge beobachtete und die Hintergrundkulisse für sein Gemälde »Der Schrei« fand. Der Park ist zudem gespickt mit Skulpturen von Salvador Dalí, Pierre-Auguste Renoir und Damien Hirst. Am Abend fahren wir wieder runter in die Stadt und erklimmen das jederzeit zugängliche Dach der Oper – auch von dort aus ist der Sonnenuntergang magisch.

Modern Art. Die Osloer Oper ist einem treibenden Eisberg nachempfunden und fügt sich harmonisch in die Umgebung ein. Besucher dürfen ausdrücklich auf das mit Marmor verschönerte Dach steigen.

Kommt Zeit, kommt Geschmack.
Für das 20-gängige Menü im »Maaemo« sollte man viele Stunden einplanen.

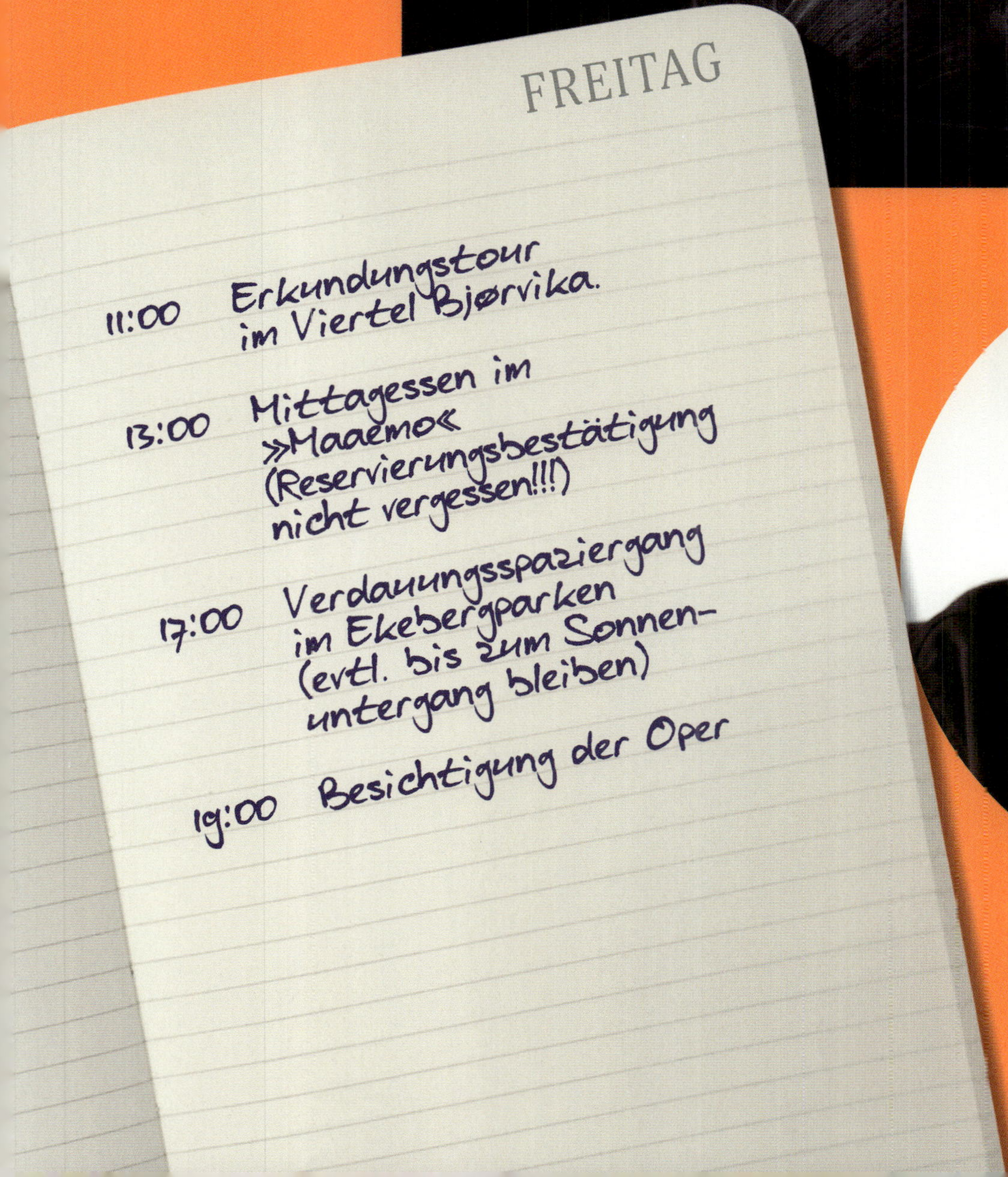

Toplevel seit 2016.
Der Däne Esben Holmboe Bang hat sich mit dem »Maaemo« drei Sterne erkocht.

Einladend.
Die Bar »Himkok« ist ein idealer Schlusspunkt nach einem anstrengenden Ausflugstag.

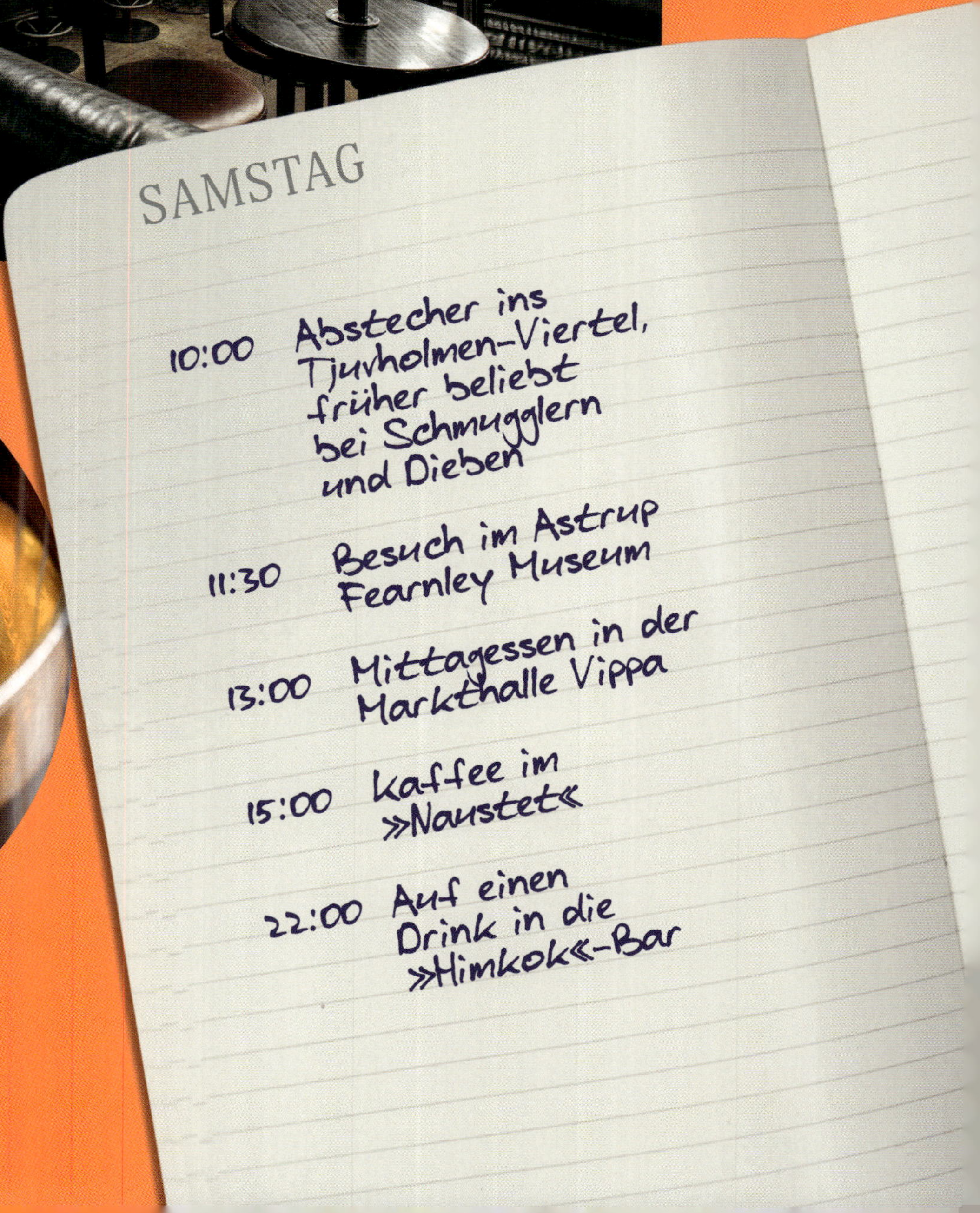

Die Bar »Himkok«.
Der Aquavit im »Himkok« (hier mit eingelegtem Pilz) zählt zu den besten der Welt.

Beherzt springen sie am frühen Morgen in den eiskalten Fjord. Einer der beliebtesten Spots an der Hafenpromenade ist das öffentliche Meerbad im Viertel Sørenga – zum Sjøbad gehören ein Sprungturm, Holzliegen, Duschen und ein kleiner Sandstrand. Wer mutig ist, kann es den Osloern gleichtun und komplett in das nordische Lebensgefühl eintauchen. Wir schauen lieber nur zu und genießen dann ein ausgiebiges Frühstück im »The Thief«. Das Fünf-Sterne-Hotel befindet sich im Viertel Tjuvholmen, der Insel der Diebe. Früher tummelten sich an den Docks zwielichtige Gestalten, Schmuggler und Prostituierte. Heute zählt Tjuvholmen zu den schicksten und teuersten Adressen Oslos. In Ufernähe ragen durchdesignte Häuser in die Höhe. Herzstück ist das vom italienischen Stararchitekten Renzo Piano entworfene Astrup Fearnley Museum, dessen gläsernes Dach an ein Segel erinnert. Da das Hotel eine Kollaboration mit dem Museum hat, können wir neben

Diebisch gut!
Das Fünf-Sterne-Hotel »The Thief« liegt im Viertel Tjuvholmen, der Insel der Diebe.

Samstag

Heute leben wir wie die Norweger: Schwimmen im Meer, ein ausgiebiges Frühstück, Kunst am Fjord und spannende Foodtrucks.

Stylish.
Das Astrup Fearnley Museum wurde von Renzo Piano entworfen und zeigt moderne Kunst.

Werken von Jeff Koons und Andy Warhol die beliebten Waffeln mit karamellisiertem Braunkäse speisen.

Nach einem Besuch im Museum und in den angrenzenden Galerien spazieren wir weiter entlang der Hafenpromenade und gelangen zur mit Streetart bemalten Markthalle Vippa, in der junge Köche und Immigranten in ihren Foodtrucks günstige Köstlichkeiten wie Shawarma Aleppo-Style, chinesische Dumplings oder eritreische Pfannkuchen anbieten. Das Projekt Vippa wurde unter anderem von Heidi Bjerkan initiiert. Die Norwegerin kochte jahrelang für die Königsfamilie und ihr Trondheimer Restaurant »Credo« hat einen Michelin-Stern.

Danach spazieren wir gemütlich weiter zu SALT: Vis-à-vis der Oper steht ein riesiges Stockfischgestell, das die nordnorwegische Fischertradition symbolisieren soll. Auf 5000 Quadratmetern finden sich hier mehrere Saunen und das gemütliche »Café Naustet«, wo wir einen Kaffee trinken und eine nahegelegene Floßsauna auf dem Fjord bestaunen, bevor wir uns in das Nachtleben stürzen. Ein Highlight ist der Aquavit in der Bar »Himkok«.

Ländlich und rustikal.
Im »Finstua« hat man einen fantastischen Blick über die Stadt. Wer mag, bestellt dazu Elchragout.

Sonntag

Der letzte Tag bringt uns hinaus in die Wälder rund um den Holmenkollen und an einen Fluss, außerdem geht die kulinarische Entdeckungsreise weiter.

Nach so viel Trubel in der Stadt fahren wir am nächsten Morgen mit der T-bane, der Osloer U-Bahn, in 20 Minuten hinauf zum Holmenkollen. 100 Jahre zuvor durchstreiften schon Roald Amundsen und Fridtjof Nansen diese Wälder rund um den Berg. Fast so ausdauernd wie die legendären Polarhelden sind auch ihre Landsleute, die stets stundenlange Søndagsturen unternehmen – sei es zu Fuß oder auf Skiern. 1952 fanden am Holmenkollen die Olympischen Winterspiele statt, heute erkunden wir rund um die neu gebaute Skischanze, die über der Stadt thront, das Skimuseum mit Exponaten von Amundsens Südpolexpedition, wie seine Wollunterhose, und Nansens mit Elchhaut überzogene Skier. Im populären Restaurant »Finstua«, der Frogner-Alm, kehren wir ein und essen ein deftiges Elchragout mit fantastischem Blick über die Stadt und die Natur. Danach geht es zurück ins Zentrum und entlang des Flusses Akerselva, der sich acht Kilometer lang durch die Stadt schlängelt – mit 149 Metern Höhenunterschied und 23 Wasserfällen. Früher war der Fluss Handelsroute und Energielieferant. Die ehemaligen Industriegebäude beherbergen inzwischen Kunsthochschulen, Clubs und Apartments.

In einer Seitenstraße machen wir eine Pause und stärken uns bei Tim Wendelboe, dem mehrfachen Barista-Weltmeister, mit einem frisch gebrühten Kaffee. Am frühen Nachmittag erkunden wir dann die nur wenige Minuten entfernte Mathallen. In der früheren Brückenwerkstatt versammeln sich neben feinen Restaurants und Cafés, die Transportpaletten und Felle als Sitzgelegenheiten nutzen, auch rund 30 Feinkostläden. Darunter »Ost & Sånt«, wo unter anderem ein in Herzform eingeschweißter Edamer der Marke Den blinde Ku angeboten wird. Sie heißt so, weil ihre erste Kuh auf einem Auge blind war. Der eingeschweißte Käse ist das ideale Mitbringsel von einem kulinarischen Wochenende in der Fjordmetropole.

Gourmet-Halle.
Die Mathallen war früher eine Brückenwerkstatt.

Esspressionistisch.
Tim Wendelboes Rösterei und Kaffeebar liegt etwas abseits im Trendbezirk Grünerløkka.

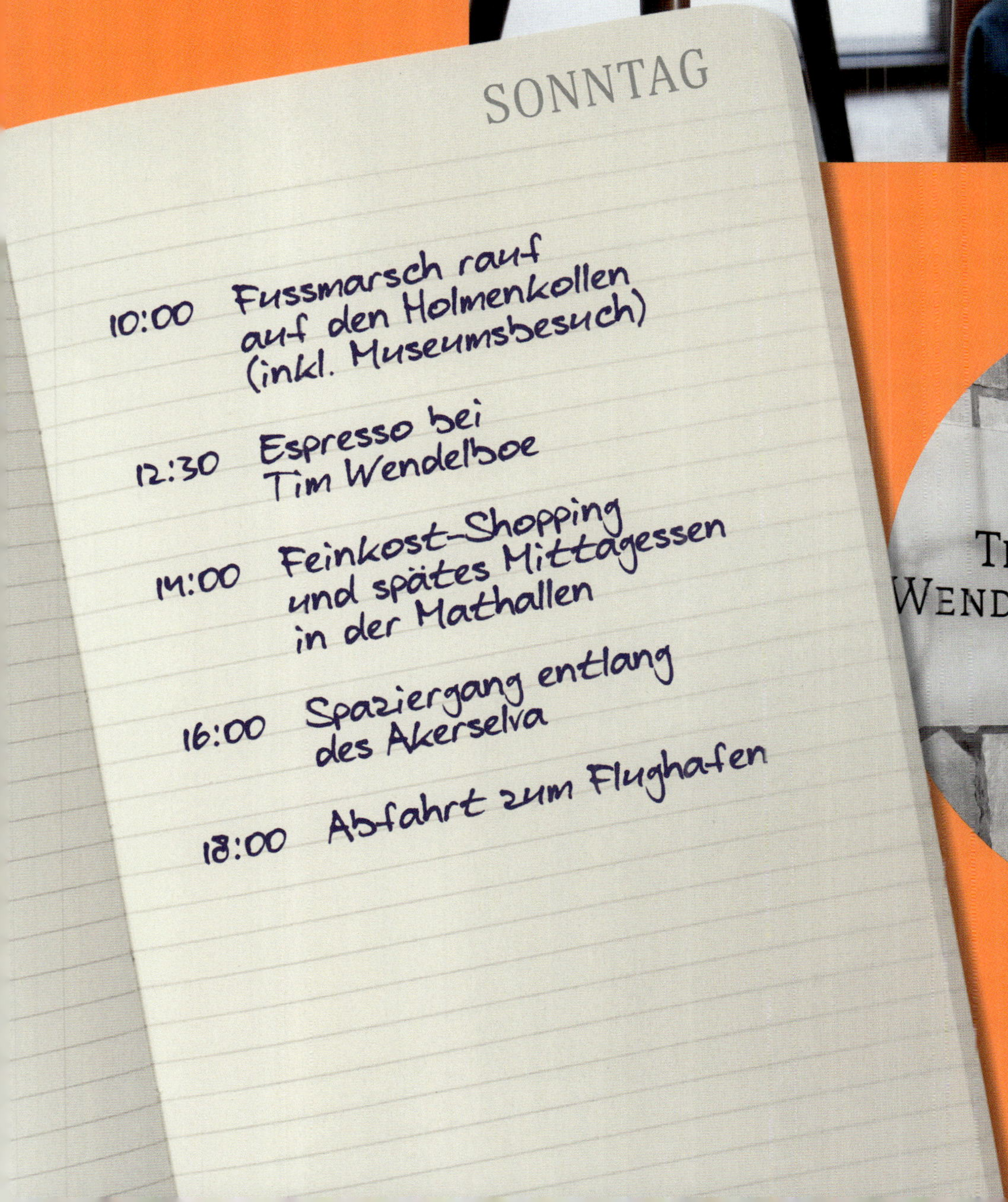

Preisverdächtig.
Tim Wendelboe ist mehrfacher Barista-Weltmeister und Star-Röster.

THE THIEF*****

Das in Downtown gelegene Hotel befindet sich auf der Insel Tjuvholmen, in dessen Hafen vormals Schmuggler und Diebe ihr Unwesen trieben. Heute gelten Insel und Hotel als der Inbegriff einer urbanen Umsetzung modernen Designs. DZ ab 375 Euro.

Landgangen 1
0252 Oslo
T: +47 24 004000
thethief.com

5 Top-Hotels

Die besten Adressen für Kunstliebhaber, Shopping-Fans und solche, die weite Wege scheuen.

GRAND HOTEL*****

Hier nächtigen die Gewinner des Friedensnobelpreises, zahlreiche Sehenswürdigkeiten und Luxus-Boutiquen befinden sich in unmittelbarer Nähe des Hotels. Neben einem Restaurant beherbergt das Refugium auch eine Rooftop-Bar und das weltberühmte »Grand Café«. DZ ab 231 Euro.

Karl Johans gate 31
0159 Oslo
T: +47 23 212000
grand.no

HOTEL BRISTOL****

Das im Jahre 1920 erbaute Hotel versprüht Charme und Flair vergangener Zeiten – verbunden mit den Vorzügen der Moderne. Neben den gängigen Annehmlichkeiten eines Fitnessstudios und hoteleigener Gastronomie bietet das Hotel auch eine Bar, die das lebendige Herzstück des Hotels darstellt. Neben Live-Musik durch Pianisten werden nachmittags auch Tee und Kuchen serviert. DZ ab 150 Euro.

Kristian IVs gate 7
0164 Oslo
T: +47 22 826000
thonhotels.com

CONTINENTAL*****

Hier stehen den Gästen fünf verschiedene Bars und Restaurants zur Verfügung. Für Kunstliebhaber besonders spannend ist die Lobby-Bar »Bar Boman« mit einer der größten privaten Sammlungen an Munch-Lithografien. Im Restaurant »Eik Annen Etage« wird gehobene Küche serviert, für den kleinen Hunger bietet sich das »Café Steamen« an, welches im maritimen Stil eingerichtet wurde. DZ ab 201 Euro.

Stortingsgata 24-26
0117 Oslo
T: +47 22 824000
hotelcontinental.no

RADISSON BLU PLAZA****

Die perfekte Unterkunft für Touristen und Businessreisende. Neben der atemberaubenden Aussicht auf Oslo überzeugt das Hotel auch mit der mediterranen Küche des Restaurants und der Sky Bar. DZ ab 155 Euro.

Sonja Henies plass 3
0134 Oslo
T: +47 22 058000
radissonblu.com/plazahotel-oslo

EMPFEHLENSWERTE HOTELS IN OSLO

FIRST HOTEL GRIMS GRENKA*****
Modernes Hotel im Zentrum Oslos. Die Küchenchefs servieren gesunde und schmackhafte gutbürgerliche Küche. Die Dachterrasse erwartet Gäste mit Cocktails und Snacks aus der asiatischen und südamerikanischen Küche. DZ ab 115 Euro.
Kongens gate 5, 0153 Oslo
T: +47 23 107200, firsthotels.com

AMERIKALINJEN****
Das Boutique-Hotel befindet sich im Stadtzentrum. Neben modern eingerichteten Zimmern bietet das »Amerikalinjen« ein breites kulinarisches Angebot wie die Brasserie »Atlas« oder die Cocktailbar »Pier 42«. DZ ab 224 Euro.
Jernbanetorget 2, 0154 Oslo
T: +47 21 405900, amerikalinjen.com

CLARION HOTEL THE HUB****
810 Zimmer auf 13 Etagen, nur zwei Gehminuten vom Osloer Hauptbahnhof entfernt, Wellness-Bereich, zwei Hotelbars, Restaurant mit Schwerpunkt auf Regionalität, ein Teil der Zutaten wächst auf dem 200 m² großen GrowHub auf dem Dach. DZ ab 165 Euro.
Biskop Gunnerus gate 3, 0106 Oslo
T: +47 23 108000, nordicchoicehotels.com

THON HOTEL TERMINUS****
Das Cityhotel in der Nähe der Rockefeller Music Hall und des norwegischen Opernhauses. Optisch besticht es durch sein modernes Design. DZ ab 107 Euro.
Steners gate 10, 0184 Oslo
T: +47 22 056000, thonhotels.com

SCANDIC VICTORIA****
Hotel in toller Innenstadtlage unweit der Einkaufsstraße Karl Johans gate, dem Viertel Aker Brygge mit seiner Hafenpromenade und der Festung Akershus, somit perfekter Ausgangspunkt für einen Wochenendtrip. DZ ab 113 Euro.
Rosenkrantz' gate 13, 0121 Oslo
T: +47 24 147000, scandichotels.de

HOTEL CHRISTIANIA TEATER****
Boutique-Hotel mit 107 individuell designten Zimmern in einem historischen Theatergebäude aus dem 20. Jahrhundert. Beste Innenstadtlage zwischen Königspalast und Parlament. DZ ab 174 Euro.
Stortingsgate 16, 0161 Oslo
T: +47 21 043800, christianiateater.com

CLARION COLLECTION HOTEL FOLKETEATERET****
Das perfekte Hotel für Architekturfans im Art Deco-Stil mit hauseigenem Schwimmbad, einer Dachterrasse und Bibliothek, zehn Gehminuten vom Osloer Stadtzentrum entfernt. DZ ab 147 Euro.
Storgata 21, 0184 Oslo
T: +47 22 334200, nordicchoicehotels.com

SCANDIC HOLBERG****
Hotel in bester Innenstadtlage, mit der zu Fuß erreichbaren Bogstadveien, in der sich viele Designermodeläden befinden und der Einkaufstraße Karl Johans gate perfekt für einen Shoppingtrip. Sehr gutes Preis-Leistungs-Verhältnis! DZ ab 83 Euro.
Holbergs plass 1, 0166 Oslo
T: +47 23 157200, scandichotels.de

BEST WESTERN PLUS CITY HOTEL****
Zentral gelegenes Hotel mit modern gestalteten Studios und Apartments hinter historischer Fassade aus dem 18. Jahrhundert. Nur wenige Gehminuten von der Fußgängerzone Karl Johans gate entfernt. DZ ab 102 Euro.
Kirkegata 30, 0153 Oslo
T: +47 22 421150, bestwestern.com

PS:HOTELL***
Das kleinste Hotel Oslos mit unkonventionell gestalteten Zimmern im angesagten Stadtteil Grünerløkka, bekannt für seine trendigen Boutiquen, Bars und Clubs sowie coolen Konzert-Locations in aufgelassenen Industriegebäuden. DZ ab 80 Euro.
Vulkan 22, 0175 Oslo
T: +47 23 156500, pshotell.no

Potpourri.
Typisch norwegische Gerichte und authentischer Weltküche werden im »Smalhans« serviert.

Tipps und Adressen

RESTAURANTS

VAAGHALS
Verwurzelt in der traditionellen norwegischen Küche, werden die Gerichte im »Vaaghals« innovativ und zeitgemäß interpretiert, in einem coolen Ambiente, das seinesgleichen sucht. Im trendigen Barcode, den zwölf Hochhäusern im Stadtviertel Bjørvika gelegen.
Dronning Eufemias gate 8, 0191 Oslo
T: +47 920 70999, vaaghals.com

LIEBLING
Niedliches Café mit origineller Innendekoration, das zum ausgiebigen Brunchen einlädt. »Liebling« verwöhnt mit gutem Kaffee, die bunten Steingutteller verbreiten gute Laune ebenso wie farbenfrohe Speisen und Getränke, etwa Avocadodip, Rote-Rüben-Hummus und Aperol.
Øvrefoss 4, 0555 Oslo
T: +47 24 022302, liebling.no

SCHRØDER
Wer deftige Beislküche in legerem Ambiente liebt, ist im »Schrøder« goldrichtig. Die Tatsache, dass Krimiautor Jo Nesbøs seinen Protagonisten Harry Hole hier regelmäßig einkehren lässt, mag uns darüber hinwegtrösten, dass auch Unsägliches wie Wiener Schnitzel aus Schweinefleisch auf der Speisekarte steht.
Waldemar Thranes gate 8, 0171 Oslo
T: +47 22 605183, restaurant-schrøder.no

HAPPOLATI
Hippes Restaurant, das die in Oslo sehr beliebte Fusion von asiatischer und norwegischer Küche gekonnt umsetzt, und das in einem sehr kreativen, stylishen Rahmen.
Sankt Olavs plass 2, 0165 Oslo
T: +47 479 78087, happolati.no

THIEF ROOF GRILL
Falls das Wetter es erlaubt, ist das »Thief Roof Grill« die perfekte Location für ein Dinner im Freien. Ist es die kühle Meeresbrise über den Dächern von Oslo, die das in Porter Beer marinierte Stubenküken oder die Tagliatelle alle Vongole so köstlich schmecken lässt?
Landgangen 1, 0252 Oslo
T: +47 24 004000, thethief.com

MAAEMO
Die schroffe Natur und das raue Klima Norwegens reflektieren die Kreationen von Küchenchef Esben Holmboe Bang. Das »Maaemo« bietet New-Nordic-Küche mit regionalen Produkten in Bio-Qualität oder Wildfang auf internationalem Spitzenniveau. Dementsprechend schwierig ist es, einen der acht Tische mit Blick auf die Osloer City zu ergattern. Das Menü kostet 300 Euro, die Weinbegleitung 180 Euro.
Schweigaards gate 15b, 0191 Oslo
T: +47 221 79969, maaemo.no

FJORD
Ein Name – ein Programm: bekanntes Fischrestaurant im Stadtzentrum mit modernem, in Blau gehaltenem Ambiente und offener Küche. Es gibt ein 6-gängiges Menü, aus dem drei bis sechs gewählt werden können, dazu Austern oder Brot und fertig!
Kristian Augusts gate 11, 0164 Oslo
T: +47 22 982150, restaurantfjord.no

KONTRAST
Der Name ist gut gewählt, das »Kontrast« setzt mit seinem Ambiente im Industrial-Style und seiner gehobenen, zeitgemäßen Küche einen deutlichen Kontrapunkt zur traditionellen Osloer Gastronomie. Gekocht wird ausschließlich mit regionalen Bio-Produkten, für Transparenz in Sachen Zubereitung sorgt die in den Gastraum integrierte, offene Küche.
Maridalsveien 15, 0175 Oslo
T: +47 21 600101, restaurant-kontrast.no

VIPPA
Eine der besten Adressen für Streetfood in Oslo. Am äußersten Punkt von Vippetangen, direkt am Fjord gelegen, bietet das »Vippa« einen tollen Blick auf die Stadt und die Fjordinseln.
Akershusstranda 25, 0150 Oslo
T: 47 917 28043, vippa.no

FEINSCHMECKER
Dem deutschen Namen zum Trotz, bietet das »Feinschmecker« exquisite internationale Küche mit deutlich französischem Einschlag. Geschätzt wird das Restaurant von den Osloern wegen seiner sehr guten Weinauswahl und seinem urigen Ambiente im skandinavischen Landhausstil. 4-Gänge-Menü mit Aperitif, Weinbegleitung und Kaffee um 390 Euro pro Person.
Balchens gate 5, 0263 Oslo
T: +47 22 129380, feinschmecker.no

FINSTUA
Über den Dächern von Oslo – das »Finstua« hoch oben auf dem Hausberg Holmenkollen, der Fans des Skisprungsports bestens bekannt sein dürfte, serviert lokale und saisonale Gerichte, wie etwa Spezialitäten vom Rentier, Elch, Lachs und Meeresfrüchten, in einem historischen Holzbau, 1891 im sogenannten Drachenstil erbaut. Ebenso berühmt wie die tolle Aussicht ist die exquisite Weinkarte.
Holmenkollveien 200, 0791 Oslo
T: +47 22 924040, frognerseteren.no

LING LING
Am Ende der Hafenpromenade in Aker Brygge gelegen, setzt das wellenförmige Signature-Building mit Glasfassade ein passendes Zeichen. Das »Ling Ling« ist Teil der internationalen Hakkasan Group, Küchenchef Meng aus Singapur tischt original kantonesische Spezialitäten von Dim Sum bis zur Pekingente auf.
Stranden 30, 0250 Oslo
T: +47 24 133800, linglingoslo.com

RESTAURANT EIK
Moderne und kreative internationale Küche in ebensolchem Ambiente: Das »Eik« befindet sich im »Hotel Savoy«, nur einen Steinwurf von der Königlichen Residenz und der Einkaufs- und Flaniermeile Karl Johans gate entfernt. Perfektes Restaurant für Ästheten, die sich von Küchenchef Ole Jonny Eikefjord verwöhnen lassen wollen. Tolles Preis-Leistungs-Verhältnis, das dreigängige Menü gibt's um 45 Euro pro Person.
Universitetsgata 11, 0164 Oslo
T: +47 22 360710, restauranteik.no

Panorama-Essen.
Das »Ekeberg« ist bei Reisenden vor allem aufgrund des atemberaubenden Blicks auf Oslo sehr beliebt.

SMALHANS
Wo der Schmalhans Küchenmeister ist, gehen die Gäste trotzdem nicht hungrig nach Hause. Herzhafte, typisch norwegische Gerichte stehen ebenso auf der Karte wie authentische Weltküche von Ramen über Tacos bis zu indischen Currys. Auf der Weinkarte gibt es erfreulicherweise auch Natural Wines aus biologischem sowie biodynamischem Anbau.
Ullevålsveien 43, 0171 Oslo
T: +47 22 696000, smalhans.no

BRASSERIE HANSKEN
Französische Küche mit skandinavischen Einflüssen und Schwerpunkt auf Fisch und Meeresfrüchten. Beliebt wegen seiner tollen Terrasse und der zentralen Lage unweit des Rathauses.
Akersgata 2, 0158 Oslo
T: +47 22 426088, brasseriehansken.no

Name als Programm.
Im »Kontrast« wartet gehobene, zeitgemäße Küche in tollem Ambiente mit offener Küche auf die Gäste.

STATHOLDERGAARDEN
Haute Cuisine auf höchstem Niveau in historischem Rahmen: Das Gebäude, in dem Bocuse d'Or-Preisträger Bent Stiansen kocht, wurde 1640 erbaut. Die Karte spiegelt den Einfluss der französischen Nouvelle Cuisine, denn der Küchenchef hat bei keinem Geringeren als Alain Chapel in Lyon sein Handwerk erlernt. Das Tastingmenü kostet 195 Euro.
Rådhusgate 11, 0151 Oslo
T: +47 22 418800, statholdergaarden.no

FESTNINGEN
Wer Sightseeing und Kulinarik verbinden will, ist in der Brasserie »Festningen« in der 700 Jahre alten Festung Akershus goldrichtig. In der Küche wird auf saisonale, regionale Zutaten gesetzt, Außenbereich und Freiluftbar bieten dazu eine tolle Aussicht auf den Rathausplatz, das Hafenviertel Aker Brygge und den Oslofjord.
Myntgata 9, 0151 Oslo
T: +47 22 833100, festningenrestaurant.no

EKEBERG
In den Hügeln über Oslo, direkt auf dem Ekeberg gelegen, bietet das gleichnamige Restaurant im Bauhausstil solide norwegische und internationale Küche, aber auch nicht mehr. Das Ekeberg wird wegen seiner Aussicht besucht und der Panoramablick auf die Stadt inklusive Oslofjord lohnt sich.
Kongsveien 15, 0193 Oslo
T: +47 23 242300, ekebergrestauranten.com

GAMLE RAADHUS
Das 1641 erbaute historische Rathaus ist wegen seiner Wild- und Fischgerichte bekannt. Hier ist auch der berühmte Lutefisk, ein gewässerter und gelaugter Trockenfisch, zu haben. Besonders toll im Sommer, wenn auch der reizvolle Hinterhof bespielt wird.
Nedre Slottsgate 1, 0157 Oslo
T: +47 22 420107, gamleraadhus.no

BRASSERIE BLANCHE
Gemütliche Brasserie in einem Gebäude aus dem 18. Jahrhundert mit sehenswertem Kamin, in dem bei Kälte ein Feuerchen prasselt. Auch angesichts der klassischen französischen Küche fühlt man sich in das Pariser Montmartre versetzt, très chic!
Josefines gate 23, 0351 Oslo
T: +47 23 201310, blanche.no

Wie bei Oma.
Das »Café Naustet« ist ein altes Bootshaus, eingerichtet im Vintage-Stil. Cool!

CAFÉS

CAFÉ NAUSTET
Originelles Café in einem Bootshaus, im Vintage-Style eingerichtet. Das »Café Naustet« ist Teil des nomadischen Kunstprojekts SALT am Anleger Langkaia. Große Biertische im Außenbereich sorgen für Volksfest-Stimmung. Nichts für Menschen mit Berührungsängsten, aber perfekt, um sich unters Osloer Volk zu mischen.
Langkaia 1, 0150 Oslo
salted.no

TIM WENDELBOE
Nomen est omen: Tim Wendelboe ist World Barista- und World Cup Tasting Champion. Sein erklärtes Ziel ist es, mit seiner Niederlassung zu den besten Kaffeeröstern und Espresso-Bars weltweit zu gehören sowie Können und Innovation in der Kaffeesiederszene zu fördern. Die Mission ist bereits mehr als gelungen, das ist unsere Einschätzung!
Grueners gate 1, 0552 Oslo
T: +47 944 31627, timwendelboe.no

BARE JAZZ
Ein Muss für Jazz-Fans: Gemütliches Straßencafé, das vor allem im Innenhofbereich an Pariser Kaffeehäuser erinnert. Der angeschlossene Plattenladen sorgt stets für Beschallungs-Nachschub, manchmal gibt es auch Livemusik.
Grensen 8, 0159 Oslo
T: +47 22 332080, barejazz.no

Streetfood und Bier.
Im »Prindsen Hagen« trifft sich vor allem eine junge Szene, um Fußball oder Freiluftkino zu schauen.

BARS

HIMKOK
Hier werden die Spirituosen noch selbstgebrannt: Aquavit, Gin und Wodka entstehen in der hauseigenen Brennerei.
Storgata 27, 0184 Oslo
T: +47 22 422202, himkok.no

CRU
In der trendigen Weinbar »Cru« kommen selbstverständlich nur die größten Gewächse auf den Tresen. Zur ausgezeichneten Weinauswahl werden Tapas gereicht.
Ingelbrecht Knudssøns gate 1, 0365 Oslo
T: +47 23 989898, cru.no

BIERGARTEN

PRINDSEN HAGE
Der »Prindsen Hage« im trendigen Stadtviertel Grünerløkka bietet Bier, Streetfood, Freiluftkino und Live-Sportübertragungen.
Storgata 36, 0182 Oslo
prindsenhage.no

FEINKOST

OST & SÅNT
Ein Käseparadies für Liebhaber norwegischer Molkereiprodukte, biologisch oder konventionell erzeugt. Dazu gibt es auch eine kleine, aber feine Auswahl an internationaler Importware. Neben der Hauptsache Käse werden auch Köstlichkeiten aus Fleisch, Marmeladen, Honig, Mehl und Brot aus regionaler Produktion angeboten.
Mathallen, Vulkan 5, 0178 Oslo
T: +47 924 44551

SEHENSWERT

HOCHHÄUSER IN BJØRVIKA

Der Barcode ist Teil des Stadtentwicklungsplans im Stadtviertel Bjørvika. Der seltsame Name soll das architektonische Konzept transportieren – zwölf multifunktionale Signature-Buildings in moderner Formensprache mit Freiräumen dazwischen, die das Ensemble von der Ferne wie einen Barcode wirken lassen sollen. Die Entwürfe stammen von verschiedenen international anerkannten Architekturbüros, der Masterplan stammt von MVRDV aus Rotterdam, DARK Architects und A-lab. Nicht nur Freunde moderner Architektur kommen hier auf ihre Kosten, denn die Gebäude beherbergen jede Menge schicker Restaurants, Bars, Cafés und Boutiquen.
Dronning Eufemias gate, 0191 Oslo
barcodeoslo.no

EKEBERGPARKEN

Der beliebte Skulpturenpark wurde 2012 eröffnet und enthält die Arbeiten einer Reihe norwegischer Künstler und Künstlerinnen wie etwa Tori Wrånes und internationaler Stars wie etwa Auguste Rodin oder Salvador Dalí, und auch Künstler Paul McCarthy hat eine Arbeit beigetragen. Der Park ist bei freiem Eintritt rund um die Uhr geöffnet. Für Kunstinteressierte werden Guided Tours angeboten, die Homepage informiert über temporäre Installationen, Events und Kunstkurse.
Kongsveien 23, 0150 Oslo
T: +47 21 421919, ekebergparken.com

OSLOER OPER

Das 2008 eröffnete Osloer Opernhaus mit seiner markanten modernen Architektur bildet den Mittelpunkt des Stadtentwicklungsgebiets Bjørvika, südöstlich des Osloer Hauptbahnhofes gelegen.
Die Gebäudeform – ein Entwurf des norwegischen Architekturbüros Snøhetta – wurde einem treibenden Eisberg nachempfunden.
Kirsten Flagstads plass 1, 0106 Oslo
T: +47 21 422100, operaen.no

MARKTHALLE VIPPA

Der Lebensmittel-Großmarkt Vippa ist nicht nur eine tolle Gelegenheit, eine kulinarische Weltreise zu machen. Denn das von der Ex-Köchin der Königsfamilie Heidi Bjerkan initiierte Projekt fördert Immigranten und junge Köche, die in der Vippa ihre Kreationen anbieten dürfen. Ein Teil der Einnahmen fließt in die NGO Mestringsguiden, die Flüchtlinge bei der Wohnungs- und Arbeitssuche unterstützt.
Akershusstranda 25, 0150 Oslo
T: +47 917 28043, vippa.no

ASTRUP FEARNLEY MUSEUM OF MODERN ART

Private Galerie für zeitgenössische Kunst. Das Gebäude trägt die typische Handschrift des aus Italien stammenden Stararchitekten Renzo Piano und wurde 1993 fertiggestellt. Das Hauptaugenmerk der Kunstsammlung liegt auf den amerikanischen Aneignungskünstlern der 1980er-Jahre.
Strandpromenaden 2, 0252 Oslo
T: +47 22 936060, afmuseet.no

HOLMENKOLLEN

Der Osloer Hausberg ist nicht nur für Freunde des Skisprungsports ein Hotspot. Der Holmenkollen ist eines der beliebtesten Naherholungsgebiete der Stadt mit dem ältesten Skimuseum der Welt. Es lohnt sich, die Aussicht auf Oslo vom Schanzenturm zu genießen. Wer dann noch nicht die Hosen voll hat, kann einen Simulator-Sprung von der legendären Holmenkollenschanze wagen.
Kongeveien 5, 0787 Oslo
T: +47 22 923200, skiforeningen.no/holmenkollen

Flieg, Adler!
Im Winter Austragungsort des Skisprung-Weltcups, im Sommer beliebtes Ausflugsziel – der Holmenkollen.

Markant.
Von außen und innen ein Hingucker ist die Osloer Oper. Sie wurde 2005 eröffnet und einem treibenden Eisberg nachempfunden.

BILDNACHWEIS

3 Ingo Pertramer
4–5 Beau-Rivage Palace, Christoph A. Hellhake, Steirereck, Shutterstock, beigestellt

Hamburg

Text: Philipp Elsbrock

6–7 Shutterstock
8–9 Shutterstock
10 Rene Findt, Shutterstock
11 beigestellt
12 Louis C. Jakob
13 Shutterstock, beigestellt
14 beigestellt
15 Per Kasch
16 Fraser Suites, Andreas Vallbracht, beigestellt
17 Ydo Sol, beigestellt
18 René Riis
19 Fairmont Hotels/Guido Leifhelm, beigestellt
20 Gerald Hänel/laif/picturedesk.com, beigestellt
21 Marketing Hamburg/Christian Spahrbier, Gerrit Meier

Wien

Text: Herbert Hacker

38–39 Shutterstock
40–41 Shutterstock
42 pierer.net, Steirereck
43 Hotel Sacher, Raphael Skrepek
44 Gerd Kressl, Do & Co Albertina
45 beigestellt
46 beigestellt
47 Café Central, The Ritz-Carlton Vienna/ Klaus Lorke, Tina Herzl für moodley
48 Matthew Shaw, The Ritz-Carlton Vienna/ Königshofer
49 Hotel Sacher, Palais Coburg
50 Eyal Shani
51 Gerhard Wasserbauer
52 Nicky Webb, Wien Tourismus/Rigaud
53 Park Hyatt Vienna, Monika Nguyen, beigestellt

Strassburg

Text: Stephan Thomas

70–71 Shutterstock
72–73 Shutterstock
74 Shutterstock, beigestellt
75 beigestellt
76 Buerehiesel
77 beigestellt
78 Thomas Delhemmes, Shutterstock
79 Aline Gerard, beigestellt
80 Giljean Klein, Dupuis, beigestellt
81 Hélène Hilaire, Jean Haeusseur
82 Le Clou
83 Philippe Eranian, La Casserole
84 Michel Christen, Salon de Thé Christian
85 Shutterstock, Hadrian/ifeelstock

London

Text: Verena Lugert

22–23 Shutterstock
24–25 Shutterstock
26 Paul Winch Furness, beigestellt
27 Annabel's, Shutterstock, mauritius images/Alamy/A. Astes
28 Victoria & Albert Museum, Shutterstock, beigestellt
29 Bibendum
30 beigestellt
31 Shutterstock, beigestellt
32 The Connaught, Claridge's, The Berkeley
33 The Ned, Chiltern Firehouse
34 Isabel
35 Tom Dixon, Dinner by Heston Blumenthal, beigestellt
36 beigestellt
37 The Ritz London/John Carey, Jonathan Jackson/Nat. Hist. Museum

Bologna

Text: Herbert Hacker

54–55 Shutterstock
56–57 Shutterstock
58 I Portici
59 Shutterstock, Markus Kirchgessner/laif/ picturedesk.com, beigestellt
60 mauritius images/Alamy/Danny Nebraska, beigestellt
61 beigestellt
62 Marconi
63 Grand Hotel Majestic già Baglioni, Fabio Bascetta
64 Art Hotel Novecento, Hotel Corona D'Oro 1890, Grand Hotel Majestic già Baglioni
65 Art Hotel Commercianti, Lenny Pellico
66 beigestellt
67 Lorenzo Piano, beigestellt
68 beigestellt
69 Shutterstock, beigestellt

Jerusalem

Text: Benjamin Herzog

86–87 Shutterstock
88–89 Shutterstock
90 Mona
91 Gatsby, Igor Farberov, David Delgado
92 Shutterstock, Machneyuda, beigestellt
93 Shutterstock, Israel Museum
94 beigestellt
95 Domaine Du Castel, beigestellt
96 Amit Geron, King David Hotel Jerusalem, Mikaela Burstow
97 Thomas Andersen, Mamilla Hotel
98 Machneyuda
99 Anna, Dan Perez, Mamilla Hotel
100 Heinz Hudelist, Ariel Ozeri
101 Shutterstock, beigestellt

Lausanne

Text: Philipp Elsbrock

102–103	Shutterstock
104–105	Shutterstock
106	Royal Savoy
107	LT/www.diapo.ch, beigestellt
108	LT/Laurent Kaczor, Switzerland Tourism/ Lucia Degonda/www.diapo.ch
109	LT/Laurent Kaczor, Blackbird Café
110	CIO/Lydie Nesvadba
111	Beau-Rivage Palace, CIO/ Lydie Nesvadba, beigestellt
112	Royal Savoy, Shutterstock, Pierre Raphoz
113	Beau-Rivage Palace, emo-photo.com
114	www.ginko-photo.com
115	Lausanne Palace, Blackbird Café
116	Grégoire Gardette, beigestellt
117	Adobe Stock, Shutterstock

München

Text: Felix Ehrenfried und Philipp Elsbrock

134–135	Shutterstock
136–137	Shutterstock
138	Mandarin Oriental München, Matsuhisa Munich, Dallmayr
139	Wouter van der Sar, beigestellt
140	Christoph A. Hellhake, beigestellt
141	beigestellt
142	Dominik Zimmermann, Shutterstock
143	Stefan Randlkofer, beigestellt
144	Louis Hotel, Sofitel Munich, Wouter van der Sar
145	Mandarin Oriental, Benjamin A. Monn
146	Konstantin Volkmar
147	Thorsten Jochim, beigestellt
148	beigestellt
149	Anna-Lena Zintel, Alescha Birkenholz

Moskau

Text: Julia Niemann

166–167	Tourismus Salzburg GmbH/ Breitegger Günter
168–169	Tourismus Salzburg GmbH/ Breitegger Günter
170	Café Pushkin
171	White Rabbit, beigestellt
172	Turandot, beigestellt
173	Podgornykh_A, beigestellt
174	Strelka
175	Mar Vanna, Shutterstock
176	beigestellt
177	The Ritz-Carlton Moscow, beigestellt
178	Ruski
179	Babovic/laif/picturedesk.com, beigestellt
180	Valeriy Belobeev, beigestellt
181	Shutterstock

Alba

Text: Herbert Hacker

118–119	Shutterstock
120–121	Shutterstock
122	beigestellt
123	Shutterstock, beigestellt
124	Luciano Barsetti, Piazza Duomo
125	Stefania Spadoni, Shutterstock, beigestellt
126	Shutterstock, beigestellt
127	beigestellt
128	Hotel Langhe, Alba Hotel, Hotel Calissano
129	I Castelli, Maurizio Milanesio
130	Simon John Owen
131	The Taste SF, beigestellt
132	Jesus Vicente Castellano Ramirez, beigestellt
133	Davide Carletti, beigestellt

Istanbul

Text: Tobias Müller

150–151	Shutterstock
152–153	Shutterstock
154	beigestellt
155	Getty Images/Tim Graham, Shutterstock
156	Arda Ercan, Shutterstock, beigestellt
157	Cem Talu, Mikla
158	beigestellt
159	Shutterstock, beigestellt
160	Paul Thuysbaert, Engin Aydeniz, Ciragan Palace Kempinski Istanbul
161	Raffles Istanbul, The St. Regis Istanbul
162	Intercontinental Istanbul
163	Ali Bekman, beigestellt
164	Shutterstock, beigestellt
165	Shutterstock, maurit us images/Alamy/ Steve Outram

Oslo

Text: Alva Gehrmann

182–183	Shutterstock
184–185	Shutterstock
186	Shutterstock
187	Tuukka Koski
188	Himkok
189	Marte Garmann, Jens Bredberg, Shutterstock
190	beigestellt
191	beigestellt
192	Studio Dreyer Hensley, Tord Baklund, Thon Hotels
193	Continental Oslo, Rickard L. Eriksson
194	Anders Husa
195	Photo_CH, Anders Husa
196	Tord Baklund, Didrick Stenersen
197	Shutterstock, Florian Frey

IMPRESSUM

falstaff

MEDIENINHABER
Falstaff Verlags-GmbH

REDAKTIONSORT DES MEDIENINHABERS
Führichgasse 8
1010 Wien
T: +43 1 9042141
F: +43 1 9042141-450
redaktion@falstaff.at
falstaff.at

1. Auflage 2019

ISBN 978-3-902660-77-0

HERAUSGEBER
Wolfgang M. Rosam
Angelika Rosam

GESCHÄFTSFÜHRUNG
Mag. Elisabeth Kamper
Wolfgang M. Rosam
Mag. Michaela Cholewa

CHEFREDAKTION
Ursula Macher
Philipp Elsbrock

ART DIRECTOR
Klaus Rauch

FOTOREDAKTION
fotoredaktion.at

STV. CHEFIN VOM DIENST
Anja Kleinschuster, B. A.

MITARBEITER DIESER AUSGABE
Lara Gallob, M. A.
Ulrike Springer
Lisa Steiner

PRODUKTION/LITHO
Ronald Hatze

AUTOREN
Felix Ehrenfried
Alva Gehrmann
Herbert Hacker
Benjamin Herzog
Verena Lugert
Tobias Müller
Julia Niemann
Stephan Thomas

LEKTORAT
Carola Augustin
Romana Gillesberger

DRUCK
Bauer Medien
Produktions- & Handels-GmbH
1030 Wien
www.bauermedien.at